Peter Zimmermann

Grundwissen Sozialisation

Peter Zimmermann

Grundwissen Sozialisation

Einführung zur Sozialisation
im Kindes- und Jugendalter

3., überarbeitete
und erweiterte Auflage

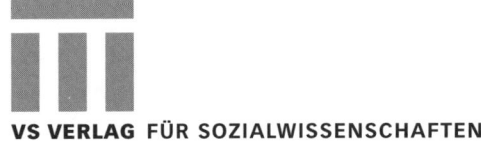

VS VERLAG FÜR SOZIALWISSENSCHAFTEN

Bibliografische Information Der Deutschen Bibliothek
Die Deutsche Bibliothek verzeichnet diese Publikation in der Deutschen Nationalbibliografie;
detaillierte bibliografische Daten sind im Internet über <http://dnb.ddb.de> abrufbar.

1. Auflage 2000
2. Auflage 2003
3. Auflage Oktober 2006

Alle Rechte vorbehalten
© VS Verlag für Sozialwissenschaften | GWV Fachverlage GmbH, Wiesbaden 2006

Lektorat: Stefanie Laux

Der VS Verlag für Sozialwissenschaften ist ein Unternehmen von Springer Science+Business Media.
www.vs-verlag.de

Umschlaggestaltung: KünkelLopka Medienentwicklung, Heidelberg
Druck und buchbinderische Verarbeitung: Krips b.v., Meppel
Gedruckt auf säurefreiem und chlorfrei gebleichtem Papier
Printed in the Netherlands

ISBN-10 3-531-15151-7
ISBN-13 978-3-531-15151-9

Inhalt

1   Einführung

Dieses Buch ist mit „Grundwissen Sozialisation" betitelt. Wer nun meint, einen vollständigen Überblick zu Sozialisationstheorien und Sozialisationsforschungen zu bekommen, wird vermutlich enttäuscht sein. Ich bin aber auch der Meinung, dass eine Gesamtschau bei der Fülle der einschlägigen Literatur gar nicht möglich ist. Gibt man zum Beispiel in einer Datenbank einer Universitätsbibliothek das Stichwort „Sozialisation" ein, werden in der Regel bis zu 1000 Titel aufgelistet. Damit ist aber noch lange nicht die Gesamtzahl von Veröffentlichungen zur Thematik erreicht, denn nicht alle Arbeiten, die sich mit Sozialisation beschäftigen, werden formal mit diesem Stichwort verknüpft. Deshalb sollte auch klar sein, dass ein Einführungs- oder Überblicksband zwangsläufig eine Auswahl mit sich bringt und diese zudem an die persönliche Sicht des Autors gebunden ist.

Ein erster Beweggrund, dass vorliegende Buch zu verfassen, war die Klage vieler Studentinnen und Studenten der Erziehungswissenschaft, dass sie zum Thema Sozialisation große Orientierungsprobleme hätten. Die Literaturlage sei unüberschaubar und führe zur Ratlosigkeit bei Referats- oder Prüfungsvorbereitungen. Ein zweiter Beweggrund ergab sich bei der Durchsicht von Studien- und Schulbüchern zu erziehungswissenschaftlichen und sozialwissenschaftlichen Themen. Hierbei ist mir aufgefallen, dass Sozialisation in der Regel sehr knapp und häufig nur auf Lerntheorien und Psychoanalyse bezogen behandelt wird.

„Grundwissen Sozialisation" richtet sich deshalb an Studierende der Erziehungs- und Sozialwissenschaften, aber auch an Lehrerinnen/Lehrer und Schülerinnen/ Schüler, die eine umfassendere, aber nicht zugleich ausufernde Einführung in die Sozialisation im Kindes- und Jugendalter suchen. Hochschullehrende werden (vermutlich) den größten Teil kennen, aber vielleicht begrüßen sie den Versuch, einen Rahmen für ein Grundcurriculum zum Thema „Sozialisation" zusammen zu stellen. Vor diesem Hintergrund ist der Titel „Grundwissen Sozialisation" vielleicht doch legitim und nicht als zu überheblich abzutun.

Sozialisation ist mittlerweile unstrittig ein zentraler Begriff der Sozial- und Erziehungswissenschaft. Die klassische Bestimmung stammt von dem französischen Soziologen Emile DURKHEIM (1973), der mit diesem Begriff den Vorgang der Vergesellschaftung des Menschen, d.h. den Einfluss der gesellschaftlichen Bedingungen auf die Entwicklung der Heranwachsenden kennzeichnen wollte.

Die Karriere von Gedanken zur Sozialisation begann in Deutschland Ende der 50er Jahre. Zu dieser Zeit war die Restauration der historisch-hermeneutischen bzw. idealistisch-normativen Pädagogiken nahezu abgeschlossen, doch zur umfassenden Orientierung innerhalb der Erziehungswirklichkeit, zur Einordnung der Erziehungsfelder und zu einem Verständnis von Persönlichkeitsentwicklung reichte es nicht mehr aus, lediglich den „pädagogischen Bezug" (Nohl), d.h. die bewusste erzieherische Einflussnahme eines Erwachsenen gegenüber dem Heranwachsenden zu betrachten. Empirisch-analytische Erklärungsweisen, wie sie von der Psychologie und der zunehmend sozialwissenschaftlich vorgehenden Soziologie mehr und mehr verwendet wurden, ließen die traditionelle Pädagogik, mit ihrem „idealistischen Individualismus" (GEULEN 1977) und dem starren Blick auf die intentionale Bildung und Erziehung in der Schule weitgehend fragwürdig erscheinen. In den 60er Jahren gewannen deshalb auch sozialisationstheoretische Vorstellungen im Zuge der sozialwissenschaftlichen Öffnung der Erziehungswissenschaft immer stärkere Bedeutung. Heute sind diese Vorstellungen im erziehungswissenschaftlichen und sozialwissenschaftlichen Kontext nicht mehr wegzudenken.

Sozialisationstheorien und Sozialisationsforschungen haben sich in der letzten Zeit umfangreich weiterentwickelt und in ihren wissenschaftlichen Aussagen sehr stark differenziert. Deshalb sind – in diesem manchmal schon unüberschaubaren Gebiet – ordnende Gesichtspunkte sicherlich hilfreich.

Was nun mit dem Begriff Sozialisation genau gemeint ist, wird im Anschluss an diese kurzen Einführungen im *zweiten Kapitel* ausführlich geklärt. Es geht hierbei um eine Definition und auch um eine Abgrenzung zu den Begriffen Erziehung und Entwicklung. In dem darauf folgenden *dritten* Kapitel gehe ich auf das derzeitige Marktangebot an theoretischen Ansätzen ein. Die Leitfrage hierbei lautet: Welchen Zugang zum Verständnis von Sozialisation bieten die verschiedenen Theorien? Die hier dargestellten Ansätze werden in den weiteren Kapiteln immer wieder in unterschiedlichen Zusammenhängen auftauchen. Im *vierten und fünften Kapitel* wird der Blick auf zwei zentrale Sozialisationsinstanzen gelenkt. Was passiert in der Familie und in der Schule? Wie sehen die Auswirkungen von gesellschaftlichen Sozial- und Organisationsstrukturen auf die Persönlichkeitsentwicklung von Kindern und Jugendlichen aus und welche Theorien und Forschungen geben hierzu Auskunft? Das *sechste Kapitel* kümmert sich um die Sozialisation in der Lebensphase Jugend. In diesem Lebensabschnitt erfolgen erhebliche körperliche, geistige, emotionale und soziale Entwicklungen. In dem Kapitel werden theoretische Ansätze gesammelt, die diese Vorgänge zu erklären versuchen. Kein anderes Merkmal hat aber so grundsätzliche Auswirkungen auf die Sozialisation wie die Geschlechtzugehörigkeit. Ausführlich werden deshalb auch im *siebten Kapitel* die Erklärungsansätze zur geschlechtspezifischen Sozialisation erörtert. Die im Vordergrund stehende Frage lautet: Wie werden Mädchen zu Mädchen und Jungen zu Jungen? Das *achte Kapitel* beschäftigt sich mit einer wichtigen und aktuellen Frage der Körpersozialisation: Welchen Einfluss hat Gesundheit und das in den letzten Jahren stark geforderte Selbstmanagement im Gesundheitsbereich – Stichwort Wellness – auf Sozialisationsvorgänge?

Die Sozialisation ist von zahllosen Einflüssen abhängig. Gegenwärtig und für die nahe Zukunft sind aber meines Erachtens zwei besonders herauszustellen: elektronische Medien und neue Anforderungen der Arbeitswelt. Im abschließenden *neunten Kapitel* werde ich unter den Stichworten „Medienvermittelte Sozialisation" und „Flexibilität - Selfness" einige Akzente der Sozialisationsproblematik im 21. Jahrhundert diskutieren.

2   Sozialisation – Was ist das eigentlich?

Sozialisation möglichst präzise zu erfassen ist nicht ganz einfach, denn hinter diesem Begriff steht ein ganzes Bündel von theoretischen Fragen und Problemstellungen. Die zentrale Frage, die mit diesem Begriff angegangen wird, lautet: Wie und warum wird aus einem Neugeborenen ein autonomes, gesellschaftliches Subjekt? Oder anders gefragt: Wie kommt die Welt ins Individuum?

Nach der klassischen Bestimmung von DURKHEIM (1973) bringt der Mensch von Geburt aus zunächst seine Physis und in Bezug auf alle späteren Eigenschaften nur unbestimmte und plastizierbare Dispositionen mit. Der Säugling, dessen Persönlichkeit sich erst in der sozialen Umwelt entwickeln muss, sei nahezu eine Tabula rasa. Er müsse auf das gesellschaftliche Leben erst vorbereitet, vergesellschaftet, d. h. sozialisiert werden.

Hiermit wird ein wesentlicher, mehr noch, ein zentraler Aspekt der Thematik von Sozialisation angesprochen: Die soziale Bedingtheit von Persönlichkeitsentwicklung. Doch erscheint Sozialisation mehr oder minder als eine Verlängerung der menschlichen Natur in einer Richtung von Anpassung an die soziale Umwelt. Ein Schritt weiter ist in diesem Zusammenhang der Gebrauch des Sozialisationsbegriffs in den Erörterungen von GEULEN (1977). Hier wird Sozialisation als Prozess der Persönlichkeitsentwicklung in Abhängigkeit von der Umwelt, die stets historisch-gesellschaftlich vermittelt ist, gesehen. Diese Ausrichtung enthält drei wesentliche Implikationen.

- Sozialisation wendet sich gegen eine biologistische Auffassung menschlicher Entwicklung und gegen eine Determinierung durch „Anlage" und „Reifung". Dennoch muss jede Sozialisationstheorie systematisch berücksichtigen, dass der Mensch ein biologisches Wesen ist.
- Sozialisation wendet sich gegen eine idealistische Auffassung vom Subjekt. Es gibt kein „freies Individuum", das sich gesellschaftlichen Einflüssen und wissenschaftlichen Erklärungen entzieht. Jedoch muss berücksichtigt werden, dass der Mensch vom Milieu nicht mechanisch determiniert wird, sondern ein reflektierendes, intentional handelndes Wesen ist.
- Sozialisation wendet sich gegen die pädagogische Verkürzung kindlicher Entwicklung, die allein das „Erzieher-Zöglings-Verhältnis" in den Blick nimmt. Dennoch darf nicht übersehen werden, dass die Interaktion zwischen Kindern und Erwachsenen ein wesentlicher Teil des Sozialisationsprozesses ist. Nach DURKHEIM ist Erziehung methodische Sozialisation.

Eine zentrale Frage von Sozialisation muss demnach sein, wie und warum aus einem Neugeborenen ein autonomes, gesellschaftliches Subjekt wird. Erziehung spielt dabei eine besondere Rolle, darf aber keinesfalls mit Sozialisation identisch gesetzt werden. Sozialisation ist ein sehr viel breiter verstandener Begriff als Erziehung, er umfasst mehr als die bewussten Versuche der Erwachsenen, den Kindern Manieren oder den richtigen Umgang mit der Sprache beizubringen.

Erziehung ist nach DURKHEIM methodische Sozialisation, und die Interaktion zwischen Kindern und erziehenden Erwachsenen ist ein wichtiger Teil des Sozialisationsprozesses. Warum? Das neugeborene Kind besitzt eine Organausstattung, Temperament, die Fähigkeit zur optischen und akustischen Konzentration, ein Bedürfnis nach neuen Eindrücken, nach Zuwendung u.v.m. Es wird nun, ob es will oder nicht, in ein bestimmtes kulturelles System hineingeboren, das ihm zuerst einmal fremd und bedeutungslos gegenübersteht. Die Aufgabe von Erwachsenen ist es nun, dem Kind zu ermöglichen, sich dieses kulturelle System, Sprache, Deutungsmuster, Symbole, Gegenstände usw. anzueignen. Erziehung ist somit eine Hilfe, eine Unterstützung, damit sich die heranwachsenden Kinder mit der objektiven Wirklichkeit auseinandersetzen können und damit sie sich die bestehenden Erfahrungen aneignen können. Zusammengefasst: Erziehung ist nicht gleich Sozialisation, aber Sozialisation ist das, was unter anderem durch Erziehung ermöglicht wird, nämlich die Aneignung von gesellschaftlichen Erfahrungen.
Sozialisation als Aneignungsprozess darf aber nicht als Anpassung verstanden werden. Kinder sind nicht eine Art Schwamm, der alles aufsaugt, was an Milieueinflüssen anfällt, sondern aktive, veränderungsfähige Subjekte - ein Aspekt, der von Anhängern funktionalistischer Sozialisationstheorien, in denen soziale Strukturen ja relativ statisch beschrieben werden, gerne vernachlässigt wird. Die Betonung des aktiven Charakters des Subjekts im Sozialisationsgeschehen bedeutet, dass man nicht nur sozialisiert wird, sondern sich auch zum Teil selbst sozialisiert. Diese Subjektperspektive von Sozialisation beschreibt OTTOMEYER (1991) als „identitätsstiftende menschliche Praxis" und bei BILDEN (1991) ist sie als „Selbst-Bildung in sozialen Praktiken" gekennzeichnet. In den letzten Jahren wird verstärkt im Zusammenhang mit dem Thema „Selbstsozialisation" auf den Subjektbegriff zurückgegriffen (vgl. zur Selbstsozialisation Kapitel 3.5).

Die Beachtung des subjektiven Faktors ist mittlerweile fester Bestandteil aller neueren Sichtweisen zur Sozialisation. HURRELMANN fasst nach einer Erörterung einschlägiger Sozialisationstheorien zusammen:

„Was hier proklamiert wird, ist also ein Modell der wechselseitigen Beziehungen zwischen Subjekt und gesellschaftlich vermittelter Realität, eines interdependenten Zusammenhangs von individueller und sozialer Veränderung und Entwicklung. Dieses Modell stellt das menschliche Subjekt in einen sozialen und ökologischen Kontext, der subjektiv aufgenommen und verarbeitet wird, der in diesem Sinn also auf das Individuum einwirkt, aber zugleich immer auch durch das Individuum beeinflusst, verändert und gestaltet wird" (Hurrelmann 1993, S.64).

Vielleicht ist jetzt schon deutlicher geworden, was Sozialisation bedeutet. Die eingangs gestellte Frage „Wie werden wir ein Mitglied der Gesellschaft?" soll im folgenden noch über einen anderen Weg beantwortet werden, und zwar über Abgrenzungen zu den Begriffen Entwicklung und Erziehung, denn diese tauchen in der Erörterung von Sozialisation immer wieder auf, werden als Gegenbegriffe verwendet oder oftmals auch identisch gesetzt. Beides ist falsch, weil die Sachverhalte, die mit den drei Begriffen beschrieben werden, zwar Ähnlichkeiten wie auch Unterschiede zeigen oder sich auch durchdringen, die Beschreibungen oder Analysen aber mit unterschiedlichen Akzentuierungen durchgeführt werden. Es kommt darauf an, diese Akzentuierungen zu beachten.

Entwicklung

Entwicklung ist als eine Reihe von Veränderungen zu verstehen, in der Reifung und Lernen gleichermaßen eingeschlossen sind. Mit Reifung sind die endogenen Bereiche der Entwicklung gemeint; hierzu gehört auch Wachstum, verstanden als Größen -und Massenzunahme des Körpers oder der Körperteile. Es sind dies Entwicklungsbereiche, bei denen Erfahrungs-, Übungs- und Lernmöglichkeiten ausgeschaltet oder deutlich vermindert sind. Werden erfahrungsabhängige Komponenten der Entwicklung mit aufgenommen, dann wird zusätzlich von Lernen gesprochen. Die Entwicklung des Menschen vollzieht sich in „Phasen" oder „Stufen" und wer Entwicklungsprozesse erklären möchte, betrachtet in der Regel solche verschiedenen „Phasen" oder „Stufen". Die Akzentuierung liegt hierbei in der Konzentration auf fundamentale Eigenschaften von Menschen, seien es Motorik, Sprache, logische Operationen, usw.

Erziehung

Erziehung beschreibt eine bestimmte Situation zwischen Kindern und Erwachsenen. In der Regel ist hierbei ein Kompetenzgefälle zwischen dem Erziehenden und dem zu Erziehenden gegeben, wobei aber auch stets von einer wechselseitigen Beeinflussung auszugehen ist. Auch wenn der Erwachsene mehr Erfahrungen hat, mehr weiß und in einer stärkeren Position ist, wird er sich doch nach dem Verhalten und Handlungen des Kindes ausrichten. Erziehung ist deshalb immer als Interaktionsprozess zu verstehen. Dieser Prozess ist über Themen und Gegenstände, Handlungen und über die affektive Ebene organisiert oder anders: Erziehung ist – wie gerade schon von Emile Durkheim zu erfahren war – methodische Sozialisation. Die Akzentuierung des Erziehungsbegriffs liegt in den Methoden wie auch Zielen im Umgang von Erwachsenen mit Kindern. Bei Erziehung geht es um bewusste und geplante Einflussnahme.

Sozialisation

Sozialisation ist – und dies ist Konsens in der gegenwärtigen Sozialisationsdebatte – zu verstehen als Prozess der Entstehung und Entwicklung der Persönlichkeit in wechselseitiger Abhängigkeit von der gesellschaftlich vermittelten sozialen und materiellen Umwelt. Die Akzentuierung bei sozialisationstheoretischen Fragestellungen liegt im Mitglied-Werden in einer Gesellschaft.

Diese Akzentuierung von Sozialisation wird unter drei Perspektiven betrachtet:

- Subjektbezogen: Heranwachsende dürfen nicht – wie gerade schon gesagt – wie ein Schwamm verstanden werden, der alles aufsaugt, was an Umwelteinflüssen vorhanden ist, sondern sie sind aktiv mitgestaltende Menschen, die ihre Sozialisation mitbestimmen. Nur so werden sie gesellschaftlich handlungsfähige Subjekte.
- Institutionenbezogen: Hierbei steht die Zwecksetzung und Funktion von gesellschaftlichen Institutionen im Vordergrund. Wie und mit welchen Effekten vermitteln sie Werthaltungen und Kulturtechniken?
- Kulturbezogen: Kultur ist das Deutungs- oder Bedeutungssystem einer Gesellschaft oder einer Gruppe. Wie eignen sich Heranwachsende Kultur an und wie nutzen sie das Vorfindbare für ihre Selbstinterpretation und für die Interpretation der Welt und wie verändern Kinder und Jugendliche Kultur?

Diese drei Perspektiven verweisen auf das zentrale Modell der neueren Sozialisationsforschung, auf das Modell des "produktiv realitätsverarbeitenden Subjekts" (HURRELMANN 1993, S. 64). Unverkennbar ist Sozialisation hiermit als interaktiver Prozess zu verstehen, in dem Persönlichkeitsentwicklung in der Beziehung zwischen Mensch und Umwelt stattfindet. Die beiden Einheiten Organismus/Psyche und Gesellschaft finden ihren Schnittpunkt in der Persönlichkeit, in der Persönlichkeitsentwicklung. Der Begriff der Persönlichkeit ist schon mehrfach gefallen und muss eigentlich auch einmal genauer definiert werden. Was bedeutet Persönlichkeit?

Persönlichkeit

Persönlichkeit ist als spezifisches Gefüge von Merkmalen, Eigenschaften, Einstellungen und Handlungskompetenzen, das einen einzelnen Menschen kennzeichnet, zu verstehen. Zur Persönlichkeit eines Menschen gehören von außen beobachtbare Verhaltensweisen, Werthaltungen, Wissen, Sprache, wie auch innere Prozesse und Zustände, Gefühle und Motivationen.

Die Vermittlung der inneren Realität zu den Bedingungen der äußeren Realität geschieht wesentlich über Interaktion, Kommunikation und Tätigkeiten. Nun tritt im Sozialisationskontext dem einzelnen die äußere Realität, d.h. die Gesellschaft, nie in ihrer Totalität und Komplexität gegenüber, sondern sie wird ihm in konkreten „Einzelwelten" vermittelt, die aber wiederum in größere Zusammenhänge eingebunden sind. Für eine erste grobe Einordnung der Vermittlungswege dient das folgende „Strukturmodell von Sozialisationsbedingungen" (nach TILLMANN 1989), wobei vier Ebenen unterschieden werden.

1. Ebene des Subjekts

Einstellungen – Erfahrungsmuster – Wissen – Emotionale Strukturen, kognitive Fähigkeiten

2. Ebene von Interaktionen und Tätigkeiten

Eltern-Kind-Beziehungen – Schulischer Unterricht – Kommunikation zwischen Gleichaltrigen, Freunden und Verwandten

3. Ebene von Institutionen

Betriebe – Massenmedien – Schulen – Universitäten – Militär - Kirchen

4. Ebene der Gesamtgesellschaft

Ökonomische, soziale, politische und kulturelle Struktur

Auf der *ersten Ebene* geht es um Entwicklung der Individuen, um Erfahrungsmuster und Einstellungen, um Wissen und um emotionale Strukturen, kurz: um die Persönlichkeitsmerkmale. Diese Merkmale entstehen über die Aneignung von Erfahrungen, Wissen usw. Diese Aneignung wiederum geschieht stets im Austausch mit anderen Menschen.

Deshalb wird die *zweite Ebene* als Interaktionen und Tätigkeiten bezeichnet. Interaktionen und Tätigkeiten umfassen die unmittelbare sozialisatorische Umwelt, die wiederum überwiegend in Institutionen wie Kindergarten und Schule eingebettet ist.

Diese Institutionen bilden die *dritte Ebene*. Sie sind zum Teil ausschließlich zum Zwecke der Sozialisation eingerichtet worden, d.h. Kinder und Jugendliche werden in ihnen auf die Teilhabe am gesellschaftlichen Leben vorbereitet.

All dies ist auf der *vierten Ebene* Teil eines gesamtgesellschaftlichen Systems.

Mit dieser Skizzierung soll auch deutlich gemacht werden, wie Prozesse der Mikroebene (Subjektentwicklung) mit Prozessen der Makroebene (gesamtgesellschaftliche Strukturen, Institutionen) verknüpft sind. Ein Grundproblem der Sozialisationsforschung besteht auch in der Frage nach den Verbindungen zwischen den verschiedenen Ebenen. Wie hängen kulturelle Werte, sozial-ökologische Einflüsse, Erziehungsverhalten, konkrete Erfahrungen einerseits mit der Auswirkung auf die Persönlichkeitsentwicklung andererseits zusammen?

Eine zweite grundsätzliche Strukturierung von Sozialisation findet über Lebenslauf und Lebenszeit statt. Dabei ist aber zu berücksichtigen, dass zeitliche Phasen der Sozialisation nicht anthropologisch-allgemein erfasst werden können, sondern nur historisch-konkret. Beispielsweise sind Lebensphasen wie Kindheit oder Jugend keine Konstanten, sondern abhängig von den jeweils aktuell bestehenden gesellschaftlichen Verhältnissen und den Veränderungen in der Gesellschaft.

Warum gehören Fragen zum Lebenslauf überhaupt zur Sozialisation? Ein Beispiel mag die Antwort geben. Das Verhalten von Eltern gegenüber ihren Kindern liegt sicherlich an der Einbindung der Familie in das gesellschaftliche System. Des Weiteren spielen aber auch die bisherigen Lebenserfahrungen der Eltern eine Rolle dabei, wie sie mit ihren Kindern umgehen und welche Erziehungsvorstellungen sie umsetzen. Zur Klärung von Sozialisationsprozessen muss demnach das Ineinandergreifen von früheren und späteren Erfahrungen beachtet werden. Eine Sozialisationstheorie und die entsprechende Forschung müssen deshalb darstellen können, wie sich Kompetenzen und Persönlichkeitsstrukturen in verschiedenen Lebensphasen verändert haben und wie sich Erfahrungen gegenseitig beeinflussen.

3 Bezugstheorien zur Sozialisation

Theorien oder theoretische Modelle lassen sich mit „Brillen" vergleichen, mit denen wir die Wirklichkeit betrachten. Wie eine Brille je nach Form und Stärke des Glases beeinflusst oder auch bestimmt, wie wir sehen, so bestimmt eine Theorie, wie und unter welchen Aspekten die Wirklichkeit gesehen, d.h. erklärt wird. Eine andere Metapher wäre das Bild eines Fischernetzes. Je nach Art und Größe der Maschen werden bestimmte Fische gefangen, kleinere oder anders geformte Fische entschwinden, größere gelangen erst gar nicht in das Innere des Netzes. Versuchen wir mit einem Netz die Wirklichkeit zu fangen, stehen uns bestimmte Facetten der Wirklichkeit als „Beute" zur Verfügung, andere, die durch die Maschen gegangen sind, bleiben eher im Dunkeln. So wie es keine Brille für alle Augen und kein Netz für alle Fische gibt, so gibt es keine allgemeine und alles umfassende Theorie der Sozialisation. Der Komplex „Sozialisation" wird theoretisch mit so vielen „Brillen" betrachtet, dass es für eine Verständigung darüber, wie und was hierbei erklärt wird, notwendig wie auch sinnvoll erscheint, einmal die Kernbereiche der unterschiedlichen Zugänge herauszustellen. Dies ist ein erster Schritt, um aus der – auf den ersten Blick – beziehungslosen Vielfalt konzeptuelle Orientierungen erstellen zu können. Die nachfolgenden Theoriezugänge werden in der Literatur häufig als „Ansätze" einer Sozialisationstheorie geführt, wobei jedoch klar sein sollte, dass sie aus ganz unterschiedlichen geistesgeschichtlichen, gesellschaftlichen und biographischen Voraussetzungen entstanden sind und nicht originär als Sozialisationstheorien intendiert waren (vgl. GEULEN 1991, S. 24).

Ich unterscheide fünf größere Theoriebereiche:
- Psychologisch orientierte Theorien
- Sozialökologische Modelle zur Sozialisation
- Soziologisch und insbesondere kultursoziologisch orientierte Theorien
- Konstruktivistische Zugänge zur Sozialisation
- Konzepte zur Selbstsozialisation

Im folgenden werden die Kernbereiche von verschiedenen Erklärungsansätzen, die jeweils diesen fünf Zugängen zugeordnet werden können, dargestellt, wobei darauf hingewiesen werden muss, dass bei dem z.T. riesigen Umfang der verschiedenen Arbeiten Auslassungen und Verkürzungen unvermeidlich sind. Einige der aufgeführten Zugänge werden aber auch noch in anderen Kapiteln (z.B. wenn es um schulische oder geschlechtstypische Sozialisation geht) wieder aufgenommen.

3.1 Psychologische Bezugstheorien

Zu dem Komplex der psychologischen Bezugstheorien sind drei Ausrichtungen, die insbesondere den genetischen Aspekt herausstellen, zu nennen: die psychoanalytische Theorien, die Lerntheorien und kognitive Entwicklungspsychologien. Was können sie zur Erklärung von Sozialisationsvorgängen beitragen?

3.1.1 Die Psychoanalyse – Sozialisation als „Triebschicksal"

Sigmund FREUD, der Begründer der Psychoanalyse, entwickelte eine komplexe wie auch originelle Theorie, die bis in die sechziger Jahre zum gewichtigsten und einflussreichsten sozialisationstheoretischen Paradigma wurde (vgl. Mertens 1991). Er hat elementare Begriffe und Konzepte herausgearbeitet und populär verbreitet, z.B. das Unbewusste, die Verdrängung, die Neurose, Sexualentwicklung und die Bedeutung der frühen Kindheit für die Sozialisation.

Das zentrale Erklärungsmoment der Psychoanalyse für die Persönlichkeitsentwicklung ist die Annahme der Existenz unbewusster psychischer Prozesse. Der Hintergrund für scheinbar rationale, absichtsvolle Handlungen sind uns verborgene unbewusste Zusammenhänge. Sigmund FREUD sah in der Aufklärung dieser unbewussten Teile in unserem Seelenleben die Hauptaufgabe der Psychoanalyse als Wissenschaft. Was bringt Menschen aber überhaupt zum Handeln? Nach der klassischen Psychoanalyse sind dies Triebe, zu verstehen als dasjenige in der menschlichen Psyche, was uns zum Handeln antreibt und unser Verhalten beeinflusst. Triebe sind als solche nicht beobachtbar; es sind Spannungen oder Erregungen – subjektiv als Bedürfnis empfunden – und veranlassen uns dazu, tätig zu werden, um den Erregungszustand zu beenden oder um ein Bedürfnis zu befriedigen. Diese triebtheoretische Akzentuierung wird mit der mächtigen psychischen Instanz „Es" beschrieben. Das „Es" produziert fortwährend „Libido" (= Spannung= Lustansprüche= Trieb). Das „Es" ist das Reservoir der sexuellen und aggressiven Triebe, das – regiert von den Lustansprüchen – sofortige und vollständige Befriedigung verlangt. Dieses auch als *Lustprinzip* bezeichnete Verhalten ist unbewusst, irrational und besitzt keine Moral. Damit ein Zusammenleben mit anderen Menschen möglich wird und nicht jeder nur die eigene Triebbefriedigung sucht, muss eine Beziehung zu anderen Menschen, zur Umwelt organisiert werden. Diese Funktion übernimmt die psychische Instanz „Ich". Sie ermöglicht uns, Triebansprüche zu verschieben, Abwehrmechanismen zu mobilisieren oder Anpassungen zu regeln. Das „Ich" – auch mit Realitätsprinzip beschrieben – bildet die Vermittlerrolle zwischen Triebansprüchen und den Ansprüchen der Außenwelt. Die Motive und Wertmaßstäbe dieser Vermittlung erreichen uns über die dritte psychische Instanz, durch das „Über-Ich". Sie hat die Funktion, uns gesellschaftliche Werte und Normen, Gebote und Verbote nahe zu bringen und bildet sich über eine Abfolge von Identifikations- und Internalisierungsprozessen. Das „Über-Ich" ist so etwas wie die Gewissensinstanz einer Person oder anders ausgedrückt: das „Über-Ich" umfasst die moralische Funktion der Persönlichkeit, es fungiert als Moralitätsprinzip.

Diese drei psychischen Instanzen beschreibt FREUD als psychischen Apparat, eine sehr treffende Bezeichnung. Im Zusammenspiel der drei Instanzen funktionieren wir. Und nur, wenn der Apparat des Einzelnen „richtig arbeitet", funktioniert das Zusammenleben in der Gesellschaft. Dieses Zusammenspiel ist nicht von Anfang an vorhanden, sondern entwickelt sich im Prozess der Sozialisation, der in der Psychoanalyse als psychosexuelle Entwicklung dargelegt wird. Das bedeutet auch, dass die Entwicklung des psychischen Apparats und die Phasen der psychosexuellen Entwicklung eng und gleichzeitig miteinander verknüpft sind.

FREUD glaubte, dass die Persönlichkeitsentwicklung dadurch beeinflusst und bewegt wird, dass die Kinder ihre Sexualenergie (in der Psychoanalyse als ‚Libido' bezeichnet) von einem Lebensabschnitt auf den nächsten ausdehnen. Hierbei werden fünf Phasen unterschieden, die in der folgenden Zusammenstellung in der linken Spalte aufgeführt werden. In der rechten Spalte wird deutlich, in welchem Entwicklungsabschnitt sich die psychischen Instanzen bewegen.

Psychosexuelle Phasen	Entwicklung/Aktivitäten	Psychischer Apparat
1. Orale Phase (erstes Lebensjahr)	In dieser Phase sind die Nervenenden an Lippen und Mund der Kinder besonders empfindsam und verhelfen den Neugeborenen zu Lustempfinden. Dies geschieht über Einnehmen, Festhalten, Beißen, Ausspeien und Schließen. Die orale Zone ist wesentlich für die Nahrungs- und Flüssigkeitsaufnahme, aber sie dient auch der Erkundung von Teilen der Welt.	**Es**
2. Anale Phase (zweites bis drittes Lebensjahr)	Die kindliche Aufmerksamkeit verlagert sich auf den Analbereich. In dieser Phase geht es um die Kontrolle der Darmentleerung. Mit dem Akt des Auf-den-Topf-Setzens macht das Kind erste Erfahrungen mit der Wirkung von gesetzten Grenzen, denn diese betonen die Ausscheidung auf Kommando, und das auch noch auf besonders reinliche Art.	**Ich**
3. Infantil-genitale Phase (drittes bis sechstes Lebensjahr)	Schlüsselobjekte dieser Entwicklungsphase sind die Geschlechtsorgane. Schlüsselerlebnis sind die sexuellen Wünsche, das gegengeschlechtliche Elternteil als Sexualpartner zu gewinnen, was aber von der sozialen Umwelt sanktioniert wird und wodurch sich nun innere Widerstände (Ekel-, Scham- und Moralgefühle) herausbilden. FREUD hat diese Phase zuerst nur aus Sicht der Jungen beschrieben, die moderne Psychoanalyse analysiert bei Mädchen aber vergleichbare Prozesse.	

4. Latenzphase (fünftes bis dreizehntes Lebensjahr)	Dank erfolgreicher Sozialisation ruht in der Latenzzeit (Schulzeit) die Sexualität. Aufgrund der inneren Widerstände „vergißt", d.h. verdrängt das Kind sexuelle Bedürfnisse und Aktivitäten. Deshalb gilt diese Entwicklungsphase als „Latenz"- bzw. Ruhephase. Sexuelle Triebziele werden umgelenkt in Freundschaftsbeziehungen. Die Latenzphase wird auch oftmals „Bandenalter" genannt.	**Über-Ich**
5. Genitale Phase (vierzehntes bis einundzwanzigstes Lebensjahr)	Jetzt werden die erogenen Zonen wieder aktualisiert und es geht um Küssen, Beschauen, Betasten, Eindringen und sich Hingeben. Die Sexualfunktionen reifen heran, d.h. der Sexualtrieb steht nun im Dienst der Fortpflanzungsfunktion und es beginnt die Aufnahme heterosexueller Aktivitäten.	

In diesen hier skizzierten Phasen vollzieht sich nach FREUD die Subjektentwicklung dadurch, dass die Kinder ganz bestimmte Probleme (die z.T. in der mittleren Spalte angedeutet werden) bewältigen müssen. In dieser Sichtweise liegt auch der Verdienst der Psychoanalyse als Sozialisationstheorie, obwohl sie nach wie vor in der Sozialisationsforschung selten Anwendung findet. Dies mag vielleicht auch daran liegen, dass kindliche Sexualität und das Unbewusste als Basis von Sozialisation noch immer provozierend, unangemessen oder fremd wirken (vgl. HAGEMANN-WHITE 1998). Die Diskussion um die Bedeutung der Psychoanalyse für die Untersuchung von Sozialisation ist jedenfalls noch lange nicht abgeschlossen. Die Bedeutung der Psychoanalyse für die Klärung von Sozialisationsvorgängen liegt auch darin, dass darauf hingewiesen wird, dass die Entwicklung von Identität bzw. einem „Ich" nur mittels Beziehungen vonstatten geht. Ich-Entwicklung wird hierbei als ein Wechselspiel zwischen Konstitution und Umwelt begriffen. Der Sozialisationstheoretiker DIETER GEULEN hat den Gewinn der durch die Psychoanalyse gewonnenen Einsichten für das Verständnis von Sozialisation wie folgt zusammengefasst:

> „Vor allem verdanken wir der Psychoanalyse die Einsichten: (1) dass innerpsychische Verarbeitung von Erfahrungen sehr komplex und unbewusst sein kann, (2) dass die dabei entstehenden Persönlichkeitsfor-

mationen die Art der Handlungsfähigkeit des Individuums bestimmen, insbesondere die Chancen zu autonomeren Handeln, (3) dass die affektiven Beziehungen zu anderen Personen eine wichtige Sozialisationsbedingung sind und (4) dass die entscheidenden Formationen schon in der frühen Kindheit entstehen" (GEULEN 2005, S. 47).

Sozialisation ist nach der Psychoanalyse kein kontinuierlicher Prozess, sondern eine Abfolge von Problembearbeitungen, was auch als Abfolge von Entwicklungskrisen beschrieben werden kann (vgl. TILLMANN 1989, S. 68). Werden in einer Phase die Probleme bzw. Entwicklungskrisen durchgestanden, führt das letztendlich zu einer Stärkung des Ich.

Diesen Gedanken hat vor allem Erik K. ERIKSON weiter verfolgt, aber angereichert durch den Einbezug der Einflüsse, die auf den Menschen über seine soziale Umwelt, seine Geschichte und seine Kultur wirken.

3.1.2 Sozialisation als Weg zur Identität

ERIKSON unterscheidet in einer Theorie des Lebenslaufs acht Phasen, in denen zwar die Dynamik der psychosexuellen Entwicklungsphasen nach FREUD auftaucht, die aber darüber hinaus von einer psychosozialen Dynamik – gekennzeichnet über Familie und Sozialstruktur, innere und äußere Konflikte – beeinflusst werden. Innere und äußere Konflikte nennt ERIKSON Krisen. Dies sind Spannungen zwischen positiven und negativen Tendenzen, die von den Heranwachsenden nicht nur ausgehalten, sondern auch bewältigt werden müssen. Von der Art der Bewältigung hängt der Verlauf der Entwicklung zu einer „gesunden" Persönlichkeit ab. Solch eine Persönlichkeit ist dadurch gekennzeichnet, dass sie

> „...ihre Umwelt aktiv meistert, eine gewisse Einheitlichkeit zeigt und imstande ist, die Welt und sich selbst richtig zu erkennen." (ERIKSON 1973, S. 57).

Dieser Vorstellung eines Persönlichkeitsaufbaus liegen drei Grundannahmen zugrunde:

- Entwicklung folgt einem epigenetischen Prinzip, d.h. alles, was wächst, hat einen Grundplan. Der epigenetische Entwicklungsplan muss mit dem sozialen Plan abgestimmt werden. Die Persönlichkeitsentwicklung verläuft über die Zusammenwirkung von organischer Entwicklung und gesellschaftlichen Unterstützungsprozessen.
- Das Wachstum der Persönlichkeit ist durch innere und äußere Konflikte gekennzeichnet. Im Verlauf seiner Entwicklung hat das Individuum eine Reihe

psychosozialer Krisen zu bestehen. Eine Krise ist die Differenz zwischen dem, was man haben, tun oder sein möchte und dem, was zur Zeit möglich und geboten wird. Krise darf hierbei nicht als eine Störung oder Gefährdung, sondern als konstitutiver Bestandteil und als Schaltstelle menschlichen Wachstums verstanden werden.

Die Entwicklung der Persönlichkeit ist mit einer Stufenfolge von Wechselwirkungen zwischen Individuum und sozialer Umgebung verbunden. Im Durchgang und in der erfolgreichen Bewältigung von insgesamt acht jeweils typischen „Aufgaben", die sich im Lebenszyklus auf acht Entwicklungsstufen stellen, baut sich die Ich-Identität auf. Der soziale Horizont der Heranwachsenden erweitert sich hierbei ständig und damit gleichzeitig ein Vertrauen zur Welt und zu sich selber.

Wie sehen nun die acht Phasen aus, die eine gesunde Persönlichkeit durchleben muss? Sie werden von ERIKSON als Entgegensetzungen aufgeführt, was darauf hinweisen soll, dass es gelingende, aber auch misslingende Krisenbewältigungen gibt. Wird eine Krise produktiv gelöst, ist der Heranwachsende bereit für die nächste Stufe, ist dies aber nicht der Fall, dann kann hierüber der gesamte weitere Lebensweg beeinträchtigt werden.

1. Urvertrauen gegen Urmisstrauen – Säuglingsalter

Mit Urvertrauen ist das Gefühl des „Sich-Verlassen-Könnens" gemeint. Es entsteht aus der Erfahrung, dass zwischen der Welt und den eigenen Bedürfnissen und Vorstellungen eine Übereinstimmung möglich ist. Auch wenn Kinder sich körperlich unwohl fühlen, beispielsweise bei dem Durchbruch der ersten Zähne oder wenn sich die Mutter oder eine andere Bezugsperson zeitweilig entfernt, muss das Kind Vertrauen behalten können. Der Aufbau dieses ‚Urvertrauens' ist die Hauptaufgabe des ersten Lebensjahres. Kinder müssen lernen, trotz widriger Umstände andren Menschen vertrauen zu können. Die Überwindung einer solchen Krise bedeutet auch, ein rudimentäres Gefühl von Ich-Identität aufzubauen. Haben Kinder in dieser Entwicklungsphase eher mit Vernachlässigung und Unzuverlässigkeit zu tun, gewinnt ein Gefühl des Misstrauens die Oberhand und kann zu Entfremdung und Rückzug auf sich selbst führen.

2. Autonomie gegen Scham und Zweifel – Kleinkindalter

Ist die Vertrauensproblematik geklärt, wird eine neue Krise aktuell, die eine Phase der Emanzipation von der Mutter oder einer anderen Bezugsperson einleitet. In dieser Phase experimentieren Kinder mit den sozialen Modalitäten „Festhalten" und „Loslassen". Dies hat Ähnlichkeit mit den Aktivitäten in der analen Phase nach der Psychoanalyse (Beherrschung der Ausscheidungsfunktionen), aber ERIKSON geht in seiner Darstellung über die Bedeutung der Sauberkeitserziehung im engeren Sinne hinaus und betont, dass es in dieser Phase vor allem um die Autonomiebestrebungen und deren Tolerierung seitens der Eltern geht. Nur so kann die Entwicklung zu einer gesunden Persönlichkeit voranschreiten. Durchkreuzen die Eltern ständig die eigenen Vorstellungen und Wünsche der Kinder, entsteht ein andauerndes Gefühl von Scham und Zweifel. Daraus resultieren oftmals Unentschlossenheit, Unsicherheit und Zweifel an sich selbst.

3. Initiative gegen Schuldgefühl – Spielalter

Die Krise in dieser Entwicklungsphase bildet sich aus dem Wunsch des Kindes

> „... herauszufinden, was für eine Art von Person es werden will" (ERIKSON 1973, S. 87).

Kinder entwickeln eine unermüdliche Wissbegierde bezüglich ganz allgemeiner Größenunterschiede und der Unterschiede der Geschlechter. Nach der Psychoanalyse ist diese Phase ja bekanntlich als ödipale Phase gekennzeichnet. Vervollkommnung der sprachlichen Fähigkeiten und die Ausweitung der Aktivitäten begünstigen ein Initiativstreben, aber gleichzeitig auch eine Funktionserweiterung des Gewissens. Kinder beginnen, sich für bloße Gedanken schuldig zu fühlen. Wenn Eltern, dieses Gewissen nicht überstrapazieren, kann diese Krise von den Kindern aber gut gemeistert werden.

4. Werksinn gegen Minderwertigkeitsgefühl – Schulalter

Kinder werden jetzt lernbegierig. ERIKSON beschreibt diese Entwicklungsstufe mit „Ich bin, was ich lerne" (ebenda, S.98). Kinder wollen jetzt das Gefühl haben, nützlich zu sein und etwas gut machen zu können, sie wollen ein Werk vollenden, sie haben Lust zu arbeiten und zusammen mit anderen etwas zu schaffen. Eine Krise bildet sich hierbei durch die Entwicklung eines Gefühls der Unzulänglichkeit und Minderwertigkeit, wenn Sachen einmal misslingen.

5. Identität gegen Identitätsdiffusion – Adoleszenz

Nach der Pubertät hat der nun jugendliche Heranwachsende damit zu tun, seine Identität zu bilden (diese Entwicklungsphase wird ausführlicher im Kapitel 6 erörtert). Die alles überlagernde Frage lautet: „Wer bin und wer bin ich nicht". Diese Frage kann sich der Heranwachsende jetzt stellen, weil er in der Lage ist, über sich selbst zu reflektieren und auch einbeziehen kann, was andere meinen und über ihn denken. Die Gefahr dieser Entwicklungsstufe liegt darin, dass die Ansprüche an eine psychosoziale Selbstdefinition gehäuft auf den Jugendlichen zukommen. Das Misslingen dieser Krise bezeichnet ERIKSON als Identitätsdiffusion.

6. Intimität gegen Isolierung – Frühes Erwachsenenalter

Mit dieser Phase ist das frühe Erwachsenenalter erreicht. Erst nach dem Aufbau einer relativ stabilen Ich-Identität, können intime Beziehungen aufgenommen werden. Eine geklärte Identität erlaubt jetzt eine tragfeste Partnerschaft. Die psychosoziale Moralität dieser Phase beschreibt ERIKSON als ein Sich-Verlieren und ein Sich-finden im anderen. Klappt dies nicht, kann es zu einer sozialen Distanzierung und Isolierung kommen. Es werden zwar noch Beziehungen aufgenommen, diese sind aber eher kühl und abwartend, man geht auf sicher.

7. Generativität gegen Stagnierung – Erwachsenenalter

Mit einer soliden Identität und sozialen Eingebundenheit hat der Mensch das Bedürfnis, dass man seiner bedarf und er leistet sich nun auch das freizügige und fürsorgliche Geben. Mit Generativität beschreibt ERIKSON den Wunsch eines Menschen, eigene Kinder haben zu wollen und damit eine Generation zu gründen. Wer diesen Wunsch nicht lebt, beginnt sich selbst zu verwöhnen, was ein Gefühl von Stagnation entwickelt.

8. Integrität gegen Lebensekel – Ältere Erwachsene

Integrität bedeutet die Annahme seines Lebens und füllt es mit Sinn. Das eigene individuelle Leben wird immer stärker eingebettet in ein Verständnis für die „größeren Abläufe der Geschichte". Das Fehlen oder der Verlust eines Gefühls von Integrität führt zu Todesfurcht und Verzweiflung, zu Lebensüberdruss und Lebensekel.

Das hier skizzierte Verständnis von Sozialisation als Abfolge von Entwicklungskrisen hat innerhalb der Sozialisationstheorien mehr Verbreitung gefunden als die weiter oben dargestellte „klassische" Triebtheorie nach FREUD. Im Gegensatz zu dieser Theorie sind die Konflikte der Identitätsfindung nach ERIKSON nicht nur psychosexueller, sondern auch ganz zentral psychosozialer Natur. Die Persönlichkeitsentwicklung wird in dieser Sichtweise nicht unwesentlich von sozial-kulturellen Möglichkeiten und Angeboten beeinflusst. Einen festen Platz haben die Hypothesen zur Persönlichkeitsentwicklung nach ERIKSON vor allem in der Jugendforschung (mehr dazu im Kapitel 6).

3.1.3 Lerntheorien – Sozialisation über „Außenkräfte"

Die Lerntheorien sind nicht als Theorien bezüglich des Lernens von Wissen zu verstehen, so wie wir beispielsweise schulisches Lernen kennen, sondern als Theorien über das Lernen von menschlichem Gesamtverhalten. Lerntheorien beschreiben und analysieren relativ dauerhafte Verhaltensänderungen, die von bestimmten äußeren Ereignissen und Umständen beeinflusst werden. Deshalb sind Lerntheorien zur Analyse von Sozialisation überaus brauchbar und können ohne weiteres als Sozialisationstheorien eingeordnet werden. Nach den Lerntheorien wird die Persönlichkeitsentwicklung im Grundsatz dem Aufbau von Lernerfahrungen gleichgesetzt. Im Blick auf das Ergebnis des Lernens ist das gemeinsame Merkmal dabei als eine relativ dauerhafte und vor allem beobachtbare Verhaltensänderung zu verstehen, die aber nicht über z.b. angeborene Reflexe oder über Reifung stattfindet, sondern aufgrund von wiederholten Erfahrungen.

Sozialisation ist nun – lerntheoretisch verstanden – als Ablauf verschiedener Lern-Gesetzmäßigkeiten zu verstehen, die unser Verhalten beeinflussen und verändern. In den verschiedenen lerntheoretischen Ansätzen werden diese Gesetzmäßigkeiten in unterschiedlicher Art und Weise dargestellt. Diese Ansätze lassen sich grob in zwei Ausrichtungen aufteilen:
Der Behaviorismus (amerik. behavior: Verhalten) geht davon aus, dass nur direkt beobachtbares Verhalten plausibel als Erklärung für menschliche Entwicklung herangezogen werden darf. Alle subjektiven Begriffe wie Gefühl, Empfinden oder Denken werden als unwissenschaftlich abgelehnt. Die sozial-kognitive Lerntheorie – immer verbunden mit dem Namen BANDURA (1979) – versteht hingegen Lernen stets sozial vermittelt. Diese zwei lerntheoretischen Ausrichtungen – beginnend mit behaviouristischen Konzepten – werden nun kurz erläutert.

Klassische Konditionierung:
Empirisch geht diese Sichtweise von Lernen von den Ergebnissen einiger Tierversuche aus. PAWLOW (1928) stellte fest, dass der Speichelfluss bei Hunden auch dann eintrat, wenn ein Reiz, z.B. die Schritte des Wärters oder ein anderer hörbarer Ton, einige Male mit dem Futter, das normalerweise den Speichelfluss

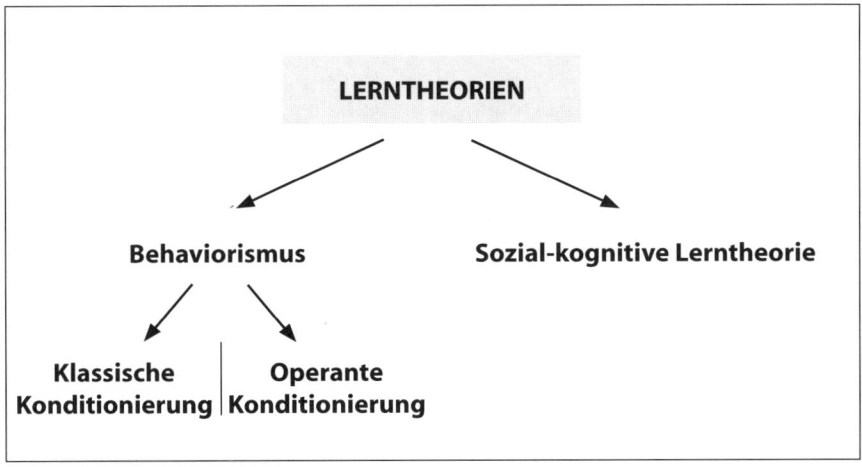

auslöst, zusammen dargeboten wird. Dieser Speichelfluss ist zuerst einmal ein unbedingter, d.h. ein angeborener Reflex. Aus einem unbedingtem, einem ursprünglich neutralen Reiz ist dann eine neue Reiz-Reaktionsverbindung, ein bedingter Reiz geworden. Entscheidende Bedingung dieses Lernvorganges ist die zeitliche Gemeinsamkeit der Reize.

Mit den Ergebnissen der Experimente wurde die Annahme formuliert, dass unsere Erziehung, unser Lernen, Disziplin und Gewohnheiten, lange Reihen von bedingten Reizen darstellen – wir sind hiernach in bestimmter Art und Weise konditioniert. Zucken Kinder beispielsweise bei der Ankündigung einer Mathematik-Klassenarbeit erschreckt zusammen, dann ist dieser eine Effekt von Konditionierung, d.h. einer Koppelung von körperlichen Angstreaktionen auf erlernte Signale.

Operante Konditionierung:
Im klassischen Konditionieren wird immer ein natürlicher, unbedingter Reflex mit einem neuen Reiz gekoppelt. Beim operanten oder auch instrumentell genannten Konditionieren kann nun jeder Reiz mit jedem beliebigen Verhalten gekoppelt werden. Das Konditionieren ist hier als Instrument zu verstehen, ein bestimmtes Reiz-Reaktionsverhältnis zu schaffen. Daher rührt auch die Bezeichnung „instrumentell". Zentraler Begriff des operanten bzw. instrumentellen Konditionierens ist die Verstärkung. Verstärker kann alles sein, was die Wahrscheinlichkeit des Auftretens bestimmter Reaktionen oder Verhaltensweisen erhöht. Das kann beispielsweise ein Lächeln sein oder der Satz „Das hast du aber schön gemacht!". Je nach den Konsequenzen eines Verhaltens unterscheidet Burrhus F. Skinner, einer der Hauptvertreter des operanten Konditionierens, vier Formen des Lernens:

1. *Positive Verstärkung.* Hier folgt auf ein Verhalten eine positive Konsequenz und anzunehmen ist, dass das Verhalten dann häufiger wird. Z.B. hat sich ein Kind für eine Unterrichtsstunde gut vorbereitet und erhält soziale Anerkennung. Es ist nun wahrscheinlich, dass dieses Kind sich für die nächste Stunde ähnlich gründlich vorbereiten wird.
2. *Negative Verstärkung.* Hierbei wird ein unangenehmer Zustand durch ein bestimmtes Verhalten beendet. Beispielsweise meldet sich ein Kind im Unterricht und wird wegen seiner Antwort vom Lehrer verspottet. Nun ist anzunehmen, dass es zukünftig eher passiv im Unterricht bleibt, um Spott als unangenehmen Zustand zu vermeiden

3. *Bestrafung.* Durch Darbietung eines unangenehmen Reizes (Ohrfeige oder ein böser Blick) oder durch Beseitigung eines positiven Reizes (Taschengeldkürzung) soll ein unerwünschtes Verhalten verringert werden.

4. *Löschung.* Dies ist eine Methode der Nicht-Verstärkung, um ein unerwünschtes Verhalten zu beseitigen. Wenn die störenden Clownerien eines Kindes im Unterricht vom Lehrer oder von der Lehrerin konsequent nicht beachtet werden, kann dies dazu führen, dass die Störungen immer seltener werden.

Zentrales Thema der Ausrichtung dieser lerntheoretischen Sichtweise sind Verstärkung, Lob und Bestrafung. Sozialisation ist in diesem Rahmen als Persönlichkeitsentwicklung zu verstehen, wenn angemessenes Verhalten belohnt und deshalb aufrechterhalten wird, nicht wünschenswertes Verhalten sanktioniert, nicht verstärkt und deshalb abgelegt wird. Sozialisation vollzieht sich demnach in erster Linie über die beschriebenen Lernprozesse und ist insofern sehr mechanistisch interpretierbar. Wegen der Festlegung solcher Mechanismen wird das Operantes Konditionieren häufig auch als Dressur bezeichnet (SCHRAML 1990, S. 117). Die zentrale Kritik zielt jedoch vor allem auf die Ausklammerung innerpsychischer Aspekte wie beispielsweise Gefühle, Bewusstsein, Kreativität usw.

3.1.4 Sozialkognitives Lernen – Sozialisation via Modelle

Diese Lerntheorie – überwiegend von BANDURA entwickelt – geht davon aus, dass Beobachtung und Nachahmung einen großen Teil von Sozialisation ausmachen. Die Wirkung von Vorbildern spielt hierbei eine große Rolle. Das sogenannte Lernen am Modell ist aber nicht bloße Imitation eines Verhaltens von bestimmten Vorbildern. Im Umgang mit anderen Menschen – deshalb heißt diese Lerntheorie auch sozial-kognitive Lerntheorie – d. h. im sozialen Kontext bauen Menschen kognitive Schemata auf und ändern darüber ihr Verhalten. Menschliches Verhalten hat somit immer einen sozialen Ursprung.

Beobachtungslernen

Es ist sehr vorteilhaft für die Menschen, dass sie beobachten können und am Modell lernen:

> „Bei der Beobachtung anderer macht man sich eine Vorstellung davon, wie diese Verhaltensweisen ausgeführt werden. Später dient diese codierte Information dann als Handlungsrichtlinie. Da Menschen am Beispiel anderer zumindest ungefähr lernen können, was sie tun müssen, bevor sie die betreffende Verhaltensweise selbst ausgeführt haben, bleiben ihnen überflüssige Fehler erspart" (BANDURA 1979, S. 31).

Nach der sozial-kognitiven Lerntheorie von BANDURA informieren sich Menschen sozusagen, bevor sie sich an die Ausführung machen, und können deshalb Fehler vermeiden. Dies versucht er auch mit zahlreichen Experimenten zu belegen (ebenda, S. 44 f). Sobald sich die Fähigkeit des Lernens über Beobachtung beim Menschen ausgebildet hat, sind sie nun nicht mehr daran zu hindern, zu lernen, was sie gesehen haben.

Die Informationen bzw. die Modelle werden durch physische Darbietungen, bildliche Repräsentationen oder verbale Beschreibungen übermittelt (ebenda, S. 47 f). Ob nun das Verhalten über Wörter, Bilder oder über konkrete Handlungen beeinflusst wird, ist nachrangig, der zugrundeliegende Prozess des Modelllernens bleibt gleich. Bedeutsam ist jedoch die unterschiedliche Wirksamkeit von Modellierungsweisen.

BANDURA weist auf den bedeutsamen Einfluss symbolischer Modellierung über Massenmedien hin. Gerade auch die Diskussion über die Wirksamkeit der Kreierung von bestimmten „Typen" in der Jugendszene, sei es der Grunge-Typ oder der Hip-Hopper usw., kann belegen, wie sich die Heranwachsenden an bestimmten Modellen orientieren. Die Entwicklung hin zur Erlebnisgesellschaft (siehe 3.3.5) unterstützt und verstärkt die Orientierung am Modell des Trendgemäßen, denn nur derjenige kann zukünftig am gesellschaftlichen Leben teilnehmen, der sich einem bestimmten Trend zugehörig zeigt.

Die sozial-kognitive Lerntheorie würde jedoch verkürzt dargestellt werden, wenn Modellierung als einseitiger Prozess – Verhalten als Effekt von Beobachtungslernen – interpretiert wird. BANDURA weist immer wieder daraufhin, dass Menschen bewusste und lernfähige Subjekte sind, die ihre Wirklichkeit aktiv gestalten. Diese Gestaltung geschieht vor dem Hintergrund von Verifizierungsprozessen (BANDURA 1979, S.180 ff). So gewinnen Menschen Erkenntnisse aus unmittelbaren Erfahrungen, aber auch über stellvertretende Erfahrungen, d.h. durch die Überprüfung der Auswirkungen, die die Handlungen eines anderen hervorrufen, und sie gewinnen Erkenntnisse durch die Überprüfung der Gültigkeit des eigenen Denkens im Vergleich mit dem Urteil anderer. Es handelt sich hierbei demnach auch um eine soziale Verifizierung. BANDURA belegt seine Theorie mit einer prinzipiellen Lernfähigkeit der Subjekte und mit dem sozialen Austausch, der für Lernen notwendig erscheint.

Die Theorie des Modellernens nach BANDURA erklärt Lernen als einen aktiven Aneignungsprozess, der mit vier Merkmalen besetzt ist: Wir sind aufmerksam, wir behalten, wir reproduzieren und wir bewerten. Nicht jedes Modell wird dabei nachgeahmt, sondern nur dasjenige, das nach einer Bewertung (Selbstbewertung) als geeignet eingestuft wird. Das Lernen am Modell kann auch als eine Art Selbstregulationsprozess bezeichnet werden. Anders ausgedrückt: Sozialisation ist hiernach auch als Selbstsozialisation zu verstehen. Doch nun genauer zu den einzelnen Merkmalen, bzw. Teilprozessen des Lernens am Modell. Die verschiedenen Aspekte sind in der folgenden Übersicht zusammengestellt.

Aufmerksamkeit		
Modellperson:	Modellverhalten:	Beobachter:
• attraktiv	• erfolgreich	• Erregung
• lebendig	• kompetent	• Erwartung
		• Interessen

⬇

Gedächtnis		
Symbolische Kodierung	Kognitive Orientierung	Wiederholen im Kopf

⬇

Reproduktion		
Physische Fähigkeiten	Verfügbarkeit der Teil-Reaktionen	Einübung: Selbstbeobachtung Feedback Korrektur

⬇

Motivation		
Äußere Bekräftigung	Stellvertretende Bekräftigung	Selbstbekräftigung

Aufmerksamkeit

Menschen können aus einer Beobachtung nur lernen, wenn sie auf die wichtigen Verhaltensweisen eines Modells achten und sie exakt wahrnehmen. Sie müssen auf ein Modell aufmerksam werden. Die Aufmerksamkeitszuwendung wird durch verschiedene Determinanten beeinflusst:

- Es werden vor allem Modelle gewählt, die gewinnende Eigenschaften besitzen. Dies sind Menschen, die attraktiv und lebendig wirken, die sich glaubwürdig und kompetent verhalten.
- Auf der Seite des Beobachters sind Merkmale wie emotionale Erregung, Unsicherheit, Abhängigkeit und Erwartungen aufmerksamkeitsfördernd.
- Sehr entscheidend ist die Struktur der Interaktionen. Es kann angenommen werden, dass eine emotional positive Beziehung zwischen Modell und Beobachter förderlich für die Aufmerksamkeitszuwendung wirkt.

Gedächtnis/Behalten

Beobachtete Modelle sind nur dann wirksam, wenn Menschen sich an bestimmte Verhaltensweisen auch erinnern. Denn es kann ja sein, dass ein Modellverhalten nicht sofort umsetzbar ist oder erst nach einem längeren Zeitraum benötigt wird. In der Zwischenzeit muss das Beobachtete gespeichert werden; es muss im Gedächtnis bleiben, um für zukünftige Situationen verfügbar zu sein. Dafür wird es verschlüsselt, oder anders ausgedrückt: kodiert. Dies geschieht mit bildhaften Vorstellungen, sprachlichen Beschreibungen oder mir begrifflichen Kennzeichnungen. BANDURA nennt es „symbolische Kodierung" (BANDURA 1979, S. 32). Eine weitere Gedächtnishilfe bildet die Wiederholung. Wenn wir ein beobachtetes Verhalten in der Phantasie wiederholend ausführen, dann behalten wir es länger. Der nächste Schritt besteht nun darin, das Beobachtete in das eigene Verhalten umzusetzen.

Motorische Reproduktionsprozesse

Soll ein Modellverhalten in das eigene Verhalten umgesetzt werden, müssen die körperlichen Fähigkeiten vorhanden sein. Wie schnell eine solche Umsetzung geschieht, hängt einmal von der Verfügbarkeit von Teilfertigkeiten und zum anderen von der Fähigkeit zur Selbstkorrektur ab. Selten lassen sich Verhaltensvorstellungen sofort beim ersten Versuch in richtige Handlungen umsetzen. Gewöhnlich sind etliche korrigierende Wiederholungen notwendig. Schwimmen lernen wir eben nicht dadurch, dass wir einfach in das Wasser springen, sondern durch Beobachtung, Übung, Wiederholung und Korrektur.

Motivationsprozesse

Damit Menschen eine Beobachtung auch umsetzen, muss diese auch einen gewissen Wert für sie haben, es muss ein Motiv vorhanden sein. Genauso wichtig sind aber auch beobachtete Konsequenzen auf das modellierte Verhalten. BANDURA unterscheidet hierbei die

- äußere Bekräftigung, z.B. ein Lob. Vermutlich wird hiermit ein Anreiz geboten, weiterhin das gelobte Verhalten zu zeigen.
- stellvertretende Bekräftigung. Wenn eine Modellperson positive Konsequenzen erfährt, ist das ein Anreiz, sich auch so wie diese zu verhalten.
- Selbstbekräftigung, z.B. ein Eigenlob.

Mit diesen Bekräftigungen sind nicht die Verstärker des behavioristischen Konzepts des Lernens gemeint, die immer mit den jeweiligen tatsächlichen Ausführungen verknüpft sein müssen. In der sozial-kognitiven Lerntheorie hat auch schon die bloße Erwartung von Konsequenzen eine verhaltenssteuernde Wirkung, d.h. dass die gedankliche Vorwegnahme von Konsequenzen motivierend oder demotivierend wirken kann.

Der Nutzen der Theorie von BANDURA für das Verständnis von Sozialisation liegt darin, dass er erklärt, dass Verhaltensweisen von Menschen geprägt sind durch Entscheidungsfreiheit, Selbstbestimmung, reflexives Bewusstsein und durch die Fähigkeit zur Selbstentwicklung. Lernen über Beobachtung heißt im Sinne BANDURAS auch Lernen über Selbstbeobachtung der eigenen Verhaltensweisen. Wir sind in der Lage, unser Verhalten nach bestimmten Kriterien zu bewerten und uns selbst zu kritisieren oder zu belohnen („Da hab ich Mist gebaut" oder „Das hab ich toll hinbekommen").

Ein weiterer wichtiger Akzent der Theorie BANDURAS liegt in der stellvertretenden Bekräftigung. Vergleicht man sich mit der Leistung eines Modells und zieht aus dessen Leistung den Schluss, dass auch man selbst zu dieser Leistung in der Lage ist, wirkt dies maßgeblich auf die eigene Leistungsbereitschaft und Leistungsfähigkeit. Dieser Vorgang der Einschätzung der eigenen Fähigkeiten und Leistungen ist von BANDURA als „Self-Efficacy" benannt (BANDURA 1997).

Die sozial-kognitive Theorie weist darüber hinaus plausibel nach, dass wir nicht einfach irgendwelche Modelle und deren Verhaltensweisen imitieren, sondern dass unsere Modellierungen in einer umfassenden Person-Situations-Interaktion stattfinden. Es fehlen hierzu jedoch Hinweise darauf, wie diese Interaktionen mit sozio-ökonomischen Bedingungen zusammenhängen. In dem theoretischen

Ansatz von Bandura müssten also Variablen wie Familiensituation, Wohnumfeld, Geschlechterrollen usw. mit einbezogen werden. Unberücksichtigt bleibt zudem der emotionale Bereich. Ängste, Wünsche oder Sehnsüchte berücksichtigt Bandura nur unzureichend. Neben all den Stärken des Ansatzes sind deshalb noch etliche Ergänzungen und Weiterentwicklungen notwendig.

3.1.5 Kognitive Entwicklungspsychologie – Sozialisation über aktive Aneignung der sozialen Umwelt

Die Grundidee der Theorie der kognitiven Entwicklung besteht in der Annahme, dass der Mensch durch handelnde Aktivitäten zu einem Verständnis der Umwelt gelangt. Nach Auffassung von Piaget, dem Hauptvertreter der kognitiven Entwicklungspsychologie, schreitet die Persönlichkeitsentwicklung in Stadien voran, wobei jedes Stadium auf dem vorhergehenden aufbaut und selbst wiederum Voraussetzung für das nächsthöhere wird. Es bilden sich stufenweise kognitive Strukturen, die es ermöglichen, dass wir immer besser in der Welt zurecht kommen. Die Forschungen von Piaget haben zur Unterscheidung von vier Stufen der kognitiven Entwicklung geführt:

Stufen der kognitiven Entwicklung

1. Die senso-motorische Stufe von der Geburt bis zum 2. Lebensjahr

2. Die prä-operatorische Stufe vom 2. bis zum 6./7. Lebensjahr

3. Die konkret-operatorische Stufe vom 7. Bis zum 11./12. Lebensjahr

4. Die formal-operatorische Stufe ab dem 11./12. Lebensjahr

1. Die senso-motorische Stufe
Der Ausgangspunkt dieser ersten Entwicklungsstufe sind die Reflexe, die spontanen Betätigungen des Kindes, etwa strampeln, saugen usw. Infolge von Übung verfeinern sich diese Reflexe immer stärker. Tätigkeiten gehen nun auch über das Reflexhafte hinaus, beispielsweise wird das Saugen auch auf andere Dinge als die Brustwarze übertragen, nehmen wir einmal an, auf den Daumen. Mehr und mehr setzt das Kind Mittel ein, um ein bestimmtes Ziel zu erreichen. Es zieht z.B. an der Tischdecke, um den darauf liegenden Schnuller zu ergreifen.

2. Die prä-operatorische Stufe
Beginnt das Kind, Vorstellungen und Symbole zu einer Zielerreichung in seinem Denken zu benutzen, ist die senso-motorische Entwicklung beendet. Allerdings ist es immer noch darauf angewiesen, Handlungsvorstellungen direkt handelnd

umzusetzen. Dies ändert sich allmählich auf der zweiten Stufe. Die Sprache gibt mehr und mehr die Möglichkeit, sich vom konkreten Kontext zu lösen und das Symbolspiel, das Kinder nun in dieser Entwicklungsphase verstärkt aufnehmen, führt zum So-Tun, zum Umgang mit Fiktionen.

3. Die konkret-operatorische Stufe

Kann sich nun ein Kind von der unmittelbaren Anschauung lösen, beginnt die konkret-operatorische Entwicklungsphase und es beginnt, Merkmale der Reversibilität zu beherrschen. Das Kind lernt nun, in Gedanken Schritte zurückzuverfolgen, mit Zahlen umzugehen und so etwas wie eine „innerliche Diskussion" (PIAGET 1972, S. 227) zu führen. Dies geschieht aber immer noch vor dem Hintergrund konkreter Ereignisse und Wahrnehmungen.

4. Formal-operatorische Stufe

Der Begriff „formal" weist darauf hin, dass nun Operationen ohne konkrete Handhabungen, d.h. rein gedanklich vollzogen werden können. Das für die formal-operatorische Stufe charakteristische Denken beinhaltet die Kompetenz, hypothetische oder contrafaktische Problemlösungen aufzustellen.

Der hier beschriebene stufenförmige Gesamtaufbau der Entwicklung verläuft – zusammengefasst – in folgende Richtung: vom unmittelbaren senso-motorischen Verhalten über das vorstellungsvermittelte konkrete Handeln zum abstrakten geistigen Operieren (Veith 1996, S. 458). Neben diesen Stufenmerkmalen besteht in der Theorie von PIAGET ein zweiter zentraler Gesichtspunkt, der für das Verständnis von Sozialisation wichtig sein könnte: Es ist der Gesichtspunkt, wie Entwicklung überhaupt stattfindet und welche Mechanismen hier wirken (siehe PIAGET 1983). Hierzu sind drei Bedingungen zusammenzufassen:

Erste Bedingung sind die organischen, neuronalen und hormonellen Reifungs- und Wachstumsprozesse. Sie sind konstitutionelle Voraussetzung dafür, dass sich die oben beschriebenen Stufen der geistigen Entwicklung überhaupt herausbilden können.

Zweite Bedingung sind die sozialen und materiellen Erfahrungen. Der handelnde Umgang mit anderen Menschen kann die Entwicklung des Kindes anregen und unterstützen, aber auch hemmen. Zu den sozialen Erfahrungen gehören zudem die Einflüsse, die von der Erziehung ausgehen und der Spracherwerb. PIAGET sieht Entwicklung aber auch immer im Zusammenhang mit dem handelnden Umgang der Kinder mit Dingen ihrer unmittelbaren Umwelt.

Eine dritte Bedingung wird von PIAGET als Äquilibration, als Streben nach einem Gleichgewicht gekennzeichnet. Störungen, die ein Ungleichgewicht verursachen, versucht der Mensch grundsätzlich zu kompensieren. Wenn jemand beispielsweise einen Gegenstand aufheben will, der schwerer als erwartet ist, muss er, um zu einem befriedigenden Ergebnis zu kommen, sich eine neue Methode überlegen. PIAGET lehnt sich bei dieser Vorstellung eines Gleichgewichtsstrebens an biologische Vorstellungen an, die besagen, dass Menschen, wie alle anderen lebenden Organismen, sich selbstorganisierende Systeme darstellen. (PIAGET wird in diesem Zusammenhang auch gern als Vertreter konstruktivistischer Denkweisen gehandelt, siehe 3.4) Anders ausgedrückt: Menschen haben in dem fortwährenden Austausch mit ihrer Umwelt die Tendenz, ihr Leben systematisch zu ordnen und zu gestalten. Menschen werden von der Umwelt nicht gesteuert, sondern suchen aus innerem Antrieb aus der Fülle der Umweltreize die für sich heraus, die ihr spezifisches Interesse befriedigen. Dies nennt PIAGET Selbststeuerungsfähigkeit, die im Prozess der Äquilibration realisiert wird. Zwei Begriffe sind hierbei noch zu nennen: Assimilation und Akkomodation. Ersteres meint die Anpassung der Umwelt an das eigene Handlungs- und Vorstellungsrepertoire, letzteres meint die Anpassung an die Umwelt, d.h. an Situationen oder Gegenstände. Immer dann, wenn die Assimilation für die Orientierung nicht mehr ausreicht, wenn beispielsweise Handlungen (bestimmte Greifschemata) in einer Spielsituation das Kind nicht mehr zufrieden stellen – es möchte mehr von der Welt erkunden –, dann ist Akkomodation notwendig: Kinder entwickeln sich, sie nehmen neue Wahrnehmungsmuster, neue Deutungsmöglichkeiten und neue Verhaltensweisen auf. Im Zusammenspiel von Assimilation und Akkomodation werden auftretende Erfahrungen eines Ungleichgewichts mit neuen Mitteln sozusagen „bearbeitet".

Das Streben nach einem Gleichgewicht, nach Äquilibration, wird nie zu einer endgültigen und abschließenden Gleichgewichtssituation führen. Auf der höchstmöglichen Stufe der Entwicklung, nach PIAGET ist dies die formal-operative, wird zwar ein zufriedenstellendes Maß an (kognitivem) Gleichgewicht gewährt, der jedem Menschen innewohnende Entwicklungsmotor – die Selbstregulierung, das Streben nach Äquilibration – bleibt aber immer bestehen.

Für eine sozialisationstheoretische Konzeptionierung ist an dem Ansatz von PIAGET vor allem interessant, dass er Entwicklung als aktive Aneignung, als eine aktive Auseinandersetzung mit der gesellschaftlich vermittelten Umwelt interpretiert und damit auf die Möglichkeiten und Grenzen der äußeren Einflüsse hinweist (vgl. HURRELMANN 1993, S. 33, GEULEN 2005, S.52). Die Hinweise und

Interpretationen sind jedoch nicht soweit herausgearbeitet, dass mit der Entwicklungstheorie von PIAGET die empirische Analyse der Bedeutung konkreter sozialer Faktoren und die Bedeutung der konkreten Gestaltung von Lebensbedingungen systematisch aufgenommen werden könnte. Hier bedarf es noch weiterer theoretischer und forschender Anstrengungen

3.1.6 Sozialisation als moralische Entwicklung

In Anlehnung an die Analysen von PIAGET hat der Amerikaner Lawrence KOHLBERG ein Stufenmodell der moralischen Entwicklung vorgelegt (KOHLBERG 1974). Die zentrale Frage für das Verständnis von Sozialisation wäre: Wie kommt es, dass Menschen gesellschaftlich akzeptierte moralische Wertvorstellungen zu eigenen persönlichen Wertvorstellungen machen? KOHLBERG verfolgt zur Beantwortung dieser Frage die einzelnen Schritte, die Heranwachsende gehen, um zur wahren moralischen Urteilsbildung zu gelangen. Er ist davon überzeugt, dass als Voraussetzung für ein bestimmtes moralisches Urteilsstadium eine bestimmte kognitive Stufe (nach PIAGET) erreicht werden müsse. Er behauptet aber auch, dass es Kindern und Jugendlichen lohnenswert erscheinen muss, sich beispielsweise mit Gerechtigkeit auseinander zu setzen. Anders formuliert: Es muss ein Wunsch oder ein Wille, es muss eine Motivation vorhanden sein. Allein durch den kognitiven Entwicklungsprozess ergibt sich noch keine Moralentwicklung. Außerdem weist KOHLBERG auf umweltbestimmte Variablen der Moralentwicklung hin. Die Entwicklung von moralischen Urteilen ist einmal abhängig von Kultur und Sozialschicht, zum anderen von der Gerechtigkeitsstruktur sozialer Gruppen und Institutionen, mit denen die Heranwachsenden zu tun haben. Moralische Sozialisation ist nach KOHLBERG demnach als Interaktion von kognitiven und sozialen Aspekten zu analysieren.

Sich moralisch zu entwickeln, bedeutet nach KOHLBERG, verschiedene Entwicklungsstufen zu durchlaufen. Zur Bestätigung dieses Grundgedankens hat er eine bestimmte Untersuchungsmethode verwendet. Er hat sogenannte Dilemmasituationen – Geschichten mit moralisch problematischen Entscheidungsfragen – konstruiert und Kindern und Jugendlichen vorgelegt, die dazu Stellung nehmen sollten. Die Antworten auf diese moralischen Entscheidungsfragen sollten Aufschluss über die jeweils erreichte Stufe der moralischen Urteilsfähigkeit geben. Dabei ging es nicht um einzelne inhaltliche Gebote, sondern darum, wie die moralischen Entscheidungen begründet wurden. Die Begründungsstrukturen sind für KOHLBERG das Resultat einer innersubjektiven Entwicklung. Als Ergebnis dieser Untersuchung untergliedert KOHLBERG die moralische Entwicklung in drei Stadien, die jeweils zwei Stufen umfassen:

Stadien der moralischen Entwicklung

I.   Das vorkonventionelle Stadium

     Stufe 1: Orientierung an Strafe und Gehorsam

     Stufe 2: Naiver instrumenteller Hedonismus

II. Das konventionelle Stadium

     Stufe 3: Orientierung am Ideal „Guter Junge, liebes Mädchen"

     Stufe 4: Orientierung an „Gesetz und Ordnung"

III. Das postkonventionelle Stadium

     Stufe 5: Orientierung am Sozialkontrakt, Anerkennung demokratischer Gesetze

     Stufe 6: Orientierung an universellen ethischen Prinzipien oder am Gewissen

Zu Stadium I:

Auf der ersten Stufe dieses Stadiums handeln Kinder noch ungeachtet tieferliegender Moralordnungen und blicken nur auf die Folgen für das eigene Wohlergehen. Richtig ist eine Handlung, wenn sie belohnt wird, falsch ist sie, wenn sie bestraft wird.

Auch auf der zweiten Stufe geht es nicht um Vorstellungen von Dankbarkeit oder Gerechtigkeit, sondern nach dem Motto „Eine Hand wäscht die andere" darum, was eine Handlung einbringt.

Zu Stadium II:

Auf der dritten Stufe im zweiten Stadium steht das Bemühen um gute Sozialbeziehungen im Vordergrund. Die Anerkennung und Einhaltung von Normen und Werten ist von den persönlichen Beziehungen abhängig. Es wird gehandelt, um andere zu erfreuen oder um anderen zu helfen.

Die vierte Stufe ist dadurch bestimmt, dass nunmehr Autoritäten und das Ordnungs- und Rechtssystem anerkannt werden.

Zu Stadium III:

Innerhalb dieses Stadiums ist die fünfte Stufe dadurch gekennzeichnet, dass moralisches Verhalten vor dem Hintergrund vernünftiger Erwägungen und von der gesamten Gesellschaft gebilligter Normen überprüft wird. Moralisches Handeln orientiert sich am Gemeinwohl.

Die sechste, die höchste Stufe des moralischen Bewusstseins basiert auf universellen Gerechtigkeitsprinzipien. An diesen wird die eigene Gewissensentscheidung mit selbstgewählten ethischen Anschauungen ausgerichtet.

Die Entwicklungstheorie von KOHLBERG ist vielfach kritisiert worden. Beispielsweise wird vorgebracht, dass ein moralisches Urteil nur in bezug auf Gerechtigkeit untersucht wurde und Tugenden wie Mitleid, Ausdauer oder Mut keine Beachtung fanden (vgl. BAACKE 1989, S. 178f). Ebenso wird eine Ausblendung des situativen Kontextes und von psychodynamischen und emotionalen Dimensionen als Kritik vorgebracht. KOHLBERG hat die kritischen Einwände durchaus registriert und versucht, sein Konzept weiter zu entwickeln (vgl. Garz 1994, S. 133ff). Im deutschsprachigen Raum gibt es etliche durch KOHLBERG angeregte Arbeiten sowie empirische Untersuchungen, die den theoretischen Ansatz aufgenommen und diesen mit dem ergänzenden Einbezug des sozialen Kontextes produktiv genutzt haben (z.b. DÖBERT/NUNNER-WINKLER 1975, EDELSTEIN 1986, LEMPERT 1988). Trotz aller Kritik hat KOHLBERGS Ansatz seine Bedeutung als Sozialisationstheorie: Es wird theoretisch wie empirisch demonstriert, wie die Herausbildung moralischen Bewusstseins und die Entwicklung des damit zusammenhängenden sozialen Handelns erklärt werden können.

3.1.7 Sozialisation im Spiegel der Bindungstheorie

Um speziell die soziale und emotionale Entwicklung zu verstehen und wie Kinder und Jugendliche sich bezüglich Selbstbilder, Autonomie oder Sozialverhalten ganz unterschiedlich entwickeln können, ist es hilfreich, den Erklärungsansatz der Bindungstheorie und die Ergebnisse der Bindungsforschung mit einzubeziehen. Die Bindungstheorie – begründet auf dem Psychoanalytiker und Psychater John C. BOWLBY – geht davon aus, dass jeder Mensch mit einem Verhaltenssystem ausgestattet ist, das er als Bindungsverhalten (Attachment) beschreibt. Dieses Verhaltenssystem kann als evolutionär vorprogrammiert gelten und hat und hat so etwas wie einen Überlebenswert. Bindungsverhalten ist angeboren und insofern „umweltstabil" (BOWLBY 1995).

Die Bindungstheorie enthält viele Aspekte, die auch in der Psychoanalyse angesprochen werden. Vor allem teilt sie mit der Psychoanalyse die Auffassung, dass die Art und Weise der frühkindlichen Erfahrungen mit anderen Menschen einen Schlüssel zur Erklärung der gesamten weiteren Entwicklung eines Menschen bilden können.

Bindung – Bindungserfahrungen

Bindung wird neben körperlichen Bedürfnissen als ein eigenständiges, naturgegebenes menschliches Grundbedürfnis angesehen, enge und gefühlvolle Beziehungen zu anderen Menschen einzugehen. Aus diesem Bedürfnis heraus entsteht in der frühen Kindheit ein spezifisches Bindungssystem, das in seinen Hauptbestandteilen während des ganzen Lebens relativ konstant bleibt. Das Bindungssystems basiert auf Bindungserfahrungen, aus denen wiederum als mentale Repräsentationen bestimmte „internale Arbeitsmodelle" entstehen.

Die Arbeitsmodelle lenken spätere Beziehungen und verhelfen, Wirklichkeit zu konstruieren und zu interpretieren. Im Zusammenleben mit ihren wichtigen oder zentralen Bezugspersonen entwickeln Kinder „kognitiv-affektive Konstrukte" darüber, wie diese Personen verfügbar und ihnen zugewandt sind, wie diese ihnen helfen und wie sie selbst in das Beziehungsgefüge einzuordnen sind. Die inneren Arbeitsmodelle beziehen sich aber nicht nur auf andere Menschen, sondern auch auf das Selbst, d.h., auf die Vorstellung darüber, wie akzeptabel man in den Augen der anderen ist.

Sind solche Arbeitsmodelle einmal gebildet, existieren sie auch zum Teil unbewusst und fungieren als Prototypen für Beziehungen, was wiederum bedeutet, dass sie spätere Wahrnehmungen und Verhaltensweisen beeinflussen und auf nachfolgende Interaktionserfahrungen steuernd wirken können. Die Arbeitsmodelle bilden somit eine Grundlage für die Fähigkeit, stabile soziale Beziehungen aufrecht zu erhalten. Stabil heißt aber nicht starr und unbeweglich. Neue bedeutsame Beziehungserfahrungen, kritische Lebensereignisse und auch Prozesse in der Selbstsozialisation (siehe 3.5) können Veränderungen in den Arbeitsmodellen bewirken.

John BOWLBY wurde bei der Herausarbeitung seines Konzepts zum „internalen Arbeitsmodell" zum einen sehr stark von den psychoanalytischen Vorstellungen zur Innenwelt der Menschen angeregt, zum anderen von Kenneth CRAIK, einem Anhänger der „Künstlichen Intelligenz". Von ihm übernahm er die Bezeichnung „internes Arbeitsmodell" (vgl. BRETHERTON 2001).

Für die Persönlichkeitsentwicklung von Heranwachsenden ist es nun sehr bedeutsam, wie die Muster von Bindungen, die sich über die jeweiligen Erfahrungen mit den zurückliegenden Interaktionen entwickeln, formiert sind. Hierzu hat die Bindungsforschung etliche Analysen und empirische Belege geliefert (zusammengefasst in HOPF 2005, S. 45ff). Es geht dabei um frühe Interaktionserfahrungen, aber auch um längerfristige Folgen von frühen Bindungen. Es werden hierbei sichere, unsicher-vermeidende und unsicher-ambivalente Bindungen unterschieden.

- *Sichere Bindung:* Die Bezugsperson (die Mutter) ist ein „sicherer Hafen", der immer angelaufen werden kann, wenn Schutz gesucht wird. Sicher gebundene Kinder haben erfahren, dass sie im Bedarfsfall nicht im Stich gelassen werden oder dass falsch auf sie reagiert wird und sind immer zuversichtlich in Bezug auf die Verfügbarkeit ihrer Bindungsperson. Auch wenn sie einmal nicht anwesend ist, bleiben diese Kinder ruhig und entspannt. Eine sichere Bindung entwickelt sich mit hoher Wahrscheinlichkeit, wenn die Bezugsperson sich dauerhaft und feinfühlig – wie weiter unten noch ausgeführt wird – auf die Bedürfnisse der Kinder einstellt. Sicher gebundene Kinder werden auch als Erwachsene ihren Mitmenschen eher Vertrauenswürdigkeit, Zuverlässigkeit und Hilfsbereitschaft zusprechen.
- *Unsicher-vermeidende Bindung:* Kinder mit diesem Bindungsmuster erwarten, dass ihre Wünsche auf Ablehnung stoßen. Sie sind ohne Zuversicht, was die Verfügbarkeit ihrer Bezugsperson angeht. Unsicher-vermeidend gebundene Kinder haben häufig Zurückweisung erhalten oder wurden durch äußere Umstände daran gehindert, eine enge und echte Bindungsbeziehung aufzubauen, beispielsweise durch eine Heimeinweisung oder über die Trennung von Bezugspersonen durch Krankheit und lange Krankenhausaufenthalte. Dieses Bindungsmuster führt im Erwachsenenalter zu einer stark betonten Unabhängigkeit der eigenen Person und einer Vermeidung von starker Nähe zu anderen Personen. Neben schwachem Engagement bezüglich sozialer Beziehungen kann es in Einzelfällen auch zu lebenslang anhaltenden Persönlichkeitsstörungen wie zwanghafter Selbstgenügsamkeit oder permanenter Delinquenz führen.
- *Unsicher-ambivalente Bindung:* Dieses Bindungsmuster entsteht, wenn das Kind nicht einschätzen kann, wie die Bezugsperson in bestimmten Situationen reagieren wird und sie sich also oftmals uneindeutig verhält. Das Kind ist dann immer unsicher, ob die Bindungsperson bei Bedarf zur Verfügung stehen wird. Unsicher-ambivalent gebundene Heranwachsende zeigen starke Neigungen zur Trennungsangst und zum Klammern. In späteren Jahren können sie sich häufig nicht richtig festlegen – sie haben das Bedürfnis nach Nähe zu anderen Menschen, aber gleichzeitig Angst, dass ihr Bedürfnis nicht erwidert wird, d.h. sie verhalten sich selbst widersprüchlich.

Welche Voraussetzungen müssen nun für den Aufbau von sicheren Bindungserfahrungen vorliegen? Für sichere Bindungen ist es wichtig, dass die Bezugsperson – zentral am ehesten immer noch die Mutter – das Angemessene im annähernd richtigen Rhythmus tut. Bindung ist aber nicht auf die Mutter beschränkt, das Bindungskonzept lässt sich auch auf die Beziehung zum Vater, auf Geschwister oder auf professionelle Erziehungspersonen ausweiten. Allein wichtig sind die folgenden „angemessenen" Verhaltensweisen der Bezugspersonen:

• Wahrnehmung der Befindlichkeit – dies bedarf einer aufmerksamen Beobachtung des Kindes.
• Richtige Interpretation der Äußerungen – hierzu benötigt die Bezugsperson Empathie, um die Lage des Säuglings zu verstehen.
• Prompte Reaktion – damit der Säugling eine Verknüpfung zwischen seinen Bedürfnissen und der mütterlichen Handlung spüren kann. Dies gehört auch zum Aufbau eines gesunden Urvertrauens.
• Angemessenheit der Reaktion – es muss ein Zusammenhang mit dem kindlichen Entwicklungsprozess bestehen.
• Annahme des Kindes in seiner individuellen Eigenart – das Kind muss sich schlicht und einfach angenommen fühlen.

Die Gemeinsamkeit dieser „angemessenen" Verhaltensweisen wird mit dem Begriff der „Feinfühligkeit" erfasst. Entscheidend ist der Grad der Feinfühligkeit, mit dem die Erwachsenen den Bedürfnissen der Kinder entgegnen und die Verfügbarkeit und Verlässlichkeit dieser Bezugspersonen. Der Grad der Feinfühligkeit wird eine Messlatte für die Bindungsqualität und nimmt damit maßgeblich Einfluss auf die Empathiefähigkeit und soziale Kompetenz von Kindern, auf den späteren Umgang mit eigenen Kindern und auf die Gestaltung von Beziehungen (vgl. Main 2001). Die soziale und emotionale Entwicklung von Kindern ist demnach die Repräsentation der Geschichte der Responsivität der Bindungsperson.

> „Sofern Mütter – bzw. allgemeiner gefasst: die jeweiligen Bezugspersonen – in der Interaktion mit ihren Kindern feinfühlig sind und insofern sie angemessen auf ihr Kind reagieren, wird die Sozialisation von Kindern nicht zu einer viel Theorie erfordernden Sisyphusarbeit, sondern erfolgt beiläufiger, in vielen einzelnen Interaktionen zwischen Müttern, Vätern und ihren Kindern" (Hopf 2005, S. 250).

Dies kann nach der Bindungstheorie vor allen Dingen auch deshalb so verlaufen, weil Menschen biologisch vorgegeben als sozial vorangepasste Wesen mit ausgeprägtem Kommunikations- und Interaktionsbedürfnis zur Welt kommen und die Bereitschaft mitbringen, sich an andere Menschen zu binden.

3.2 Sozialökologischer Ansatz

Zwischen Mensch und Umwelt bestehen komplexe Wechselwirkungen, die Sozialisationsvorgänge ausrichten. Umwelterfahrungen wirken in den Menschen und Menschen verändern wiederum durch ihr Handeln die Umwelt. Solche wechselseitigen Einflüsse sind das Thema der sozialökologisch orientierten Sozialisationstheorie und Sozialisationsforschung. Im sozialökologischen Ansatz finden wir den Gedanken des handelnd umweltaneignenden Menschen von PIAGET wieder, wobei der Fokus zur Klärung von Sozialisationsvorgängen ein anderer ist. Im Zentrum des Erkenntnisinteresses steht die Frage, welche Bedeutung die konkrete Beschaffenheit der menschlichen Umwelt für die Persönlichkeitsentwicklung einnimmt. Der Mensch eignet sich die Umwelt handelnd an, da aber die Umwelt ebenfalls Einflüsse ausübt, wird ein Prozess gegenseitiger Anpassung nötig. Sehr viel prägnanter als in der Theorie von PIAGET wird im sozialökologischen Ansatz von einer Wechselseitigkeit der Beziehungen zwischen Mensch und Umwelt ausgegangen. Sozialisation lässt sich nach BRONFENBRENNER, einem der führenden Vertreter dieses Ansatzes, wie folgt charakterisieren:

> „Menschliche Entwicklung ist der Prozess, durch den sich die entwickelnde Person erweiterte, differenziertere und verlässlichere Vorstellungen über ihre Umwelt erwirbt. Dabei wird sie zu Aktivitäten und Tätigkeiten motiviert und befähigt, die es ihr ermöglichen, die Eigenschaften ihrer Umwelt zu erkennen und zu erhalten oder auf nach Form und Inhalt ähnlich komplexen und komplexeren Niveau umzubilden" (BRONFENBRENNER 1981, S. 44).

Persönlichkeitsentwicklung lässt sich demnach nur adäquat verstehen, wenn sie in ihrem Umweltkontext begriffen wird. Wie sieht dieser Entwicklungsprozess der Persönlichkeit genauer aus? Für einen Säugling erscheint die Umwelt zunächst auf einen einzigen Hier und Jetzt-Lebensbereich beschränkt. Mit der allmählichen Ausweitung des Aktivitäts- und Erkundungsradius erwirbt das Kind neue Handlungsstrukturen und lernt neue soziale Rollen- und Beziehungsanforderungen kennen. Mit der Ausweitung der Lebensbereiche wird es dem Heranwachsenden immer stärker möglich, seine Umwelt zu begreifen und sie auch gezielt zu verändern. Die Umwelt wird hierbei in Form von ineinander geschachtelten und konzentrisch – von innen nach außen – angeordneten Strukturen begriffen (BRONFENBRENNER 1981, S. 38). BRONFENBRENNER hat nun ein begriffliches Instrumentarium entwickelt, um diese komplexe „Verschachtelung" der unterschiedlichen sozialisationsrelevanten Strukturen darzustellen. In einem Mehrebenenmodell unterscheidet er Mikro-, Meso-, Exo-, Makro- und Chronosysteme (ebenda), wobei die Person, deren Entwicklung interessiert, im innersten Bereich aller angelegten Strukturen gedacht wird.

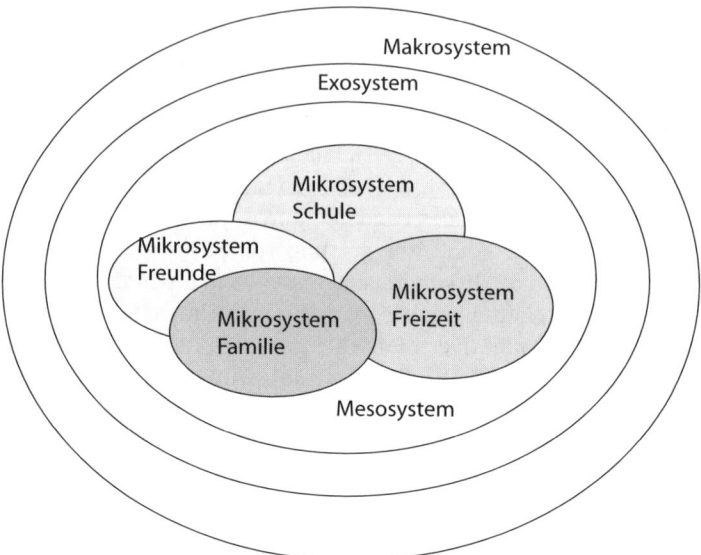

Sozialisation beginnt mit der Eroberung des Mikrosystems, den unmittelbaren Beziehungen des Individuums und schreitet voran bis zur Partizipation am Makrosystem, das den großen Bestand gesellschaftlicher Beziehungen umfasst. Das Makrosystem ist als Kontrolle der untergeordneten Systeme zu verstehen und dient sozusagen als Klammer aller Beziehungen in der Gesellschaft.

Mikrosystem

„Ein Mikrosystem ist ein Muster von Tätigkeiten und Aktivitäten, Rollen und zwischenmenschlichen Beziehungen, die die in Entwicklung begriffene Person in einem gegebenen Lebensbereich mit den ihm eigentümlichen physischen und materiellen Merkmalen erlebt" (BRONFENBRENNER 1981, S. 38).

Das Mikrosystem besteht aus den konkreten Interaktionsbeziehungen im engen Familienkreis. Der aktuelle Lebensbereich eines Kindes ist begrenzt durch die Menschen, mit denen es zu Hause direkt Kontakt aufnehmen kann, in der Regel Vater, Mutter, eventuell Geschwister, Verwandte. Die Entwicklung des Kindes ist in dieser Phase abhängig von den Anregungen, die es in der Familie erhält. Sind die Tätigkeiten der Eltern inhaltsvoll, abwechslungsreich, interessant und machen sie neugierig? Wird das Rollenrepertoire der Kinder gefördert oder wird das Verhalten (entwicklungsfeindlich) auf eine Rolle fixiert?

Mesosystem

Das Mesosystem meint alle „....Wechselbeziehungen zwischen den Lebensbereichen, an denen die sich entwickelnde Person aktiv beteiligt ist" (BRONFENBRENNER 1981, S. 41).

Im Mesosystem werden alle Beziehungen erfasst, die zwischen verschiedenen Lebensbereichen eines Menschen existieren. Führt die Mutter beispielsweise ein Telefonat mit der Erzieherin im Kindergarten, werden Informationen zu beiden Lebensbereichen des Kindes ausgetauscht. Die Mutter oder der Vater gehen mit zum Tennistraining ihres Kindes und schauen zu. Auch hier finden dann Verbindungen zweier Lebensbereiche statt. Entwicklung im Mesosystem bedeutet, dass sich der Zugang zu verschiedenen Lebensbereichen kontinuierlich vergrößert. Entwicklungsfördernd ist in diesem Zusammenhang, wenn die Kinder nicht allein in fremde Bereiche hineingestoßen, sondern unterstützend begleitet werden.

Exosystem

„Unter Exosystem verstehen wir einen Lebensbereich oder mehrere Lebensbereiche, an denen die sich entwickelnde Person nicht selbst beteiligt ist, in denen aber Ereignisse stattfinden, die beinflussen, was in ihrem Lebensbereich geschieht, oder die davon beeinflußt werden" (BRONFENBRENNER 1981, S. 42).

Das Exosystem beschreibt also Lebensbereiche, mit denen das Kind nicht direkt zu tun hat, in denen aber Ereignisse stattfinden, die beispielsweise auf das Leben in der Familie oder im Freundeskreis zurückwirken können. Solche Lebensbereiche könnten die Arbeits- oder Dienststelle des Vaters oder der Mutter oder die Schule der Freundin oder des Freundes sein. Sozialisation wird also auch von Maßnahmen beeinflusst, die zuerst einmal mit dem einzelnen Kind oder Jugendlichen kaum etwas zu tun haben.

Makrosystem

„Der Begriff des Makrosystems bezieht sich auf die grundsätzliche formale und inhaltliche Ähnlichkeit der Systeme niedrigerer Ordnung (Mikro-, Meso- und Exo-), die in der Subkultur oder ganzen Kultur bestehen oder bestehen können, einschließlich der ihnen zugrundeliegenden Weltanschauungen und Ideologien" (BRONFENBRENNER 1981, S. 42).

Die verschiedenen Mikro-, Meso- und Exosysteme besitzen in Funktion und Erscheinung trotz aller Unterschiede innerhalb einer Kultur etliche Gemeinsamkeiten. Das Gemeinsame verweist auf das Makrosystem einer Gesellschaft. Der Begriff *Makrosystem* umfasst kulturelle und subkulturelle Normen und Werte, Zeitkulturen oder Zeitgeiste, die in der Gesellschaft zur Geltung kommen. Im unmittelbaren Erfahrungsraum eines Kindes sind die Bereiche des Makrosystem wenig repräsentiert. Kommen Kinder über verantwortliche, aufgabenorientierte Tätigkeiten mit Erwachsenen außerhalb des Elternhauses in Berührung, kann dies den Kindern das Makrosystem näher bringen und somit entwicklungsfördernd wirken.

Neben sozialräumlichen Umwelteinflüssen sind aber auch die zeitlichen Strukturierungen von Umweltkontexten zu berücksichtigen. Damit sind individuelle altersspezifische Wirkungen von der Umwelt auf die Heranwachsenden gemeint. Diese zeitliche Dimension hat BRONFENBRENNER nachträglich mit *Chronosystem* bezeichnet. Dem *Chronosystem* werden markante biographische Übergänge zugeordnet, z.B. Schulentlassung, Berufsabschluss usw. Solche Übergänge haben immer Einfluss auf die weitere Entwicklung. Dieser Aspekt hat sehr viel Nähe mit der Vorstellung von Entwicklung über Krisen (vgl. ERIKSON, 3.1.2).

BAACKE (1991) hat versucht, dieses systemtypologische Modell auf überschaubare, vorhandene Handlungs- und Erfahrungsräume von Kindern und Jugendlichen anzuwenden. Hierzu hat er Umwelten als vier sozialökologische Zonen abgegrenzt (ebenda, S.96). Die Systemkategorien von BRONFENBRENNER können hierbei jeweils plausibel einbezogen werden.

1. **Ökologisches Zentrum**

   Hiermit ist die Familie, das „Zuhause" mit den wichtigsten und unmittelbarsten Bezugspersonen gemeint.

2. **Ökologischer Nahraum**

   Dies ist der Ort, in dem das Kind die ersten Außenbeziehungen und Außenkontakte aufnimmt. Gemeint sind Nachbarschaft, das Einkaufen, der Stadtteil, das Viertel.

3. **Ökologische Ausschnitte**

   In dieser Zone ist der Umgang durch funktionsspezifische Aufgaben geregelt. Dabei sind bestimmte Rollenansprüche vorhanden. Der wichtigste Ort wird die Schule. Aus der Diffusität des ökologischen Nahraums geht es über in Räume funktionaler Differenzierung. Ökologische Ausschnitte sind zweckbestimmte Erfahrungsräume, daher „Ausschnitte".

4. **Ökologische Peripherie**

   Diese Zone ist gekennzeichnet durch gelegentliche Kontakte und durch zusätzliche, ungeplante Begegnungen. Des weiteren gehören Ausnahmesituationen, z.B. Urlaube dazu.

Die Zonen sind aufeinander sehr durchlässig, können sich aber auch, z.B. in Krisenzeiten der Familie, scharf voneinander „abriegeln". Die Aktivitäten von Kindern und Jugendlichen können in allen Zonen stattfinden. Einige Tätigkeiten werden jedoch auf bestimmte Zonen delegiert.

Die zentrale Hypothese des sozialökologischen Ansatzes lässt sich wie folgt formulieren: Je mehr Bewegungsfreiheit, Kommunikations- und Handlungschancen die einzelnen Zonen für Kinder und Jugendliche bereithalten, desto stärker wird deren Entwicklung in jeder Hinsicht gefördert. Besonders entwicklungsfördernd sind Menschen, die als Modelle in verschiedenen Zonen – sozusagen grenzüberschreitend – wirken, die also mehrere verschiedene Rollen in verschiedenen Lebensbereichen einnehmen und diese aber auch zu verbinden wissen (BRONFENBRENNER 1981, S. 71).

Gegenüber allen bisher vorgestellten Theorien wird im sozialökologischen Ansatz der Mensch konsequent als ein soziales Wesen verstanden und die Frage, wie sich Lebensbedingungen in psychische Strukturen umsetzen, noch am deutlichsten herausgestellt und versucht theoretisch zu beantworten. Die empirische

Umsetzung ist jedoch erst am Anfang (am fortgeschrittensten noch in der Erforschung familialer Sozialisation, siehe Kapitel 4) und es gilt abzuwarten, ob in konkreten Untersuchungen der theoretische Anspruch, Mikrostrukturen und Makrostrukturen in ihren zusammenhangvollen Bedeutungen für die Sozialisation herauszuarbeiten, umgesetzt werden kann. Am ehesten sind noch Wirkungen in der Praxis zu beobachten. Das sozialökologische Verständnis kindlicher Entwicklung hat viele, die mit Kindern zu tun haben, davon weggeführt, kindliche Schwierigkeiten nur am Kind isoliert zu betrachten.

3.3 Soziologisch orientierte Theorien

Insbesondere vier Stränge soziologisch orientierter Theorien können für die Analyse und Erklärung von Sozialisation hilfreich herangezogen werden: die struktur-funktionale Theorie, der Symbolische Interaktionismus, das kultursoziologisch ausgerichtete Habitualisierungskonzept und das Individualisierungstheorem. Ergänzend zu den Annahmen der Individualisierung und mit etlichen kultursoziologischen Implikationen wird anschließend das Konzept von der Erlebnisgesellschaft vorgestellt. Den Abschluss bildet der Versuch, den kultursoziologischen Zugang mit einem Modell von Sozialisation als Aneignungsvorgang zu verknüpfen, um damit die Bedeutung von Kultur für Sozialisationsprozesse theoretisch genauer zu klären.

3.3.1 Die struktur-funktionale Theorie

In dieser Theorie wird Sozialisation als ein Prozess bestimmt, in dem die Individuen Kompetenzen und Dispositionen erwerben, die notwendig sind, um in der Gesellschaft bestimmte Rollen einnehmen und aktiv darstellen zu können. Wie ist das im einzelnen zu verstehen?

Das soziale Handeln von Menschen – eine Grundeinheit dieser Theorie – tritt nicht vereinzelt auf, sondern immer nur in ganz spezifischen Konstellationen. Diese Konstellationen nennt Talcott PARSONS (1951) – der Hauptvertreter der struktur-funktionalen Theorie – Systeme und diese Systeme haben eine Struktur und eine Funktion.

Struktur und Funktion

Die Struktur kennzeichnet die statischen Anteile eines gesellschaftlichen, eines sozialen Systems wie auch der zugehörigen Subsysteme. Diese Struktur besteht aus verhältnismäßig stabilen Teilen (z.b. der Aufbau und die Organisation der Schule bzw. des Schulwesens).

Die Funktion beschreibt die dynamischen Aspekte eines gesellschaftlichen Systems (z.B. die Art und Weise, wie die Schule funktioniert, wie sie beispielsweise qualifizierend oder selektierend wirkt).

Die Basis aller sozialen Systeme ist zwar das handelnde Individuum, aber jene sind immer eingebunden in verschiedenen Subsystemen, in Familie, Schule oder Beruf. Das ordnende Element des Handelns bilden bestimmte Rollen, welche die Grundeinheit der sozialen Interaktion bilden. Der Begriff der Rolle ist dem Theaterleben entnommen. In der jetzt dargelegten Vorstellung vom Rollenhandeln wird Rolle als Metapher benutzt, wobei die Bühne unsere Welt darstellt, auf der wir unsere Auftritte in verschiedenen Rollen durchleben. Die Bedeutung der Rollen liegt nun darin, dass sie das Verhalten und das Handeln eines Menschen gegenüber anderen Personen in deutlich identifizierbaren Mustern festlegen. Die in den Rollen gebündelten Erwartungen sind zudem mit einer gewissen Verbindlichkeit gekoppelt, so dass der Einzelne nicht ohne Schaden aus einer Rolle ausbrechen kann.

Sozialisation geschieht nun über das Erlernen der verschiedenen Rollen, z.B. Rolle als Sohn oder Tochter, Schülerrolle usw., was gleichzeitig das Durchlaufen einer Hierarchie unterschiedlich strukturierter und sich zunehmend differenzierender Rollenbeziehungen (HURRELMANN 1993, S. 43) bildet. Vor allem im Schulalter taucht für die Heranwachsenden das Problem auf, dass sie in familialen und außerfamilialen Rollenbeziehungen eingebunden sind, in denen ganz unterschiedliche Wertorientierungen und Verhaltensmöglichkeiten bestehen und unter denen sie wählen müssen. PARSONS nennt diese Handlungsalternativen *pattern variables* und unterscheidet partikularistische und universelle Orientierungen (PARSONS 1951, S. 58ff). Die erstere bekommen Kinder in der Familie mit. Hier begegnet man sich affektgeladen und in partikularen und wenig spezifizierten Rollen. In anderen sozialen Systemen, z.B. in der schon angesprochenen Schule, müssen die Heranwachsenden lernen, sich sachlich und differenziert mit Erwartungen, die an bestimmte soziale Positionen gebunden sind, auseinander zu setzen. Wollen sie beispielsweise später einmal Arzt werden, müssen sie wissen, dass sie alle Patienten gleich behandeln müssen. Es gibt demnach Rollen, von deren Träger erwartet wird, dass sie sich in allgemeinen, universalistischen Kategorien verhalten. Im Verlauf der Sozialisation müssen die Heranwachsenden diese verschiedenen Orientierungen in ihrem Rollenverhalten verorten können.

Ungestört und optimal verläuft die Entwicklung des Rollenhandelns, wenn sich Erwartungen der Gesellschaft mit den Bedürfnissen des Individuums decken. Dies ist auch ein Hinweis darauf, dass die zentrale Kategorie Rolle so etwas wie einen Schnittpunkt zwischen Individuum und Gesellschaft bildet. PARSONS war auch in der Tat darum bemüht, die Verbindung zwischen der Mikroperspektive der individuell-psychischen Dynamik und der Makroperspektive gesellschaftlicher Sozialstrukturen aufzuzeigen. Die Vorgänge in beiden Perspektiven pendeln sich auf einen Gleichgewichtszustand ein, beispielsweise dann, wenn Bedürfnisse, Erwartungen und Wünsche eines Menschen in Übereinstimmung mit den Strukturen eines sozialen Systems stehen. In der Konzeption PARSONS ist diese Vorstellung von einem Gleichgewicht Ziel eines jeden Sozialisationsprozesses, wobei das Gleichgewicht aber durch eine eher einseitige Anpassung des Menschen an die Gesellschaft herausgestellt wird. Auch wenn PARSONS an etlichen Stellen seiner Analysen auf die besondere Individualität jeder konkreten Person im Sozialisationsprozess hinweist, bleibt letztendlich eine nicht zu übersehende anpassungsmechanistische Schlagseite (vgl. HURRELMANN 1993, S. 44f).

3.3.2 Symbolischer Interaktionismus

Der folgende Erklärungsansatz zur Sozialisation zählt zu den eher sozialpsychologisch orientierten Theorierichtungen innerhalb der Soziologie und basiert auf der Anahme, dass genuin gesellschaftliche Bedingungen, vor allem Interaktion, Kooperation und Sprache, als wesentliche Einflußfaktoren für die Persönlichkeitsentwicklung von Menschen zu verstehen sind. Der Symbolische Interaktionismus kann insofern als eine Theorie der sozialen Konstitution von Subjekten aufgenommen werden (GEULEN 2005, S. 53). Georg Herbert MEAD, der Hauptvertreter des Symbolischen Interaktionismus, nimmt als Ausgangspunkt seiner Ausführungen die Feststellung, dass sich die Kommunikation von Tieren und von Menschen in einem wesentlichen Punkt unterscheiden. Während Tiere auf die Gesten anderer Tiere nach schlichtem Reiz-Reaktions-Schema antworten, gehen Menschen davon aus, dass sprachliche Äußerungen eine gemeinsame Bedeutung haben. Bei Menschen handelt es sich also um eine sinnhaft aufeinander bezogene Aktion.

Nach Herbert BLUMER liegen dieser Feststellung drei Prämissen zugrunde (vgl. BLUMER 1973, S. 80ff):

1. Menschen handeln „Dingen" gegenüber auf der Grundlage der Bedeutungen, die diese Dinge für sie besitzen. Das heißt also, dass der Symbolische Interaktionismus sich mit der Bedeutung der Dinge befasst, auf die sich das menschliche Handeln bezieht.

2. Die Bedeutung dieser Dinge ist aus sozialen Interaktionen ableitbar. Das heißt, dass Bedeutungen aus dem Interaktionsgeschehen zwischen verschiedenen Menschen hervorgehen: Bedeutungen sind demnach soziale Produkte. Dies ist ein formender, kein automatischer Prozess.

3. Die Bedeutungen werden in einem interpretativen Prozess, den die Person in ihrer Auseinandersetzung mit den ihr begegnenden Dingen benutzt, gehandhabt und abgeändert. Das heißt, dass erstens ein Handelnder sich selbst auf die Dinge, auf die sich seine Aktivitäten beziehen, aufmerksam machen muss und zweitens, dass ein Handelnder die Bedeutung in Abhängigkeit der Situation und in der Ausrichtung seiner Aktionen sucht. Dies wird als internalisierter sozialer Prozess verstanden: Der Handelnde interagiert mit sich selbst.

Im Mittelpunkt der interaktionistischen Sichtweise von Sozialisation steht die soziale Konstitution des Subjekts als sinnhaft aufeinander bezogene Aktion von mindestens zwei Menschen. Georg Herbert MEAD glaubt, dass über diesen Konstituierungsprozess der Grundzug menschlicher Sozialität freigelegt wird. Zur Begründung führt er zuerst einmal ein praktisches Modell der Verständigung an. Eine Entfaltung der Aktion zwischen zwei Menschen kann nur geschehen, wenn das „Symbolsystem Sprache" als gemeinsames Verständigungssystem benutzt wird. Nur über den Austausch von Symbolen wird eine gemeinsame Orientierung möglich. Soziales Handeln erfolgt im Medium von Symbolsystemen. Mit diesen Grundannahmen wird auch deutlich, warum die Theorie von MEAD üblicherweise als „Symbolischer Interaktionismus" bezeichnet wird: Die Interaktion (das wechselseitige Aufeinander-Bezugnehmen) findet als Verständigung über ein gemeinsames Symbolsystem statt. Anders ausgedrückt: Interaktion vollzieht sich über Kommunikation.

Aber nicht nur soziales Handeln, sondern die Persönlichkeitsentwicklung insgesamt findet über Interaktion statt. Was bedeutet Interaktion in dieser Perspektive nun genauer? Eine Antwort kann mit einem Zitat von MEAD beginnen:

„Wir müssen andere sein, um wir selbst sein zu können"
(MEAD 1973, S. 327).

Durch die Teilhabe an einem gemeinsamen Symbolsystem ist das Individuum in der Lage, sein Handeln auch vom Standpunkt seines Gegenübers aus zu sehen, es sieht sich selbst aus der Perspektive des Anderen, es kann sich also von dessen Standpunkt aus betrachten. MEAD spricht in diesem Zusammenhang von „I" und „Me". Das „I" könnte als eine Art psychischer Komponente eines Menschen bezeichnet werden (Spontanität, Kreativität, Triebausstattung). „Me" bezeichnet hingegen eher eine soziale Komponente, die Vorstellung von dem, was andere von mir erwarten oder das Bild, was andere von mir haben. Beide Komponenten müssen als Bestandteile eines entstehenden Selbstbildes vom Individuum zusammengepasst werden, dann ergibt sich ein „self", die Ich-Identität. Die Fähigkeit, „I" und „Me" aufeinander abzustimmen, ist uns nicht als fertiges Verhalten mit in die Wiege gelegt worden, sondern das Ergebnis eines langwierigen Sozialisationsprozesses. An MEADS Darstellung der Entwicklung kindlicher Spielformen lässt sich dies verdeutlichen. Er unterscheidet zwischen „play" und „game". Auf der Stufe von „play" spielt das Kind mit einem imaginären Partner und mimt beide Teile. Es übt hierdurch die Fähigkeit zur Verhaltensantizipation. Will ein Kind jedoch an Gruppenspielen teilnehmen, genügt die Antizipation des Verhaltens eines einzelnen Partners nicht mehr aus. Es muss Spielregeln beachten und diese in Zusammenhang mit dem Verhalten der anderen Spielpartner bringen. Kann ein Kind dies, dann hat es die Fähigkeit zum „game" entwickelt und hat damit einen wesentliche Aufgabe auf dem Weg zum kompetenten sozialen Handeln erfüllt (vgl. Joas, 1991, S. 139).

Die Herausbildung von Ich-Identität hat Goffman, ein weiterer wichtiger, wenn auch schillernder und umstrittener Vertreter des Symbolischen Interaktionismus, als einen ständigen Prozess, als eine immer wieder in sozialen Interaktionen neu zu erbringende Leistung herausgestellt (Goffman 1967). Menschen haben ihre eigenen biographischen Erfahrungen, was Goffman als personale Identität beschreibt. Sie stehen aber auch in Gruppenkontexten, Strukturen und Erwartungszusammenhängen, von Goffman als soziale Identität bezeichnet. Ich-Identität entsteht über die Fähigkeit des Menschen, eine Balance zwischen personaler und sozialer Identität zu finden. Anders ausgedrückt: Im alltäglichen Handeln und im Umgang mit anderen Menschen müssen eigene Ansprüche und die Ansprüche der Außenwelt vereinbart werden.

Personale Identität
eigene biographische
Erfahrungen

Soziale Identität
Gruppenkontexte,
Erwartungszusammenhänge

Ich – Identität
Balance zwischen personaler
und sozialer Identität

Welche Fähigkeiten muss der Mensch für diese Balancefindung besitzen?

- Da ist zuerst die *Rollendistanz* zu nennen. Hiermit ist die Fähigkeit gemeint, sich reflektierend und interpretierend mit den Erwartungen und Anforderungen von Rollen auseinander zu setzen. Anders als PARSONS sind hierbei Rollen keine festgesetzten Muster, sondern lassen Handlungsspielräume zu.
- Eine weitere Voraussetzung für die Ich-Identität wird mit *Empathie* bezeichnet. Dies ist die Fähigkeit, sich in andere hineinzufühlen, Motive seines gegenüber zu verstehen und Handlungen vorherzusehen. Empathie in diesem Sinne darf aber nicht mit „Gefühl für andere" verwechselt werden, denn es geht in erster Linie um die kognitive Fähigkeit, die Perspektive des Gegenüber zu verstehen.
- Die dritte identitätsfördernde Komponente ist die *Ambiguitätstoleranz*. Damit ist die Fähigkeit gemeint, auszuhalten, dass nicht alle eigenen Vorstellungen und Bedürfnisse in die Interaktion eingebracht werden können. Man muss lernen, dass zur Interaktion auch Ambivalenzen und Widersprüche gehören.

In der Konzeption des Symbolischen Interaktionismus wird deutlich, wie Sozialisation im Wechselspiel von Vergesellschaftung und Individuation begriffen werden kann. Das vorrangige Interesse liegt in diesem Ansatz darin, Interaktionssituationen und die zugrunde liegenden gesellschaftlichen Bedingungen zu untersuchen. Dabei wird aber vernachlässigt, dass auch die subjektiven Bedeutungen, die von den Einzelnen mit den Inhalten der Interaktionen verknüpft werden, die Situationen ausmachen. Hier wäre vielleicht die Psychoanalyse als „Ergänzungstheorie" denkbar.

3.3.3 Die feinen Unterschiede – Sozialisation über Habitualisierung

Die Persönlichkeitsentwicklung, das gesamte Leben eines Individuums wird von seinem sozialen Status, von seiner Klassenzugehörigkeit bestimmt. So knapp ließe sich die zentrale Aussage des französischen Sozialwissenschaftlers BOURDIEU zur Sozialisation formulieren. BOURDIEU selbst hat zwar keine Theorie der Sozialisation entwickelt, aber das Konzept kann ohne weiteres als eine implizite Theorie der Sozialisationsprozesse gelesen werden (vgl. Liebau 1987, S. 81). In seinen Arbeiten versucht er darzulegen, wie der gesamte Lebensstil eines Menschen von der jeweiligen Position im sozialen Raum bestimmt wird (BOURDIEU 1993). Einen Lebensstil – und diesen bis in die feinsten Verästelungen von Geschmack, Wahrnehmungs- und Ausdrucksformen – übernehmen wir im Verlauf der Sozialisation aus der sozialen Gruppe, in der wir aufwachsen. Ganz selbstverständlich benehmen wir uns in einer bestimmten Art und Weise, bevorzugen einen bestimmten Kleidungsstil, wählen verschiedene Speisen und Getränke usw., kurz: Wir übernehmen Normen und Werte einer sozialen Gruppe, wir werden „sozial konditioniert".

Habitus

Jedes Kind erwirbt über alltägliche Handlungen, die es von Erwachsenen oder anderen Kindern nachahmt, Wahrnehmungs-, Denk-, Urteils- und Handlungsschemata, die BOURDIEU als Habitus bezeichnet. Dieser Habitus ist eine allgemeine Grundhaltung, ein System dauerhafter Dispositionen gegenüber der Welt und als eine Art „Handlungsgrammatik" zu verstehen, die wir in uns und nach außen tragen, sei es in Geschmacksvorlieben, in der Körperhaltung, im Gang, in Manieren und in der Sprache.

BOURDIEU geht hierbei von einer genetischen Perspektive aus, d.h. der Habitus wird über die Aneignung von Kompetenzen erworben.

> „Der Erwerb der Kompetenzen geschieht nach BOURDIEU in der und durch die Teilnahme an der Praxis selbst. Das Kind ist gleichzeitig Objekt von Praxisformen, in denen sich die Habitusformen der sozialisierenden Personen äußern, und Subjekt von Praxisformen, in denen es seine eigenen, bereits erworbenen Kompetenzen aktualisiert und erweitert" (LIEBAU 1987, S. 83).

Dieser Prozess findet seinen Ausdruck als Gestalt des primären Habitus, der je nach Soziallage zwar nicht als Verhängnis, so als wäre mit dem Anfang alles weitere ein für allemal festgelegt, wohl aber als schicksalsprägend gefasst werden kann. Anders ausgedrückt: In den ersten Lebensjahren wird über den primären Habitus die Grundlage der späteren Entwicklung gelegt. Ähnlich wie in der Psychoanalyse ist nach dem Habituskonzept davon auszugehen, dass die frühen Einflussfaktoren tatsächlich auch die am stärksten durchschlagenden sind. Zugleich werden die herrschenden sozialen Verhältnisse gefestigt.

> „Es ist eine tendenziell zirkuläre Struktur, die sich im Sozialisations-prozess entwickelt. Das Kind trifft auf die durch den Habitus der Eltern erzeugten Praxisformen; es nimmt mit zunehmender Dauer umso kom-petenter an diesen Praxisformen teil; und es reproduziert in dem Maße, in dem es seine Kompetenzen entwickelt, die Praxisformen, in die es einsozialisiert worden ist...“ (ebenda, S.83f).

Die Reproduktion der sozialen Verhältnisse über den Habitus findet nicht nur in der Phase der frühen Kindheit statt, sondern auch in der Schulzeit. Kinder, die in die Normen, Praktiken und Verkehrsformen der legitimen Kultur einsoziali-siert sind, können die schulischen Angebote nutzen und als Anregung für die persönliche Weiterentwicklung aufnehmen. Elternhaus und Schule stützen sich so wechselseitig im Sozialisationsprozess.

Die Aneignung eines Habitus lässt sich hiernach ohne weiteres mit dem Vor-gang, den wir üblicherweise als Sozialisation verstehen, übersetzen. Die Basis eines Habitus ist eine spezifische Soziallage und der Raum sozialer Positionen ist bestimmt durch eine gewisse Kapitalkonfiguration. BOURDIEU unterscheidet hierbei über eine ungewöhnliche und unorthodoxe Benutzung des Kapital-Be-griffs ökonomisches, kulturelles und soziales Kapital (BOURDIEU 1992).

Ökonomisches Kapital besteht schlicht und einfach in materieller Form, sei es Grundbesitz, Geld u.ä. und ist institutionalisiert in der Form des Eigentums-rechts. Ein erster Unterscheidungspunkt zwischen den verschiedenen Sozial-schichten ist der Besitz und die Menge des ökonomischen Kapitals. Die Sozial-lage eines Menschen ist aber nicht nur hiervon abhängig.

Eine zweite und für BOURDIEU sehr wichtige Unterscheidbarkeit liegt in dem Anteil von **kulturellem Kapital**s. Dieses eignen wir uns als Wissen oder Kennt-nisse und als eine bestimmte Umgangsweise mit Kultur an; wir „bilden uns“ und arbeiten dabei gleichzeitig an uns selbst. Deshalb ist kulturelles Kapital auch immer mit der Person in ihrer biologischen Einzigartigkeit verbunden (ebenda, S. 220). Die Möglichkeiten zum Erwerb kulturellen Kapitals werden von der Familie bestimmt. Gibt diese ihren Kindern Raum und freie, von ökonomischen

Zwängen befreite Zeit, dann häufen diese Kinder mehr kulturelles Kapital an als andere, denen nicht diese Gelegenheit gegeben wird. Hiermit erklärt Bourdieu die Ungleichheit der schulischen Leistungen von Kindern aus verschiedenen Sozialschichten. Die Kinder aus oberen Sozialschichten mit einem guten Polster aus kulturellem Kapital haben mehr Möglichkeiten, gute Schulabschlüsse zu erwerben als die Kinder aus unteren Sozialschichten. Besitz von kulturellem Kapital vergrößert die „Gewinnchancen", um im Leben ganz vorn und auf der Erfolgsleiter ganz oben zu stehen.

Sozialschichtabhängige Unterschiede des Habitus zeigen sich zusätzlich im Umfang und Ausmaß des **sozialen Kapitals**. Dieses besteht aus Ressourcen, die sich aus dem Beziehungsnetz eines Menschen ergeben. Soziales Kapital kann sehr schnell in „Mark und Pfennig" eingetauscht werden, wenn beispielsweise Beziehungen zu einer Berufskarriere oder wenn geschäftliche Kontakte zu guten Vertragsabschlüssen führen. Für eine reiche Ausbeute ist aber eine Kompetenz erforderlich: Die Herstellung und Nutzung von Sozialkapital bedarf der unaufhörlichen Beziehungsarbeit (ebenda, S. 226). Im Grunde ist hierzu auch kulturelles Kapital notwendig. Es kommt nämlich sehr stark darauf an, wie die Einzelnen gelernt haben, Beziehungen zu pflegen, Gruppenkontexte zu erkennen und zu nutzen, kurz: es kommt darauf an, welche Art sozialer Kompetenzen sie sich angeeignet haben bzw. welche Gelegenheiten und Chancen ihnen im Sozialisationsprozess hierfür geboten wurden.

Mit einer Fülle empirischen Materials belegt Bourdieu, wie sich der Besitz dieser Kapitalformen auf den Habitus und damit auf die Position, die jemand in unserer Gesellschaft einnimmt, auswirkt. Am deutlichsten wird der Habitus durch das kulturelle Kapital geprägt, denn dieses eignen sich die Menschen in der Kindheit, in der Familie und in der Schule an. Es ist eng mit dem Einzelnen verknüpft und kann nicht einfach gekauft werden, es sei denn in objektivierter Form, beispielsweise als Gemälde. Aber auch dann sind Merkmale der eigentlichen Aneignung (z.B. ein geschultes Kunstverständnis), die den Genuss eines Gemäldes erst ermöglichen, nur schwer oder überhaupt nicht nachträglich zu kaufen, sondern nur im Verlauf der Sozialisation als verinnerlichtes Kulturkapital erwerbbar (vgl. ebenda, S. 222).

In seinen Arbeiten hat Bourdieu mit einer Vielzahl von Datenmaterial ein System der Unterschiede bezüglich Soziallage und Lebensstil nachgewiesen (Bourdieu 1993). Arbeiter, untere und mittlere Angestellte und Beamte, leitende Angestellte und Beamte sowie Industrielle unterscheiden sich beispielsweise stark im Geschmack für bestimmte Speisen und Getränke. Doch die Wahl einer Nahrung zeigt noch mehr. Sie hängt im großen Maße von dem Körperbild ab, das in den jeweiligen Sozialschichten vorherrscht. Billig und nahrhaft für den kräftigen Körper auf der einen Seite, leicht und verfeinert für den gepflegten und zierenden Körper auf der anderen Seite (ebenda, S.298ff). Verstärkung für ein bestimmtes Körperbild findet über die Körperhaltung, im Auftreten und Verhalten, in der Kleidung, Kosmetik, aber auch z.B. über die Essmanieren statt. Nach BOURDIEU wären die „feinen Unterschiede", die beim Verzehr von Speisen und Getränken und die – wie er es beschreibt – „im Sichtbaren und Unsichtbaren" (ebenda, S. 322) bei der Selbstdarstellung zu beobachten sind, auch Kennzeichen und Anhaltspunkte für die Körpersozialisation.

> „Der Körper, gesellschaftlich produzierte und einzige sinnliche Manifestation der „Person", gilt gemeinhin als natürlichster Ausdruck der innersten Natur – und doch gibt es an ihm kein einziges bloß „physisches" Mal, Farbe und Dicke des aufgetragenen Lippenstifts werden ebenso wie ein spezifisches Mienenspiel, wie eine bestimmte Mund- und Gesichtsform unmittelbar als Indiz für eine gesellschaftlich gekennzeichnete „moralische" Physiognomie gelesen..." (ebenda, S. 318).

Das gesamtes Denken, Fühlen und Handeln eines Menschen ist von der sozialen Umwelt beeinflusst und bis tief in den Körper hinein sind unsere Handlungen, Geschmacksvorlieben, Gewohnheiten und Lebensstile, kurz: ist unser Habitus gesellschaftlich geformt. Habitualisierung, d.h. Sozialisation, wird hiermit umfassend als Vergesellschaftungsprozess verstanden.

Unübersehbar setzt BOURDIEU dabei auch gesellschaftskritische Akzente. Verschiedene Lebensstile werden in der Gesellschaft nicht als gleichwertige angesehen. Das, was den richtigen Lebensstil ausmacht, was „guten Geschmack" kennzeichnet und was im Kampf um Anerkennung und Privilegien gewinnträchtig erscheint, wird von den „feinen Leuten", von der herrschenden Klasse definiert. Nicht ohne Grund heißt das Hauptwerk von BOURDIEU „Die feinen Unterschiede". Häufig wird ihm dabei aber auch vorgeworfen, sein Habitualisierungskonzept sei statisch. Dieser Vorwurf ist nachvollziehbar, doch BOURDIEU weist auch immer wieder darauf hin, dass der Habitus

> „...nicht nur durch den Einfluss einer Laufbahn veränderbar (sei), die zu anderen als den ursprünglichen Lebensbedingungen führt...", sondern könne ..."schließlich auch durch Bewusstwerdung und Sozioanalyse unter Kontrolle gebracht werden" (zitiert in BAUMGART 1997 S. 203).

Die hiermit bekundete Dynamik der Habitualisierung und mögliche gesellschaftliche Veränderungen sind jedoch mit den Mitteln seines theoretischen Konzepts bisher nicht begründbar. Die Bedeutung des Konzepts von BOURDIEU für Sozialisationstheorien und Sozialisationsforschungen liegt aber bislang vor allem darin, dass die Ebene des Sozialisationsergebnisses verdeutlicht wird. Darüber können mit seinen Kategorien wichtige Faktoren der Soziallage, welche die Sozialisation in entscheidenden Bereichen betreffen, wahrgenommen und in ihrem Handlungszusammenhang analysiert werden.

3.3.4 Das Individualisierungstheorem

Ein gegenwärtig nach wie vor sehr populärer Ansatz, mit dem Sozialisationsvorgänge erklärt werden, ist die These von der Individualisierung und Modernisierung gesellschaftlichen Lebens. BECK (1986, 1994) interpretiert den gesellschaftlichen Wandel als Durchsetzung eines neuen Modus von Vergesellschaftung. Was ist damit gemeint? In der vorindustriellen oder vormodernen Zeit waren die Menschen in eine Vielzahl traditioneller Lebensformen eingebunden, sei es die Familie, die Dorfgemeinschaft oder über religiöse und ständische Zusammenhänge usw. In die Vorgaben der traditionellen Gesellschaft wurde man schlichterdings hineingeboren. Mit der Ausbreitung der freien Lohnarbeit, mit allgemeiner Anhebung des Bildungsniveaus und des verfügbaren Einkommens, mit der Verrechtlichung der Arbeitsverhältnisse u. v. m. ging einher die Freisetzung der Individuen aus den traditionell gewachsenen Bindungen. Für die neuen Vorgaben müssen die Menschen selbst aktiv werden, sich selbst bemühen.

Individualisierung

Die Biographie der Menschen wird

> „... aus traditionellen Vorgaben und Sicherheiten, aus fremden Kontrollen und überregionalen Sittengesetzen herausgelöst, offen, entscheidungsabhängig und als Aufgabe in das Handeln jedes einzelnen gelegt" (BECK/BECK-GERNSHEIM 1990, S. 12).

Es gibt also keine sozial vorgegebenen Biographien mehr, sondern jeder wird sein eigenes „Planungsbüro" in Bezug auf seinen eigenen Lebenslauf, seine Fähigkeiten und Orientierungen.

BECK beschreibt dies als „Wahl- oder Bastelbiographie". Jeder muss lernen, Entscheidungen für sein Leben selbst zu treffen und jeder muss demnach auch die Konsequenzen für nicht getroffene Entscheidungen selbst „ausbaden" (BECK

1986, S. 217). Individualisierung in diesem Sinne wird auch noch dadurch begünstigt, dass der Charakter von Ereignissen, die ein Leben ausrichten können, sich sehr verändert hat. Waren es ehemals Schicksalsschläge wie Naturkatastrophen oder Krieg, Geschehnisse, die qua Gott oder Natur versendet wurden, so sind es heute Ereignisse, die aufgrund der eigenen Verantwortung passieren, sei es das Durchfallen bei Prüfungen, die Geburt von Kindern, Trennungen oder Ehescheidungen. Solche Ereignisse werden individuell, häufig genug auch sehr überraschend, an unterschiedlichen biographischen Stationen erlebt und entsprechend nicht mehr als Kollektivschicksal interpretiert. Chancen, Gefahren und Unsicherheiten der Biographie müssen nun von den einzelnen selbst wahrgenommen und bearbeitet werden (BECK/BECK-GERNSHEIM 1994, S. 15). Für die Sozialisation bedeutet dies, dass sich die Heranwachsenden, aber auch die Erwachsenen ein großes Abstimmungs- Koordinations- und Integrationsvermögen aneignen müssen.

Die „Bastelbiographie" ist aber auch immer gleichzeitig eine „Risikobiographie". Der Lebensweg, der eingeschlagen wird, die Berufswahl, die Wohnortwahl können sich schnell als falsch erweisen, private Unglücksspiralen, wie Scheidung, Krankheit, Arbeitslosigkeit usw. lassen die „Bastelbiographie" zur „Bruchbiographie" werden (ebenda, S. 13). Deshalb werden erst gar keine lebenslangen Entwürfe, dauerhafte Bindungen und unwandelbare Identitäten gesucht. Bringt eine Lebensstation nicht die erwartete Befriedigung, wird die nächste Station aufgesucht.

Erste Individualisierungsschübe blieben ganz auf Männer beschränkt. Mit der Auflösung der häuslichen Produktionsstätten wurden sie mit dem freien Arbeitsmarkt konfrontiert und mussten sich mit den Gesetzen des freien Marktes – Ehrgeiz, Risikobereitschaft, Mobilität usw. – auseinandersetzen. Für Frauen galt dies verstärkt erst ab den 60er Jahren. Mit zunehmender Frauenerwerbstätigkeit hat der gesellschaftliche Individualisierungsprozess jetzt auch den weiblichen Lebenslauf überformt, was wiederum Veränderungen für die Familie und das Aufwachsen von Kindern und Jugendlichen bedeutete. Elemente wie Planung von Schwangerschaft, Neuordnung des Scheidungsrechts, Frauenbewegung und Angleichung der Bildungschancen führten zum Wandel familialer Lebensformen.

Individualisierung ist jedoch kein einheitlicher Prozess, der gleichsam alle gesellschaftlichen Formen umfasst. Beispielsweise ist im Bereich der Erwerbstätigkeit eher von Homogenisierungstendenzen auszugehen. Die Entfaltung und Pluralisierung von Lebensformen sind vor allem im Außererwerbsbereich zu beobachten, h. d. im Bereich des privaten Zusammenlebens.

Nach BECK resultieren gesellschaftliche Individualisierungstendenzen aus einer sukzessiven Auflösung der hierarchischen Gliederung in Klassen und Schichten, ohne damit jedoch soziale Ungleichheit, ungleiche Lebensbedingungen und Lebenschancen aufzuheben. Auch Ungleichheit bzw. deren Reproduktion individualisieren sich. Sozialisation gestaltet sich damit ganz unterschiedlich, nur eben nicht mehr allein entlang der Grenzen von Klassen und Schichten. Dabei ist je nach Soziallage, Milieu und Region zu prüfen, wie weit sich Individualisierungsvorgänge ausgebreitet und ausgeprägt haben. Individualisierung – das sei hier noch einmal festzuhalten – ist aber noch kein flächendeckendes Sozialisierungsphänomen, sondern ein Sozialisationstrend, der sich angekündigt hat, aber auch nicht mehr aufzuhalten ist.

Finden sich bei BECK nur spärliche Aussagen zu einer individualisierten Sozialisation von Kindern und Jugendlichen, so lassen sich doch entsprechende Annahmen zwanglos aus seinem Konzept ableiten. Es gibt keinen Grund nicht anzunehmen, dass auch Heranwachsende genötigt sind, sich zunehmend eigenständig mit ihrer (inneren und äußeren) Umwelt auseinander zu setzen, um das eigene Leben, d. h. die eigene Biographie, zu verorten. Schon Kinder planen zunehmend ihre Freizeit und halten sich zu festen Terminen in verschiedenen Institutionen auf. Kinderalltag wird mehr und mehr zur „Verinselung". Freundschaften sind deshalb auch schwieriger aufzunehmen, weil sie nicht mehr Gratiserscheinungen der Nachbarschaft sind. Sie werden auch planvoll aufgrund eigener Wahl und nach persönlichen Präferenzen eingegangen. Individualisierte Sozialisation bedeutet aber auch eine frühzeitige Selbständigkeit. Manchmal müssen Kinder schon viel zu früh über ihre Lebensgestaltung selbst entscheiden. Individualisierung ruft deshalb auch die Gefahr der Überforderung hervor. Viel zu oft werden Kinder von ihren Eltern in diesem Zusammenhang als „kleine Erwachsene" behandelt. Individualisierte Sozialisation lässt sich auch am Umgang mit der Zeit festmachen. Über die Zeitplanung ihrer Eltern und den Zeitrhythmus der institutionellen Umwelt erfahren Kinder Zeit als ökonomisierte und vorstrukturierte Zeit.

Diese Anmerkungen sollen auch deutlich machen, dass es sich nicht um völlig freie Entscheidungen der Individuen handelt, sondern dass Widersprüche und Ambivalenzen bestehen. Zusammenfassend lässt sich Individualisierung an drei Dimensionen gut verdeutlichen.

- **Freisetzungsdimension:**
  Individualisierung bedeutet einen hohen Gewinn an Handlungsspielräumen und Zunahme an Perspektiven und Entscheidungsmöglichkeiten. Alte Abhängigkeiten und Zwänge werden obsolet.
- **Entzauberungsdimension:**
  Die ehemals Stabilität und Sicherheit verheißenden Normen und Werte stehen zur Disposition. Die Heranwachsenden können sich nicht mehr an dem traditionellen Familien- und Berufsbild, oder anders ausgedrückt: An einer „Normalbiographie" orientieren, sondern sie sehen sich einer Vielzahl konkurrierender Orientierungsmuster gegenüber.
- **Kontrolldimension:**
  Traditionelle Bindungen und Sozialformen (soziale Klasse, Kleinfamilie) werden bedeutungslos und Sozialisation findet im Raum von sekundären Instanzen und Institutionen statt. Heranwachsende werden zum Spielball von Moden, Verhältnissen, Konjunkturen und Märkten (vgl. BECK 1986, S. 211).

Mit diesen Dimensionen haben Heranwachsende zu kämpfen, was sie oftmals in ein Dilemma führt. Sie müssen Wandel, Widersprüche und Veränderungen bewältigen, aber die Erwachsenenwelt bietet ihnen hierfür kaum hinreichende Hilfen und Orientierungen. Mit dem Individualisierungstheorem können diese Probleme heutiger Sozialisation plausibel beschrieben werden. Analysen und Forschungen müssen aber noch aufzeigen, welche Aspekte von Individualisierung sich wirklich durchgesetzt haben und was sie konkret für die Persönlichkeitsentwicklung bedeuten.

3.3.5 Sozialisation in der Erlebnisgesellschaft

Die große Zunahme von Wahlmöglichkeiten in unserem Leben – wie gerade im Kapitel zur Individualisierung thematisiert – ist auch der zentrale Aufhänger des Konzepts von der Erlebnisgesellschaft. Was bedeutet es subjektiv, mit alltäglichem Wählen zwischen verschiedenen Möglichkeiten aufzuwachsen und zu leben? Diese Frage stellt Gerhard Schulze in seinen kultursoziologischen Analysen der Gegenwart (SCHULZE 1993). Er behauptet, dass das Ansteigen des Lebensstandards, die Zunahme der Freizeit, die Expansion der Bildungsmöglichkeiten, der technische Fortschritt und die Auflösung der traditionellen, starren biographischen Muster dazu führen, dass die Erlebnisorientierung als die unmittelbarste Form der Suche nach Glück Dreh- und Angelpunkt des heutigen Lebens darstellt (ebenda, S. 33, S. 417ff).

Sozialisation in der Erlebnisgesellschaft

Die vorherrschende Form der Sozialisation wird geleitet von der Suche nach einem schönen, interessanten und subjektiv als lohnend empfundenen Leben. Diese Suche hat für heutige Vergesellschaftungsprozesse schon den Charakter einer kollektiven Basismotivation eingenommen, nach der alle Alltagsabläufe, Freizeitangebote, Institutionen, Gruppenbildungen und Beziehungsmuster ausgerichtet werden.

Für das Leben in der heutigen Erlebnisgesellschaft sind verschiedene Aspekte bedeutsam (vgl. ebenda, S. 59):

- War Erlebnisorientierung lange Zeit ein Privileg von Adel und Großbürgertum, ist jetzt eine soziale Expansion auf immer größere Teile der Gesellschaft festzustellen.
- Erlebnisorientierung beansprucht immer größere Anteile unseres Zeitbudgets.
- In den letzten Jahrzehnten beschränkt sich Erlebnisorientierung nicht mehr nur auf die Freizeit, sondern erfasst auch den Arbeitsbereich, die Sozialbeziehungen, die Wohnung und den täglichen Konsum.
- Erlebnisansprüche wandern in das Zentrum der persönlichen Werte und definieren den Sinn des Lebens.

Das Leben in der heutigen Gesellschaft mit seinen auf den ersten Blick fast unüberschaubaren Vielfalt von Wahlmöglichkeiten hat nach dem bisher Dargestellten – und dies ist für das Verständnis von veränderter Sozialisation evident – anscheinend doch einen gemeinsamen Nenner: den Erlebniswert. Doch was bedeutet Sozialisation über Erlebnisorientierung genauer?

Dazu muss zuerst einmal geklärt werden, was Erlebnis und Erleben bedeutet. Häufig wird das Erlebnis mit Amüsement oder Abenteuer in bestimmten erlebnisetikettierten Situationen gleichgesetzt. Doch dies reicht zur Klärung ganz sicher nicht aus. Erlebnis ist auch nicht etwas, was bei einem Veranstalter zu buchen ist. Es ist nicht naiv durch ein Situationsmanagement steuerbar. Ein Erlebnis wird nicht empfangen, sondern von einem Subjekt in einer bestimmten Situation gemacht (ebenda, S. 44). Keiner der fünfzigtausend Besucher im Fußballstadion erlebt den Torschuss in ein und derselben Weise. Erlebnisse werden also ganz unterschiedlich verarbeitet und reflektiert, sie sind verknüpfte Prozesse in Körper und Bewusstsein (ebenda, S. 47).

Der Verweis auf die Subjektivität des Lebens in der Erlebnisgesellschaft ist gleichzeitig die Kennzeichnung der heute vorherrschenden *Innenorientierung.* Gerhard SCHULZE gibt hierzu ein einleuchtendes Beispiel:

> „Betrachten wir den Lebensbereich des Transports: Für den hochherr-schaftlichen Ausritt oder für die Vergnügungsfahrt in der goldverzierten Karosse war die Fortbewegung von Punkt A zu Punkt B oft nur ein Nebenziel. Hauptsache waren Erlebnisse, etwa des Angegafftttwerdens oder der Unterbrechung langweiligen Müßiggangs. Das Interessante am innenorientierten Transport war seine Ungewöhnlichkeit in einer Welt, in der außenorientierter Transport selbstverständlich war. Zwar ist außenorientierter Transport – Verfrachtung ohne Erlebnisabsichten, die sich auf den Vorgang der Verfrachtung selbst richten würden – aus unserem Alltagsleben nicht verschwunden, doch hat das innenorientierte Moment im Verkehr eine so große Bedeutung gewonnen, dass davon ganze Industriezweige leben. Würde die innenorientierte Komponente im Transport von heute auf morgen wegen einer kollektiven Konversion zur Askese entfallen, so hätte dies eine volkswirtschaftliche Krise zur Folge" (ebenda, S. 37f).

Die Erlebnisgesellschaft ist eine relativ stark durch innenorientierte Lebensauffassungen geprägte Gesellschaft (siehe auch ebenda, S. 427), deren Mitglieder mit wachsender Kaufkraft und steigenden Zeitreserven ausgestattet sind. Expandierende Möglichkeitsräume stehen allen offen, – aber in allen Facetten natürlich nur denjenigen, die zahlen können. Auch der innenorientierte Transportgenuss – wie gerade beschrieben – steht ja nur denen zur Verfügung, die sich das entsprechende Fahrzeug leisten können. Die Zugänglichkeit zu Gütern und Dienstleistungen ist heute prinzipiell für alle vorhanden. Zunftordnungen, Ständeregelungen oder feudale Hindernisse sind verschwunden. Aber dennoch ist die Gestaltung eines innenorientierten Lebens abhängig von der Soziallage und – um mit BOURDIEU zu sprechen – abhängig vom Besitz materiellen und im beträchtlichen Ausmaß vom kulturellen Kapitals.

Ähnlich wie BECK für die Individualisierung Risiken konstatiert, erkennt auch Schulze Risiken in den gegenwärtigen erlebnisorientierten Lebensweisen. Erstens machen sich Unsicherheiten breit (ebenda, S. 60ff): Was wähle ich aus den vielen Möglichkeiten aus? Worauf kommt es an? Was will ich eigentlich? Diese Fragen führen viele zu einem kollektiven ästhetischen Anlehnungsbedürfnis und institutionellen Orientierungshilfen, was sich in Gruppenbildungen, Stiltypen, typischen Handlungsstrategien, alltagsästhetischen Schemata und Szenen niederschlägt. Zweitens werden Enttäuschungen sichtbar. Obwohl durch ständigen Austausch und fortlaufender Ergänzung der Dinge des täglichen Lebens sich die

Lebensqualität objektiv verbessert, tragen solche Verbesserungen nicht zwingend zur Steigerung der Zufriedenheit bei. Ständig muss man innerlich und äußerlich Platz machen für Nachfolgendes. Der Gebrauchswert der Dinge verblasst zunehmend.

> „Beim innenorientierten Handeln wird das schöne Erlebnis zur Hauptsache, Brauchbarkeit zum Nebenaspekt, der für das Projekt des schönen Lebens wenig hergibt. Dadurch entsteht Enttäuschbarkeit" (ebenda, S. 64).

Je mehr sich nun Menschen auf diese erlebnisorientierte Lebenspraxis einlassen, desto größer wird aber auch die Angst vor dem Ausbleiben von Erlebnissen. Freizeitstress, Angst vor Langeweile und Angst, etwas zu versäumen sind die Begleiterscheinungen des Alltags in der Erlebnisgesellschaft.

Erlebnisorientierte, innengerichtete Sozialisation birgt aber noch eine weitere ungewohnte Schwierigkeit. Es werden zunehmend zuvor wenig beanspruchte Anforderungen an das Orientierungs- und Entscheidungsvermögen der Menschen gestellt. Bei der Frage „Was gefällt mir eigentlich, was nicht?" sind viele hoffnungslos überfordert, und das in einer Situation, in der das Auswählen unter Erlebnisangeboten zu einer Standardsituation geworden ist. Desorientierung scheint ein zentrales Merkmal von Sozialisation zu werden (siehe auch Kapitel 8).

Für die Erlebnisorientierung im Alltag lassen sich unzählige Beispiele finden. Beispielsweise ist schon die Geburtstagsfeier von Vierjährigen nicht mehr mit kleinen Spielen in den eigenen vier Wänden zu organisieren. Da müssen schon größere Aktionen im Erlebnisbad oder in der Kletterhalle angeboten werden. Auch der Unterricht in der Schule kann nur noch richtig interessant werden, wenn er von Erlebnishaftigkeit begleitet ist. Welche Auswirkungen letztendlich diese Entwicklungstendenzen auf die Sozialisation haben werden, muss noch weiter beobachtet und erforscht werden. Wie das weiter oben dargestellte Individualisierungstheorem gibt auch die mit diesem Konzept stark verwandte Anschauung der Erlebnisgesellschaft sehr einsichtige Hinweise auf neue Wege der Vergesellschaftung, die zur Erforschung von Sozialisation unbedingt berücksichtigt werden müssen.

3.3.6 Sozialisation als Aneignung von materieller und symbolischer Kultur – ein kultursoziologischer Blick auf Sozialisationsprozesse

Die folgende Sicht von Sozialisation ist eine Mischung aus dem Verständnis von Kultur als Handlungsrepertoire im Sinne von BOURDIEU (vgl. MÜLLER 1994) und der Annahme der Kulturhistorischen Schule, dass menschliche Entwicklung nur als tätiger Aneignungsprozess verstehbar ist (vgl. LEONTJEW 1973). Der Hintergrund ist die Einschätzung, dass der Mensch seine empirische Gestalt durch die „kulturelle Osmose" erwirbt, in der er aufwächst (FEND 2006, S. 20).

Sozialisation als Aneignungsprozess

In der Sicht von Sozialisation als Aneignungsprozess von Kultur werden menschliche Existenz und Entwicklung dadurch ermöglicht, dass Erfahrungen, Fertigkeiten, Wissen in Form von symbolischer und materieller Kultur von Generation zu Generation weitergegeben werden. Eine nachkommende Generation kann auf den Stand vorausgegangener Generationen aufbauen, sie macht dann neue Erfahrungen und gibt sie weiter. Wenn Menschen sterben, ist auch gegeben, dass sie ihre Erfahrungen mit ins Grab nehmen – doch die Kultur trägt die Erfahrungen und Erkenntnisse vieler Generationen „in sich", sie ist so etwas wie das aufgeschlagene Buch der menschlichen Wesenskräfte.

Kultur wird so gesehen zu einer elementaren Kategorie zur Analyse von Sozialisation. Schon allein deshalb bedarf es einer Klärung, was unter Kultur zu verstehen ist. Kultur darf nicht als außeralltägliche abstrakte Wertidee bestimmt werden (vgl. BOURDIEU 1993), sondern als die artikulierte Deutung der gelebten Praxis, also als Deutung, die sich an einem mehr oder weniger gegliederten und schlüssigen Zusammenhang orientiert und misst. Dieser Kulturbegriff berücksichtigt, dass Praxis der objektive Gegenstandsbereich von Kultur ist und dass dennoch keine Praxis für sich selber spricht, dass Bedeutung nicht nur aus ihr herausgelesen wird, was die gleichsam objektive Seite wäre, sondern ihr auch gegeben werden muss – aufgrund von Vorerfahrungen, Gehörtem und Gelesenem, letztlich des ganzen gattungsgeschichtlich aufgehäuften Wissens. Er nimmt also die Dialektik von objektiver Bedeutung und subjektivem Sinn ernst, von relativer Autonomie der Kultur bei gleichzeitiger materieller Determiniertheit durch die sozialökonomische Basis. Ein solch verstandener Kulturbegriff trennt selbstverständlich nicht zwischen elitärer Hochkultur und „niedriger" Volkskultur – beides ist Kultur, solange nur eigentätige Rückbindung an die Lebenspraxis beibehalten wird.

Der Heranwachsende findet das Material für seine Kulturarbeit, die Deutung seiner Lebenspraxis, zu Hause, im Fernsehen, in der Schule, in der Nachbarschaft. Er eignet sich seine Sprache beispielsweise von den Eltern an, am Anfang zumal; dann aber auch in Abgrenzung von den Eltern anhand der Sprache der Rock- oder Popsongs, der Szene, Comics, Filme, TV-Serien, usw. Er drückt sein Selbstverständnis in Momenten der Kleidung, der Frisur oder der bevorzugten Musik aus. Die Bedeutung der Praxis kann nicht allein an den Gegenständen oder Symbolisierungen selbst abgelesen werden, sondern an der Weise, wie sie sich das Kind oder der Jugendliche aneignet. Insoweit kann man sagen, dass ein Heranwachsender nicht nur sozialisiert wird, sondern sich z.t. auch selbst sozialisiert (zur Selbstsozialisation siehe ausführlich Kapitel 3.5).

Sozialisation wird hier kultursoziologisch nach dem Paradigma des Architekten verstanden. Der Architekt erfindet das Haus weder gänzlich neu, noch erfindet er Fertighäuser – im letzten Fall wäre er überflüssig. Der Architekt arbeitet mit vorfindlichen Materialien. Er eignet sie sich in unterschiedlicher Weise an, definiert einige auch um, wenn er z.B. Glas zum tragenden Moment macht, und kombiniert sie zu einem einheitlichen Bauplan. All dies bedeutet Aneignung von materieller Kultur.

In diesem Verständnis von Sozialisation als Aneignungsprozess entstehen Denken, Fühlen und Bewusstsein aus äußeren, auf materielle Kultur bezogenen Tätigkeiten, die schrittweise in innere Tätigkeiten umgewandelt werden (die PIAGET – siehe Kapitel 3.1.5 – vergleichsweise mit „Interiorisierung" beschreibt. Z.B. gebrauchen Kinder beim Zählen lange Zeit ihre Finger als äußere Hilfe, und zwar so lange, bis sie von den helfenden Gegenständen abstrahieren können – also von den Fingern oder von einer Torte, die gern in der Schule als bildhafte Hilfestellung bei der Bruchrechnung benutzt wird).

Die Entstehung von Denken, Fühlen und Bewusstsein hat prinzipiell zwei Seiten, wobei umstritten ist, ob die erste dominiert, nämlich die Aneignung von materieller Kultur durch aktive, auf äußere Dinge bezogene Tätigkeit. Ist für den Entstehungsprozess von Denken, Fühlen und Bewusstsein als eine Seite die Aneignung der materiellen Welt bedeutsam, so ist die zweite Seite in der Aneignung von symbolischer Kultur zu sehen. Diese zweite Seite geht von der spezifisch menschlichen Fähigkeit zur Reflexion aus. Was den Menschen gegenüber Tieren auszeichnet, ist so etwas wie eine „vorgreifende Widerspiegelung" der Handlung im Kopf. Nicht nur die der eigenen Handlungen, sondern auch die Vorwegnahme der Handlungen und Perspektiven von Mitmenschen, von Handlungspartnern ist damit gemeint. Eine solche Fähigkeit, „etwas vorwegzudenken" ebenso wie „sich in den anderen hineinzudenken", wird uns aber nicht fertig in die Wiege gelegt, sondern muss ontogenetisch von jedem individuell angeeignet werden. Dazu ist aber eine Orientierungsbasis notwendig. Nur mit demselben oder einem ähnlichen Bedeutungssystem bin ich in der Lage, mich in andere hineinzuversetzen oder mich zu verständigen. Ein solches Bedeutungssystem, eine solche Form symbolischer Kultur ist die menschliche Sprache, eingeschlossen die Körpersprache wie Lächeln usw. Die Sprache symbolisiert die gegenständliche Welt und alle sozialen Beziehungen.

Die spezifisch menschliche Fähigkeit zu Reflexion zeigt aber noch weitere Dimensionen im Aneignungsprozess. Dadurch, dass ich Handlungen vorwegdenken und mich mit einem Bedeutungssystem auf andere beziehen kann, beziehe ich mich auf mich selbst. Erst durch die Beziehung auf den anderen erhalte ich ein Bild von mir selbst, werde mir selbst bewusst. Auch Selbstbewusstsein ist somit ein soziales Ereignis. Es entsteht genetisch nicht immanent, sondern individuell im Aneignungsprozess von symbolischer Kultur. Denn auch hier ist die Sprache, ist ein bestimmtes Deutungssystem usw. das Medium, welches etwas spezifisch Menschliches realisiert, nämlich die „Selbstaneignung". Damit ist erst die Möglichkeit der reflektierenden Distanz des Menschen zu sich selbst, zur Welt und zu einer eigenen „inneren Natur" gegeben. Wenn sich die Menschen mit sich selbst auseinander setzen, können sie sich auch mit ihren Bedürfnissen und Gefühlen auseinander setzen. Oder anders ausgedrückt: Die individuelle Aneignung symbolischer Kultur eröffnet die Möglichkeiten, einiges von dem zu reflektieren, was unsere „Innenseite" ausmacht, wie Emotionen und Bedürfnisse.

Die individuelle Aneignung von symbolischer Kultur ist, wie bisher gezeigt wurde, mehrdimensional zu beschreiben. Der Aneignungsprozess symbolischer Kultur impliziert vorgreifende Widerspiegelung, soziale Beziehungen, Selbstbewusstsein und Selbstaneignung. Diese Implikationen ermöglichen aber auch, dass der Mensch Selbstbewusstsein durch sich ganz allein, durch seine Aktivität erhält. Man braucht sich ja nur vorzustellen, wie stolz Kinder auf ihre Bastelergebnisse sind oder Erwachsene, wenn sie eine Reparatur im Haus oder am Auto erfolgreich selbst durchgeführt haben. Die Anerkennung von Außenstehenden ist hierbei gar nicht notwendig. Es ist die *gegenständliche Tätigkeit*, die eine Grundlage für die Konstitution von *Selbstbewusstsein*, von Selbstgefühl bildet. Die Bildung von Selbstbewusstsein ist im Sozialisationsprozess demnach nicht nur in der Aneignung von symbolischer Kultur gegeben, sondern ebenfalls in der Aneignung von materieller Kultur.

3.4 Sozialisation und „Landkarten" –
Die konstruktivistische Sichtweise

Der Konstruktivismus ist vermutlich der momentan spektakulärste wie auch umstrittenste Versuch, Sozialisationsvorgänge zu analysieren. Die einfachste Umschreibung könnte hierzu lauten: Jeder entwickelt sich nach seinen Vorstellungen und legt sich seine Welt selbst zurecht. Eine andere Umschreibung wäre: Wir haben alle unsere eigene Landkarte von Bedeutungen in uns. Damit ist gemeint, dass wir nicht die gesamte Welt wahrnehmen und in uns aufnehmen können, sondern immer nur einen kleinen Ausschnitt, sozusagen den von uns überschaubaren und begreifbaren Lebensbereich. Ich komme an einer anderen Stelle auf das Bild der Landkarte noch einmal zurück. Leider lässt sich der Konstruktivismus durchgängig nicht mit diesen einfachen Umschreibungen darstellen und interpretieren. Es ist insgesamt sehr schwer, konstruktivistische Kerngedanken auszumachen und nach der Durchsicht der einschlägigen Literatur ist es leicht möglich, dass am Ende überhaupt nicht mehr dargelegt werden kann, was Konstruktivismus in seinen verschiedenen Spielarten eigentlich ist. Ich versuche es dennoch, wobei die Anmerkung, dass die nachfolgenden Ausführungen etwas mühevoller als die bisherigen zu lesen sind, vorangestellt werden muss.

In der Literatur wird zwischen sozialkonstruktivistischen und radikalkonstruktivistischen Theorieperspektiven unterschieden. Letztere wird häufig auch kognitionstheoretischer oder erkenntnistheoretischer Konstruktivismus benannt. Beiden konstruktivistischen Vorstellungen gemeinsam ist der Gedanke, dass wissenschaftliche wie auch individuelle Erkenntnis nicht eine Widerspiegelung oder Repräsentation subjektunabhängiger, objektiv natürlicher Realität ist, sondern eine Konstruktion. Beispielsweise sind die unterschiedlichen Verhaltenweisen von Männern und Frauen, d.h. die Folgen und Deutungen der gelebten Zweigeschlechtlichkeit nicht schlicht auf biologische Tatsachen, z.B. die Gebärfähigkeit der Frau, zurückzuführen, sondern als Ergebnisse von Konstruktionsprozessen.

Im Folgenden werde ich zuerst auf die Grundlagen des radikalkonstruktivistischen Ansatzes eingehen und zum Schluss kurz die sozialkonstruktivistische Sichtweise umreißen.

Es ist überhaupt nicht abwegig, den radikalen Konstruktivismus im Zusammenhang mit kognitionstheoretischen und lerntheoretischen Ansätzen zu diskutieren, da er sich in großen Teilen mit den Vorgängen bei der Wahrnehmung und bei der Entstehung von Erkenntnis und Bewusstsein beschäftigt. Man kann diese Theorieperspektive des Konstruktivismus auch als eine Kognitions-Theorie verstehen, wobei aber neben Steuerung und Reagieren besonders die Selbstorganisation und Autonomie betont werden (vgl. Schmidt 1992). So gibt es im konstruktivistischen Denken keine Beobachtung, die unabhängig vom Beobachter ist. Die Wirklichkeit, die wir wahrnehmen, unser Beobachtungsgeist, ist unsere eigene Konstruktion, ein subjektives Konstrukt (Watzlawick 1985). Es gibt danach nicht so etwas wie eine objektive Realitätserkenntnis oder eine absolute Wahrheit. Diese Herangehensweise an die Erkenntnis von Wirklichkeit wird „radikaler Konstruktivismus" genannt.

> „Der radikale Konstruktivismus ist .... deswegen radikal, weil er mit der Konvention bricht und eine Erkenntnistheorie entwickelt, in der die Erkenntnis nicht mehr eine „objektive, ontologische Wirklichkeit betrifft, sondern ausschließlich die Ordnung und Organisation von Erfahrungen in der Welt unseres Erlebens" (GLASERFELD 1985, S.23).

Dennoch leben wir ja in einer relativ verlässlichen Welt, d.h. es gibt Orientierungen und Ordnungen, auf die wir uns beziehen können. Dies ist nun kein Widerspruch zu der Annahme der je eigenen Konstruktion des Erkennens und Wissens.

> „Wenn die Welt, die wir erleben und erkennen, notwendigerweise von uns selber konstruiert wird, dann ist es kaum erstaunlich, dass sie uns relativ stabil erscheint. Um das klar zu sehen, muss man freilich den Grundzug der konstruktivistischen Epistemologie im Auge behalten – nämlich, dass die Welt, die da konstruiert wird, eine Welt des Erlebens ist, die aus Erlebtem besteht und keinerlei Anspruch auf „Wahrheit" im Sinne einer Übereinstimmung mit einer ontologischen Wirklichkeit erhebt" (ebenda, S.28).

Solche Gedanken finden sich prominent auch bei einem anderen Hauptvertreter radikal-konstruktivistischen Denkens, dem Biologen MATURANA (MATURANA/ VARELA 1987). Wirklichkeit und Erkenntnis sind in seinem Verständnis keine Repräsentation der „Welt draußen", sondern als andauernde Hervorbringung einer Welt durch den Prozess des Lebens selbst zu verstehen. Erfahrung der Gewissheit einer verlässlichen Welt ist in der Konzeption von MATURANA ein individuelles Phänomen, das gegenüber der kognitiven Handlung des anderen blind ist. Realität erweist sich hiermit als ein Konzept, das für subjektgebundene Konstrukte steht, die den Charakter des Realen, d.h. des von uns unabhängig Existierenden bekommen. Für MATURANA ist Objektivität, Realität und Wissen im Sinne von Absolutheit unmöglich, weil der Mensch nicht aus seinem Interaktionskreis, der durch Organisation und Struktur eingegrenzt ist, heraustreten kann (vgl. Maturana 1982, S.268).

Wie funktioniert aber nun Erkenntnis und wie wird Wirklichkeit konstruiert? Mit diesen Fragen beschäftigt sich der radikale Konstruktivismus vor allem über prozessorientierte Aussagen – und hierbei insbesondere mit neurobiologischen und kybernetischen Grundlagen (vgl. Foerster 1985, Maturana/Varela 1987).

Ein zentraler Aspekt zur Beantwortung der Fragen wird mit der Theorie lebender Systeme geliefert. Lebewesen bestehen nach Maturana aus einer Organisation und einer Struktur. Die Organisation beinhaltet bestimme Relationen.

> „Damit ich ein Objekt als einen Stuhl bezeichnen kann, muss ich zuvor anerkennen, dass gewisse Relationen zwischen den Teilen, die ich Beine, Lehne, Sitzfläche nenne, auf eine Weise gegeben sind, die das Sitzen möglich machen" (Maturana/Varela 1987, S.49 f).

Auf Lebewesen bezogen bedeutet diese Feststellung, dass etwas Gemeinsames zwischen ihnen existieren muss, damit sie zur Klassifizierung des Lebendigen gezählt werden können. Das Gemeinsame von Lebewesen ist nun das Charakteristikum, dass sie sich ständig selbst erzeugen. Anders formuliert: es gibt kein Leben ohne Entwicklung. Im radikalen Konstruktivismus wird dies mit der Metapher ‚Autopoises' beschrieben, verstanden als Organisation lebender Systeme. Wörtlich heißt Autopoises „selbst machen". Häufig wird es aber auch mit „Selbstorganisation" übersetzt. Ein autopoietisches System ist auf der einen Seite offen – durch Stoffwechsel muss Energie gewonnen werden –, funktional ist es aber geschlossen, das einzige verfolgte Ziel ist, sich als System selbst zu erhalten. Autopoietische Systeme sind von daher operational geschlossen und selbstreferentiell, d.h. dass sie für die Aufrechterhaltung ihrer Existenz keinerlei Informationen benötigen, die nicht in der einen oder anderen Form in ihnen selbst angelegt wäre."

Neben der Organisation besteht ein lebendes System zusätzlich aus einer Struktur, die als Bestandteile und Relationen beschrieben wird, die wiederum eine bestimmte Einheit konstituieren und die Organisation eines lebenden Systems verwirklichen. Ein einfaches Beispiel:

> „So besteht die Organisation zur Steuerung des Wasserpegels in einem Spülkasten des Wasserklosetts aus den Relationen zwischen einem Gerät, das fähig ist, den Wasserpegel einzuschätzen und einem Gerät, das fähig ist, den Wasserzufluss zu unterbinden. Im häuslichen WC wird diese Geräteklasse heute mit einem System aus verschiedenen Materialien

wie Kunststoff und Metall verwirklicht, das aus einem Schwimmer und einem Durchflussventil besteht. Diese besondere Struktur könnte aber dadurch verändert werden, dass der Kunststoff durch Holz ersetzt wird, ohne dass damit die Organisation, die das Ding zu einem Spülkasten macht, betroffen wäre" (ebenda S.54).

Auf den Menschen bezogen lässt es sich am körperlichen Wachstum verdeutlichen. Ein Mensch wächst und wird älter, d.h. er verändert sich durch die Struktur, doch es bleibt dieselbe Person, d.h. er erhält seine Organisation. Diese bleibt das gesamte Leben lang erhalten. Die Struktur dagegen ist offen für Veränderungen, welche als Ergebnis der inneren Dynamik oder aus dem umgebenden Milieu stammende Interaktionen ausgelöst werden (ebenda, S.84).

Jedes lebende System entscheidet aber selbst, in welche Richtung Strukturveränderungen stattfinden. Richtungsweisend ist lediglich die spezifische Identität und Individualität. Lebewesen sind in diesem Sinne autonom, nur ihre Autopoise bestimmt, wie mit externen Einflüssen umgegangen wird. MATURANA spricht hierbei aber von einer „prinzipiellen" Autonomie, denn die Autonomie gilt nicht als völlig autonom. Sie wird determiniert durch die Struktur. Menschen selektieren ihre Wahrnehmungen nach den eigenen inneren Bedürfnissen und der eigenen inneren Struktur – hierin sind sie autonom, denn es ist nicht die Umgebung der ausschlaggebende „Kausalfaktor". Doch Menschen verhalten sich entsprechend ihrer inneren Struktur immer in Abstimmung zur Verträglichkeit, zur Kommensurabilität (MATURANA/VARELA 1987) zum jeweiligen Milieu – in diesem Sinne sind sie demnach „prinzipiell" autonom.

Ob diese Abstimmung „passend" oder „unpassend" ist, beurteilt das System Mensch selbst, was im radikalen Konstruktivismus mit dem Konzept des Beobachters verdeutlicht wird. Bei der Herstellung von Wahrnehmung interagiert unser Gehirn mit seinen inneren Zuständen, es beobachtet sich sozusagen selbst. Ein System, das in der Lage ist, mit seinen internen Zuständen zu interagieren und von diesen Interaktionen auch Repräsentationen, d.h. Beschreibungen liefern kann, operiert als Beobachter und kann Konstrukte des Systems und der Umgebung kognitiv erzeugen. Hierbei sind also Beschreibungsfähigkeiten zentrale Elemente eines beobachtenden Systems. Des weiteren brauchen wir aber auch eine Unterscheidungsfähigkeit. Für einen Beobachter wird erst dann ein Gegenstand beschreibbar, wenn er ihn von anderen unterscheiden kann. Für MATURANA ist dieser Vorgang das Zentrum jedes Verstehens und jeder Realitätsauffassung. Realität ergibt sich hierbei aus dem erkennenden Tun des Beobachters, der Unterscheidungen trifft und damit den Einheiten seiner Beobachtung Existenz verleiht.

Was ein Beobachter nun als Einheit definiert, kann er auf verschiedenen Ebenen betrachten, je nach den Unterscheidungen, die er macht. Zum einen könnten Beschreibungen des Bereichs der inneren Zustände eines Individuums als Bereich seiner Zustandsveränderungen angefertigt werden. Dafür, also für die interne Dynamik, ist die Umgebung irrelevant. Zum anderen könnte der Bereich betrachtet werden, in dem das Individuum mit seiner Umwelt interagiert. Hierbei werden Beziehungen zwischen bestimmten Eigenschaften des Milieus und dem Verhalten eines Individuums beschrieben. Dabei ist die innere Dynamik der Einheit irrelevant. Es ist ganz allein „der Beobachter", der von seinem distanzierten Standpunkt die jeweiligen Korrelationen herstellt (vgl. MATURANA/Varela 1987, S. 148). Das Beispiel vom Unterseeboot mag dies verdeutlichen:

> „Stellen wir uns jemanden vor, der sein ganzes Leben in einem Unterseeboot verbracht hat, ohne es je zu verlassen, und der in dem Umgang damit ausgebildet wurde. Nun sind wir am Strand und sehen, dass das Unterseeboot sich nähert und sanft an der Oberfläche auftaucht. Über Funk sagen wir dann dem Steuermann: ‚Glückwunsch, du hast alle Riffe vermieden und bist elegant aufgetaucht; du hast das Unterseeboot perfekt manövriert'. Der Steuermann im Inneren des Boots ist jedoch erstaunt: ‚Was heißt denn ‚Riffe' und ‚Auftauchen'? Alles, was ich getan habe, war, Hebel zu betätigen und Knöpfe zu drehen und bestimmte Relationen zwischen den Anzeigen der Geräte bei Betätigen der Hebel und Knöpfe herzustellen – und zwar in einer vorgeschriebenen Reihenfolge, an die ich gewöhnt bin. Ich habe kein ‚Manöver' durchgeführt, und was soll das Gerede von einem Unterseeboot'?" (ebenda, S.149).

Beide Systeme – der Unterseebootfahrer und der Sparziergänger am Strand – haben ihre Erfahrungen, Wahrnehmungen und Kenntnisse, sie sind unter bestimmten Bedingungen sozialisiert. Beide haben für sich eine bestimmte Landkarte von Bedeutungen und Erfahrungen im Kopf. Auch Landkarten, so genau sie auch etwas abbilden können, bilden nicht die gesamte Wirklichkeit, sondern nur Ausschnitte von Wirklichkeit ab. So gibt es Karten für Verkehrsnetze auf dem Land, für Schifffahrtsrouten auf See, für Bodenschätze, nach Nationalstaaten gegliedert usw. usw. Allen Karten ist gemeinsam, dass sie Wirklichkeit abbilden, aber – wie gesagt – nur einen bestimmten Ausschnitt.

Diese Vorstellung von einer Landkarte lässt sich m. E. sehr gut auf die Vorstellung von Sozialisation übertragen. Jeder von uns wächst in einem bestimmten Milieu auf, mit ganz bestimmten kulturellen Vorgaben, mit je eigenen Erfahrungen und Lernprozessen, mit einer individuellen Sozialisations-Landkarte. Zurück zu dem Unterseeboot: Für den Steuermann gibt es nur die Instrumente. Sie bilden die Landkarte für seine Wirklichkeit. Und nur für den Strandgänger gibt es das Unterseeboot, Riffe und den Strand. Beide Systeme sind für sich prinzipiell autonome Menschen, die ihr Leben nach ihren individuellen Landkarten ausrichten. Beide Systeme haben sich nun getroffen. Was passiert hierbei?

Ziel eines autopoietischen Systems ist es, in einer Umwelt durch situationsadäquates Verhalten zu überleben. Dieses Verhalten wird bei Lebewesen durch ein Nervensystem erzeugt. Ein überlebensförderndes Verhalten kann ein operational geschlossenes System lediglich durch strukturelle Koppelung erzeugen – ein weiterer zentraler Grundgedanke des radikalen Konstruktivismus. Strukturelle Koppelung kann grob als eine gegenseitige Adaption verstanden werden, sie ist ein Prozess wechselseitiger Strukturveränderungen. Steuermann und Strandgänger können gegenseitig Strukturveränderungen auslösen, aber nicht determinieren. Anders ausgedrückt: Interaktionen mit der Umwelt können Anstöße für Veränderungen geben, sie aber nicht vorschreiben, denn Veränderungen werden von einem lebenden System strukturdeterminiert, d.h. gemäß seiner inneren Struktur vollzogen. Über Interaktion also, über die Beziehung zu anderen Systemen kann eine gemeinsame soziale Wirklichkeit geschaffen werden. Grundsätzlich haben Steuermann und Strandgänger demnach im Interaktionsprozess Gelegenheit, Wirklichkeit zu konstruieren. Der Steuermann erfährt vielleicht mehr über Strände und Riffe, der Strandgänger vielleicht mehr über Unterseebootinstrumente. Beide verändern, erweitern konstruktivistisch ihre Landkarte von Bedeutungen und Interpretationen von Welt.

Die sozialisationstheoretische Relevanz liegt nach dem bisher Dargestellten in der Annahme, dass Umweltgegebenheiten und Umweltereignisse nicht aus sich selbst heraus verständlich werden, sondern immer nur im Kontext der interpretierenden und konstruierenden Menschen. Zur Analyse von subjektiven Wahrnehmungsprozessen in der Sozialisation bietet der Konstruktivismus brauchbare Hinweise dafür, wie eine Choreographie der Konstruktion von Wissen und Erkenntnis aussehen kann.

Eine zentrale Kritik an dem kognitivistisch orientierten Konstruktivismus lautet nun, dass diese Theorieperspektive eine Beliebigkeit des menschlichen Denkens und Verhaltens eröffnet. Niemand kann einem Menschen vorschreiben, wie er sich und die Welt zu verstehen hat und natürlich auch nicht, was er zu tun hat (GIRGENSOHN-MARCHAND 1992, S.110). Vor allem das Konzept der Autopoisis lege eine fast grenzenlose Autonomie des Subjektes zugrunde (ebenda, S.112). Zweifellos liegt aus wissenstheoretischer Sicht auch hierin das Hauptproblem des radikalen Konstruktivismus. Er verfrachtet die Frage nach dem Status unseres Wissens auf die Ebene des individuellen Bewusstseins – wobei diese Frage zumindest heuristisch beantwortet wird. Die Erklärung von Sozialisationsvorgängen in radikalkonstruktivistischer Manier bedarf in der Tat grundlegender Ergänzungen, sie muss zum Teil „vom Kopf auf die Füße gestellt werden". Es müsste auch empirisch aufgezeigt werden, dass Verhalten, Erleben und Denken nicht nur von individuellen Dispositionen abhängig sind, sondern auch – wie weiter oben schon gesagt – von dem Kontext, in dem gehandelt, erlebt und gedacht wird.

Diesen Aspekt finden wir im Sozialkonstruktivismus wieder, der danach fragt, wie die soziale Ordnung als kollektiv produzierte zustande kommt. Nach dem radikalkonstruktivistischen Modell werden Wirklichkeitsphänomene auf das Individuum und dessen Konstruktionsarbeit selbst gewendet, der Sozialkonstruktivismus möchte hingegen erkunden, wie erstens die gesellschaftliche Konstruktion von Wirklichkeit aussieht und zweitens, wie sich das „Wissen" , d.h. die gesellschaftliche Erfahrung von der sozialen Ordnung bildet. Im Grunde geht es hierbei um das Nachzeichnen und Sezieren der Entstehungsgeschichte oder um die Vorgeschichte sozialer Realität. Zentral ist dabei die Annahme, dass wir unsere Wirklichkeit fortwährend in sozialen Praktiken produzieren. Wirklichkeit ist nicht, sondern sie wird gemacht; sie entsteht in andauernden Prozessen des sozialen Lebens (BILDEN 1991). Im alltäglichen Umgang miteinander, in Auseinandersetzungen, in Handlungen und Tätigkeiten entstehen die sozialen Bezüge und Ordnungen, entsteht die soziale Wirklichkeit. Die Aufgabe einer sozialkonstruktivistisch orientierten Sozialisationsforschung wäre es, die Konstruktionsprozesse zu entschlüsseln, um damit eine bewusste Gestaltung und Veränderung von Wirklichkeit zu ermöglichen. Solche Forschungen fehlen bisher – vermutlich auch, weil es noch keine erprobten und validen „Entdeckungsmethoden" der Konstruktionsprozesse gibt.

3.5 Sozialisation des „Selbst" – Selbstsozialisation oder Selbstorganisation?

Begriffe, die das Präfix „Selbst" tragen, tauchen schon lange in den gängigen einschlägigen Lehr- und Handbüchern auf, die sich mit der Persönlichkeitsentwicklung beschäftigen, z.B. als Selbsttätigkeit, Selbsterziehung. Selbstkonstruktion oder auch Selbstbildung. Nach dem Begriff Selbstsozialisation sucht man eher vergeblich. Sozialisation wird häufig in erster Linie als Fremdsozialisation verstanden. Kinder und Jugendliche wachsen auf in der Auseinandersetzung mit Familie, Nachbarschaft, Schule, mit den Instanzen des Marktes und des Konsums, d.h. in Bereichen, die sie selbst erst einmal nicht beeinflussen können, sondern von denen sie beeinflusst werden. Fremdsozialisation hat hierbei auch immer etwas mit pädagogischer Lenkung zu tun, denn die heranwachsende Generation wird auch über bewusstes erzieherischen Wollen und Handeln sozialisiert. Seit den achtziger Jahren des letzten Jahrhunderts hat der Begriff der Selbstsozialisation in die wissenschaftliche Diskussion um Sozialisationsvorgänge Eingang gefunden. Subjektive Aspekte der Sozialisationsvorgänge zu thematisieren ist aber so neu nicht, denn in fast allen in den vorhergehenden Kapiteln dargestellten sozialisationstheoretischen Ansätzen wurde auch immer versucht, „soziale und personale Aspekte „ zusammenzubringen. Im Mittelpunkt steht aber jetzt ein Konzept, das ermöglicht, den Eigenanteil, bzw. die Eigenaktivitäten von Kindern und Jugendlichen zur Beeinflussung und Gestaltung ihres Lebens in den Blick zu nehmen. Der Erziehungswissenschafter Jürgen ZINNECKER (2000) weist darauf hin, dass Selbst- und Fremdsozialisation sich zwar auf entgegengesetzten Polen befinden, aber systematisch miteinander verbunden sind. Veränderungen auf einer Seite ergeben immer Konsequenzen auf der anderen Seite. Anders ausgedrückt: Von außen zukommende Anteile und Eigenanteile in der Sozialisation sind keine voneinander isolierten Bereiche, sie vermischen und beeinflussen sich.

Das Konzept der Selbstsozialisation basiert auf der Beobachtung, dass Kinder und Jugendliche immer früher in ihrer Entwicklung biographisch relevante Haltungen und Weltbezüge selbstständig organisieren Sie lernen frühzeitig in der Familie, in Vorschuleinrichtungen, später in der Schule, aber vor allem außerhalb eines pädagogischen Denkmodells in ihren Gleichaltrigengruppen und den dort bestehenden Beziehungskulturen, eigene Wünsche zu artikulieren, ihre Aktivitäten räumlich, sozial und zeitlich zu koordinieren und eigenständig Konsuminteressen und Medienangebote in ihren Alltag einzubinden. Familiäre und schulische Erziehungsabsichten haben in diesem Zusammenhang nur noch wenig Einfluss.

Diese Hypothese wird durch Annahmen aus der neueren Entwicklungspsychologie gestützt, die sich nicht mehr zwingend an den klassischen Stufenmodellen und den stadienspezifischen Auffälligkeiten orientiert (vgl. VEITH 2002, S. 170). Kinder seien nicht mehr von Strukturentwicklungen abhängig, sie konstruieren von Beginn an ihre eigene Sicht von der Welt – allein und mit anderen Menschen zusammen – und dies auch ohne Besitz von Wissen über die physikalische oder biologische Organisation der Wirklichkeit. Konzepte, die auf Bild von relativ festen entwicklungspsychologischen Phasen und Stadien zurückgreifen, geraten immer stärker ins Wanken.

Nach ZINNECKER (2000) birgt die Rede von der Selbstsozialisation auch eine Doppeldeutigkeit, es geht um Eigensozialisation wie um die Sozialisation eines Selbst. In beiden Deutungen geht es aber um die personalen Ressourcen in der Persönlichkeitsentwicklung eines Menschen, also um das, was die Heranwachsenden für ihre Entwicklung aktiv beitragen können. Selbstsozialisation lässt sich mit ZINNECKER demnach wie folgt definieren:

Selbstsozialisation
Selbstsozialisation ist so zu verstehen, dass
- ein „Selbst", ein aktiver Kern der Persönlichkeit sozialisiert wird und dass
- hierbei die betreffende Person Eigenleistungen beiträgt (Eigensozialisation).

Mit der Selbstsozialisation entwickeln sich ein eigener Kindheits- und Jugendraum und eine eigene kindliche und jugendliche Lebenswelt, beides in Entgegensetzung zur Welt der Erwachsenen. Diese Bereiche entstehen aus einem Dreischritt der Selbstsozialisation (vgl. ebenda, S. 279):

- Kinder und Jugendliche schreiben sich und den sozialen und kulturellen Ereignissen in ihrer Umwelt eine eigene Bedeutung zu.
- Kinder und Jugendliche entwerfen für sich und für den Umgang mit anderen Menschen eine eigene spezielle Handlungslogik.
- Kinder und Jugendliche formulieren selbständig eigene Ziele für ihr Handeln.

Damit werden aber andere Prozesse in der Sozialisation – weiter oben als Fremdsozialisation bezeichnet – nicht obsolet. Zweifellos hat sich der Eigenspielraum im Alltag von Heranwachsenden in den letzten Jahrzehnten erheblich vergrößert, dennoch bleibt der Einfluss von der Familie oder der Schule für die Persönlichkeitsentwicklung wirksam. Auch wenn sich die Eigenaktivitäten der Kinder und Jugendlichen gegen Normen der Erwachsenenwelt richten, finden die Aktivitäten unter bestimmten sozialen und kulturellen Rahmenbedingungen statt und diese wiederum sind gesellschaftlich vorgegeben. Selbstsozialisation findet also nicht in einem gesellschaftsfreien Raum statt. HURRELMANN schlägt in diesem Zusammenhang vor, eher von einer „Selbstorganisation" zu sprechen, denn unverkennbar wächst der Grad der Eigenleistung in der Gestaltung der eigenen Biographie, aber dennoch sind Eigenaktivitäten nicht der Willkür persönlicher Vorlieben und Wünsche übergeben (HURRELMANN 2002, S. 158). Vielleicht gibt es ja tatsächlich die Notwendigkeit eines Paradigmenwechsels in der Analyse von Sozialisationsprozessen, aber dieser darf sicherlich nicht als schlichte Abkehr vom „Objektivismus" hin zu einem „Subjektivismus" verstanden werden.

Ob wir nun Eigenleistungen in der Persönlichkeitsentwicklung Selbstsozialisation oder Selbstorganisation nennen, es ist immer von einem wechselseitigen Bedingungsverhältnis sozialisatorisch bedeutsamer Instanzen und einer Instanz in der Person, die manchmal als „Ich" oder „Subjekt", aber am häufigsten als „Selbst" bezeichnet wird, auszugehen. Damit Kinder und Jugendliche sich überhaupt selbst sozialisieren können, bzw. ihr „Selbst" sozialisiert wird, damit sie überhaupt erfolgreich eigene Ziele und Vorstellungen einbringen können, dürfen sie nicht schüchtern im Hintergrund stehen und ängstlich darauf warten, dass ihnen gesagt wird, was zu tun ist, sondern müssen sich selbst auch etwas zutrauen. Dazu bedarf es eines Bewusstseins der eigenen Kompetenz. Persönlichkeitsentwicklung mit dem Fokus der Selbstsozialisation hat deshalb auch mit Selbstwertgefühl, Selbstbewusstsein und Selbstvertrauen zu tun.

Mit Selbstwertgefühl ist eine spezifische Einstellung zu sich selbst gemeint, und zwar bezogen auf die Abschätzung des eigenen vermeintlichen Werts innerhalb einer Gemeinschaft (sei es die Familie, die Freundschaftsgruppe, Clique oder in der Schulklasse). Das Selbstwertgefühl ergibt sich des weiteren aus dem Resultat der Einschätzung oder Selbstbewertung der eigenen Fähigkeiten und es ist Ausdruck der Meinung, die man von sich selbst hat. Selbstwertgefühl ist die Summe aller Werte, die man seiner eigenen Person zuschreibt. Bekommt ein Heranwachsender wenig Anerkennung, dann kann seine Selbstbewertung negativ ausfallen, im schlimmeren Fall entstehen Minderwertigkeitsgefühle. Es fehlt dann sehr schnell das Gefühl der eigenen Kontrolle über das eigene Leben. Ohne Selbstwertgefühl können Menschen nicht alles verwirklichen, was in ihnen steckt. Deshalb ist der Aufbau und die Stärkung des Selbstwertgefühls im Sozialisationsprozess so außerordentlich bedeutsam.

Die Entwicklung des Selbstwertgefühls ist immer eingebunden im sozialen Kontext. Hieraus ergibt sich auch eine gewisse Dynamik, denn über die Reaktionen aus der sozialen Umwelt passen wir unser Verhalten an bestimmte Anforderungen an. Das folgende Schaubild soll diese Dynamik verdeutlichen:

**Selbstwertbedingtes
Verhalten**

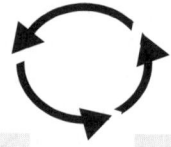

**Reaktion der
sozialen Umwelt**

**Bewertung des
Verhaltens**

Selbstwertgefühl entwickelt sich in einem ewigen Kreislauf. Vor dem Hintergrund unserer Selbstbewertung verhalten wir uns, bemerken, bzw. beobachten Reaktionen von anderen, die unser Verhalten spiegeln und bewerten, worauf wir wiederum unser selbstwertbedingtes Verhalten ebenfalls bewerten und nachfolgend abstimmen. Das Selbstwertgefühl unterliegt also einer ständigen Selbstvergewisserung.

Ein weiteres wichtiges Konstrukt zum Thema Selbstsozialisation ist das **Selbstbewusstsein**. Im Alltag ist es geläufig, von selbstbewussten oder weniger selbstbewussten Personen zu sprechen. Selbstbewusste Personen zeigen ein gesundes Niveau der „Selbstakzeptierung", anders ausgerückt: sie zeichnen sich durch ein gesundes Selbstwertgefühl aus. Für Kinder und Jugendliche mit einer solchen Einschätzung sich selbst gegenüber ist die Chance für eine gelingende Sozialisation relativ groß. Sie treten in der Gesellschaft nicht gehemmt auf und sind deshalb auch in der Lage, eigene Ziele und Vorstellungen zu realisieren.

Eine bedeutende Komponente des Selbstwertgefühls ist das **Selbstvertrauen**. Dieses ist als kräftiges Eigenmachtsgefühl zu verstehen und kommt darüber zum Ausdruck, dass Menschen sich zutrauen, durch eigene Bemühungen und Aktivitäten zum Ziel zu kommen und Erfolge zu erzielen. Selbstvertrauen entwickelt sich als Summe dessen, was an positiven Erfahrungen über eigene Fähigkeiten in der persönlichen Wahrnehmung gespeichert wird. Ist das soziale Umfeld so geschaffen, dass Kinder und Jugendliche selbst zur Stärkung und Entwicklung ihrer Persönlichkeit beitragen können, dann wächst auch das Vertrauen in die eigenen Fähigkeiten. Damit ist schon ein gutes Polster für eine erfolgreiche Sozialisation angelegt.

In der Regel ist es so, dass wir uns gegen negative Bewertungen durch andere wehren, aber auch gegen eine negative Bewertung durch uns selbst. Wir bevorzugen gern positive Einstellungen der eigenen Person gegenüber. Dieses Postulat kann auch fast als eine anthropologische Konstante verstanden werden. Der Psychologe THOMAS (1965) hat hierzu „vier Wünsche" formuliert, die für die Persönlichkeitsentwicklung relevant erscheinen und nach wie vor Gültigkeit besitzen:

1. Der Wunsch nach neuem Erleben.
2. Der Wunsch nach Sicherheit.
3. Der Wunsch nach Erwiderung.
4. Der Wunsch nach Anerkennung.

Ein positives Selbstwertgefühl erfordert vor allem die Erfüllung der Wünsche „Erwiderung" und „Anerkennung". Geschieht das, dann besteht die Chance, dass Heranwachsende sich vertrauensvoll mit sich selbst und zielorientiert wie auch selbständig mit der Umwelt auseinander setzen. Seit einiger Zeit wird in diesem Zusammenhang ein Konzept angeführt, das auf der sozial-kognitiven Theorie von Bandura beruht (vgl. Kapitel 3.1.4) und darstellt, wie die Auseinandersetzung mit der Umwelt sehr stark durch subjektive Überzeugungen gesteuert wird. Eine Erklärung hierzu liefert das theoretische Konstrukt der **Selbstwirksamkeitserwartung** (vgl. SCHWARZER/JERUSALEM 2002). Mit diesem Begriff wird zum Ausdruck gebracht, dass Menschen mit dem Bewusstsein „Ich kann, wenn ich nur will" eine grundlegende Überzeugung (Erwartung) von ihren Kompetenzen haben. Besitzen Kinder und Jugendliche positive Selbstwirksamkeitserwartungen, zeigt sich dies darin, dass sie sich neugierig und zuversichtlich mit Aufgaben, sei es im Kindergarten, in der Schule oder in der Freizeit auseinander setzen und bereit sind, Anstrengungen aufzuwenden. Selbstwirksame Kinder und Jugendliche sind sensibel gegenüber subtilen Beeinflussungsversuchen (der erziehenden Erwachsenen) und schätzen dagegen ihre eigene Interpretation der Welt und formulieren selbständig die Ziele ihres Handelns.

Jeder Fußballtrainer hätte seine Freude mit selbstwirksamen und mit positiven Selbstwertgefühl gefüllten Spielern. Er müsste ihnen nur sagen: „Geht auf den Platz und kontrolliert das Spiel!", ein Sieg könnte hier schon vorprogrammiert sein. Das dies in der Realität schwierig ist, weist im übertragenen Sinne auf die Probleme der Selbstsozialisation. Allein durch die Stärkung von subjektiven Kompetenzen können die Schwierigkeiten und Anforderungen einer aktiven Lebensführung nicht immer gemeistert werden. Die Fähigkeit, den eigenen Lebenslauf zu planen und anstehende Entwicklungsaufgaben zu bearbeiten, muss in harter Auseinandersetzung mit gesellschaftlichen Vorgaben erarbeitet werden (vgl. HURRELMANN 2002, S. 159) und des Weiteren: Nicht alle Kinder und Jugendliche haben gleich gute Ressourcen. Auch in der Selbstsozialisation wirken die altbekannten Mechanismen der sozialen Ungleichheit, d.h. auch die Eigenanteile der Heranwachsenden an ihrer Sozialisation entwickeln sich nicht in einem gesellschaftsfreien Raum. Im Zuge der Individualisierung (vgl. Kapitel 3.3.4) sind die selbstbestimmten Spielräume größer geworden, aber Eigensozialisation wird darüber nicht willkürlich nur von persönlichen Vorstellungen geleitet. Wenn es um die Erklärung von Persönlichkeitsentwicklung geht, muss die sozialstrukturelle Seite in die Analyse einbezogen werden.

Zusammengefasst: Das Konzept der Selbstsozialisation ersetzt nicht andere Ansätze zur Erklärung der grundlegenden Vorgänge in der Persönlichkeitsentwicklung, kann aber sehr wohl als Aufforderung verstanden werden, innerhalb einer Sozialisationstheorie den Eigenanteilen der Heranwachsenden mehr Aufmerksamkeit zu schenken und diese systematischer in die Theorie einzubinden.

3. 6   Fazit

In allen vorgestellten Modellen zur Erklärung von Sozialisationsvorgängen spiegeln sich die unterschiedlichen Betrachtungsperspektiven der Sozialisationsproblematik. Eine sehr zentrale Frage der Sozialisationstheorie, wie Erfahrungen oder äußere Gegebenheiten zu relativ dauerhaften Persönlichkeitsmerkmalen werden, beantwortet beispielsweise die Psychoanalyse oder auch die Bindungstheorie. In den verschiedenen Lerntheorien werden vor allem die Außeneinwirkungen verdeutlicht, die mächtig und überlegen unser Verhalten steuern. Ein Vorrang der sozialen Wirklichkeit wird auch in Arbeiten deutlich, die Kommunikations- und Kooperationsstrukturen analysieren; genannt seien die Strukturfunktionale Theorie und der Symbolischen Interaktionismus. Die letzte Feststellung gilt aber auch für Theorien, welche die Aktivitäten der Subjekte in der Auseinandersetzung mit der Umwelt thematisieren, beispielsweise die Theorie der kognitiven Entwicklung sowie der sozialökologische Ansatz. Andere Theorien, die in den vorangegangenen Abschnitten für die Erklärung von Sozialisationsprozessen zu Rate gezogen wurden, heben den kulturellen Wandel als Einflussfaktor für die Persönlichkeitsentwicklung hervor. Dies gilt insbesondere für das Individualisierungstheorem wie auch für das Modell der Erlebnisorientierung. Schließlich sei noch die konstruktivistische Sichtweise genannt, deren kognitionstheoretischer Erklärungsweg stark subjektivistisch dominiert wird, während der Sozialkonstruktivismus die Persönlichkeitsentwicklung stärker in der Entstehungs- oder Vorgeschichte einer sozialen Ordnung festmachen möchte. Relativ entwicklungsoffen ist noch das Konzept der Selbstsozialisation. Eine differenzierte theoretische und empirische Analyse von Eigenanteilen in der Sozialisation steht noch aus und kann als ein überaus lohnendes Feld zukünftiger Sozialisationsforschung betrachtet werden.

Alle Theoriemodelle haben ihre Stärken und Schwächen und können als einzelnes Modell nicht den gesamten Umfang von Sozialisationsvorgängen erfassen. Verengte oder einseitige Sichtweisen könnten nur über eine Integration der verschiedenen Ansätze überwunden werden.

> „Zu entwickeln ist eine Sozialisationstheorie, die von einem umfassenden Subjektverständnis und einer kritischen Sicht der Gesellschaft ausgeht und die ihre Kategorien innerhalb eines einheitsstiftenden Paradigmas entwirft" (TILLMANN 1989, S. 253).

Eine solche Theorie müsste die Vergesellschaftungsprozesse in den je verschiedenen Facetten zunächst in der frühen Kindheit in der Familie (ergänzt um den Kindergarten), dann in der späteren Kindheit in Familie und Schule, dann in der Jugend in Familie, Schule und Jugendkultur, dann im frühen Erwachsenenalter analysieren. Die dabei ablaufenden Entwicklungsvorgänge müsste diese Theorie einmal nach der Seite der Vergesellschaftung, zum anderen nach der Seite der Individuierung – u.a. auch im Sinne einer Selbstsozialisation – umfassend thematisieren. Eine solche integrale Theorie der Sozialisation kann bisher aber lediglich als Projektidee bezeichnet werden.

4 Sozialisation in der Familie – Theorien und Forschungen

Die mit dem Begriff der Familie bezeichenbaren Lebensformen nehmen für die Sozialisation eine herausragende Stellung ein, weil sie einmal die personale Identität eines Menschen konstituieren und zum anderen zugleich kollektive und soziale Identitäten begründen. In allen Theorien und Forschungen zur Sozialisation ist unstrittig, dass die Familie für den größten Teil der Heranwachsenden der zentrale soziale Ort ist für die Herausbildung grundlegender Gefühle und von Wertorientierungen, kognitiven Schemata, Kompetenzen sozialen Handelns, Leistungsmotivation, Sprachstil, Weltdeutungen, Bildung des Gewissens. Was eine Familie nun aber darstellt, ist gar nicht so einfach zu bestimmen, wie es auf den ersten Blick scheint. Deshalb soll zuerst einmal der Begriff Familie erörtert werden

4.1 Was ist eine Familie?

Derzeit gibt es keine allgemein anerkannte Definition von Familie, weder in der Alltags- noch in der Wissenschaftssprache. Lange Zeit galt die makrosoziologisch orientierte strukturfunktionale Sichtweise. PARSONS betont hierbei zwei ‚unabdingbare' Funktionen: Die moderne Familie hat einmal die Funktion der primären Sozialisation im Sinne der Einführung der Kinder in ihre Rolle als Gesellschaftsmitglied und zum anderen die Funktion, die Erwachsenenpersönlichkeit zu stabilisieren (PARSONS 1955, S. 16f). Zur weiteren Bestimmung hat PARSONS den Begriff der „Pattern variables" (PARSONS 1951, S. 67) angeführt. In ihnen sind Werte repräsentiert, die sich in konkreten Rollenanforderungen wiederfinden. Für die Familie sind dies z. B. die emotionale Tönung des Verhaltens, die umfassende und fast unbegrenzte Bedeutung der Mutter oder die Einmaligkeit der Beziehung (zum Vater, zum Freund usw.). PARSONS benennt diese Wertorientierungen „partikularistisch". Daneben bestehen „universalistische" Orientierungen, gemeint sind affektive Neutralität, Leistung, Spezifität usw. Damit sind Wertorientierungen genannt, die im öffentlichen, gesellschaftlichen Leben, im Wirtschaftssystem gelten. Die Verknüpfung der zwei unterschiedlich orientierten Systeme – Familie und Gesellschaft – gelingt über den Vater, der als „Ernährer" der Familie in beiden Systemen (in einer Grenzrolle) lebt. Diese Beschreibung der Rollenbeziehung in der Familie wird heute als nicht mehr aktuell oder zeitgemäß kritisiert, dennoch ist die theoretische Leistung von PARSONS zur Analyse der Familie evident. Er hat sehr plausibel erklärbar gemacht, wie die

Rollendifferenzierung in der Familie im funktionalen Zusammenhang zu anderen gesellschaftlichen Subsystemen liegt.

Eine neuere Charakterisierung der Familie bietet die Soziologin NAVE-HERZ. Sie analysiert die Familie als eine Verbindung, in der Eltern oder ein Elternteil mit ihren bzw. seinen Kindern zusammenleben, zumeist in einer Haushaltsgemeinschaft. NAVE-HERZ unterscheidet Drei-Generationen-Familie (Großeltern, Eltern, Kinder), Eltern-Familie und Ein-Eltern-Familie, hier wiederum die Mutter- und die Vater-Familie (NAVE-HERZ 1988). Üblicherweise wird Familie auch als biologische, wirtschaftliche und geistig-seelische Lebensgemeinschaft von Eheleuten und ihrer Kinder beschrieben (HETTLAGE 1998, S. 20). Sehr breit wird Familie neuerdings vom Statistischen Bundesamt definiert:

> „Als Familie im Sinne der amtlichen Statistik zählen – in Anlehnung an Empfehlungen der vereinten Nationen – Ehepaare ohne und mit Kind(ern) sowie alleinerziehende ledige, verheiratet getrenntlebende, geschiedene und verwitwete Väter und Mütter, die mit ihren ledigen Kindern im gleichen Haushalt zusammenleben" (Statistisches Bundesamt 1999, Zeitreihenservice im Internet).

Des weiteren wird in den letzten Jahren auch häufig die subjektive Sicht der Betroffenen herangezogen. Der Familiensoziologe Hans BERTRAM schreibt hierzu:

> „Familienmitglieder sind meist Verwandte, müssen es aber nicht sein. Aus der Sicht der Befragten sind jedoch nicht alle, die zur Familie gehören könnten, auch tatsächlich Mitglieder ihrer Familie. Andererseits werden Personen zur eigenen Familie gerechnet, die nach dem allgemeinen Verständnis nicht dazu gehören" (Bertram 1991, S. 43).

Dies wäre nun eine Definition von Familie, die eine „wahrgenommene Familie" in den Mittelpunkt stellt. Eine solche Sichtweise ist aber bisher noch nicht in das wissenschaftliche Verständnis von Familie aufgenommen worden. Wenn in der Sozialisationsliteratur von Familie gesprochen wird, dann ist in aller Regel ein Familienbild wie das weiter oben beschriebene gemeint. Noch vor zweihundert Jahren, d. h. in der vorbürgerlichen Zeit, war dieses heute dominierende Familienbild unbekannt. Ein Blick in die Geschichte soll dies verdeutlichen.

4.2   Zur Geschichte der Familie

Um die Herausbildung unserer heutiger Kleinfamilie zu verstehen, müssen wir zweihundert Jahre zurückblicken. Die Familie war in dieser Zeit mit der Hausgemeinschaft identisch, jeder in diesem sogenannten „ganzen Haus" war in dem gemeinsamen Leben und Arbeiten eingebunden (vgl. SIEDER 1987, SHOR-

TER 1975). Die Blutsverwandtschaft spielte hierfür keine Rolle. Der untrennbare Zusammenhang von Leben und Arbeiten war beherrscht von der patriarchalischen Gewalt des „Hausvaters". Diese war je nach der ökonomischen Bedeutung des Haushalts mehr oder weniger stark. Bei der besitzlosen Bevölkerung, bei Taglöhnern u. ä., bildeten sich nur ansatzweise diese Strukturen heraus. Ehe und Familie ergaben sich in den engen Zusammenhängen der Sozialstrukturen, geheiratet wurde nach Stand, Zunft und Besitz (Rosenbaum 1982). Die Heirat diente dem Erhalt oder Vergrößerung des „ganzen Hauses", und für persönliche Wünsche war kein Raum. Eine große Zahl der Erwachsenen konnte oder durfte überhaupt nicht heiraten. Ihnen fehlten Besitz, Erbe, Mitgift oder ein Beruf. Die Kirche und die weltlichen Obrigkeiten versuchten sogar Eheschließungen der ärmeren Bevölkerungsschichten zu verhindern, indem sie für eine Heiratserlaubnis verschiedene Auflagen vorsahen – meistens Besitz oder eine bestimmte Geldsumme. Wurde in dieser Zeit eine Ehe geschlossen und eine Familie gegründet, dann waren diese gekennzeichnet durch ein hohes Maß an Verlässlichkeit, Stabilität und Halt. Das garantierten die starke soziale Kontrolle der Sippe oder des Familienbandes, die Auswahlprinzipien von Herkunft und Stand, aber auch das Interesse am gemeinsamen Erhalt der Familienwirtschaft. In dem Familien der Handwerker, Kaufleute und bedingt der Bauern waren die Grenzen zwischen Produktions- und Reproduktionsarbeit unscharf, Familienleben war gleichzeitig Wirtschaftsleben.

Oft wird mit dem Bild des ‚ganzen Hauses‘ auch das Bild einer „Großfamilie" (Dreigenerationenhaushalt) als dominierendes Familienbild der vorbürgerlichen Zeit verknüpft Mittlerweile ist es aber doch als Mythos erkannt. Niedrige Lebenserwartung, hohes Heiratsalter und hohe Säuglings- und Kindersterblichkeit ließen kaum die Herausbildung von Großfamilien zu (vgl. PEUCKERT 1996, S. 21).

Vor allem im späten 18. und 19. Jahrhundert differenzierte sich im Bürgertum eine zeitliche und örtliche Trennung von Familienleben und Erwerbsarbeit heraus. Dies hatte auch Folgen für die Definition der modernen Familie.

> „Während der ‚Hausstand‘ – das legale Konstrukt für die Sozialform des ‚ganzen Hauses‘ – in der Folge nicht mehr als systematischer Rechtsbegriff verwendet wurde, rückte das Ehe- und Familienrecht in den Vordergrund. Mit der ‚Entpolitisierung des Hausstandes‘ wurden die Individuen aus der hausherrlichen Gewalt entlassen. Das wurde durch die Aufhebung der Rechtswirksamkeit der Zünfte (Gewerbefreiheit), die Bauernbefreiung und neue Formen der Steuergesetzgebung unterstützt" (Sieder 1987, S. 128).

An die Stelle des „ganzen Hauses" trat jetzt der Familienvater mit seiner Erwerbsarbeit außer Haus, sei es in der Kanzlei, im Kontor, in der LEHRer- oder Predigerkanzel oder im Leitungsbüro einer Fabrik (vgl. SIEDER 1987, S. 28ff.). Damit einher ging die Herausbildung eines intimen und privaten familialen Binnenraumes, Basis des „bürgerlichen Familienmodells". Kennzeichen dieses Modells waren die „glückliche Familie", die „liebevolle Frau" und die „gehorsamen Kinder", eine Ideologie, die sich in der Realität mit widersprüchlichen Folgen zeitigte. Die Frau war beispielsweise nun nicht mehr Arbeitsgefährtin oder die Wirtschaftsleiterin des „ganzen Hauses", sondern eben die „liebevolle Ehefrau", was nicht nur Fortschritt, sondern auch eine weitgehende Einschränkung des weiblichen Lebenszusammenhangs bedeutete. Familien mit diesem Rahmen von Emotionalisierung und Intimisierung waren jedoch zahlenmäßig im 19. Jahrhundert eher selten. Historisch bedeutsam ist aber die *Leitbildfunktion* dieses Rahmens als normative Orientierung für alle Sozialschichten (vgl. PEUCKERT 1996, S. 20ff).

Zum Ende des 19. Jahrhunderts bestimmte das „bürgerliche Familienideal" nicht nur das familiale Zusammenleben des Bürgertums, sondern durchdrang mehr und mehr sämtliche gesellschaftlichen Schichten und Klassen. Es wurde damit auch letztlich zum Vorläufer der „traditionellen Familie" des 20. Jahrhunderts. Drei Aspekte dieser Entwicklung sind besonders zu erwähnen. Erstens: Mit dem Übergang vom ‚ganzen Haus' zur „privatisierten Familie" veränderte sich auch das Verhältnis der Ehepartner. Die Selbstverständlichkeit der Koppelung von nützlichen und vernünftigen Zwecken mit der Partnerwahl begann brüchig zu werden; es kam eher darauf an, dass Frau und Mann gefühlsmäßig zueinander passten, d.h. sich liebten. Zweitens: Es entwickelte sich so etwas wie eine patriarchalische Binnenstruktur der Familie, Ernährer und Besitzer der Autorität über Frau und Kinder. Diese Entwicklung wurde begleitet von einer „sentimentalen Auffüllung des innerfamiliären Bereichs" (WEBER-KELLERMANN 1976, S. 107). Die im 19. Jahrhundert nach bürgerlichem Vorbild sich etablierende Familienform war in den 60er Jahren des 20. Jahrhunderts für viele Anlass, neue Formen des Zusammenlebens zu suchen und zu erproben. Drittens: Die gesellschaftlich durchgesetzte Norm des bürgerlichen Familienideals ermöglichte es nahezu allen Erwachsenen, eine Ehe einzugehen und eine Familie zu gründen. Die endgültige Befreiung von haus- und standesrechtlichen Beschränkungen fand für die moderne Familie in den 60er Jahren ihren Abschluss wie auch Höhepunkt (SIEDER 1987, S. 280).

Was bedeutet diese Entwicklung nun für Kinder und Jugendliche? Im „Ganzen Haus" der vorbürgerlichen Zeit war die Stabilität und der Charakter der Familie nicht an Personen festgemacht. Kinder wuchsen ganz nebenbei im Getriebe der alltäglichen Verrichtungen und früh in die Aufgaben der Erwachsenen einbezogen auf. Sie waren nie Mittelpunkt der Familie. Mit der sozialen Konstruktion der „Mutterliebe" in der Entwicklung der bürgerlichen Familie weichen Gleichgültigkeit und Desinteresse am Kind: Die Familie wurde kindzentriert (v. Trotha 1999, S. 229).

Heutige Kinder und Jugendliche haben wiederum mit neuen Entwicklungen zu tun. Dazu gehört sicherlich und vielleicht die folgenreichste, die Abnahme der Kindzentriertheit selbst (ebenda, S.236). Aber noch weitere Entwicklungen berühren die familiale Sozialisation: Die normative Kraft von Ehe und Familie schwindet dahin und alternative Lebensformen weichen in vielen Aspekten von dem Leitbild der „Normalfamilie" ab; fast jede zweite Ehe scheitert; Lebensperspektiven der Frauen (Mütter) haben sich grundlegend geändert. Was diese und weitere Entwicklungen für die Sozialisation von Kindern und Jugendlichen bedeuten könnte wird im Kapitel 4.4 erörtert. Vorab sollen jedoch Theorien zusammengestellt werden, mit deren Hilfe Sozialisationsvorgänge in der Familie analysiert werden könnten.

4.3   Theorien zur Sozialisation in der Familie

Es gibt keine umfassende Theorie, mit der die Sozialisationsvorgänge in der Familie erklärt werden könnten. Im Folgenden werden einige unterschiedliche Zugänge zusammengetragen, die als Bausteine für eine Analyse familialer Sozialisation dienen können. Alle Theorien haben ihren Erklärungswert, wobei der sozialökologische Ansatz in der Erforschung familialer Sozialisation am weitesten operationalisiert ist.

4.3.1 Sozialpsychologische Zugänge

Auf der Suche nach Antworten auf die Frage, welche Bedeutung die Familie als Ort des Zusammenlebens für die Beteiligten hat, helfen Arbeiten aus der Sozialpsychologie, die versuchen, das Beziehungsgefüge, das Miteinander in Familien zu beschreiben. Hierzu werden drei Ansätze unterschieden (vgl. Hofer u.a. 1992, S. 18ff):

• Dimensionale Beschreibungsmodelle
• Rationale Theorien
• Familienstresstheorie

Dimensionale Beschreibungsmodelle

OLSON (s. ebenda) gibt in zwei Dimensionen aufgeteilt eine einfache Beschreibung von Familienbeziehungen. Er unterscheidet die Kohäsion, ein Maß für gemeinsame Aktivitäten der Familie. Diese können völlig entkoppelt, getrennt, verbunden oder verstrickt aussehen. Die zweite Dimension benennt OLSON als Adaptabilität, die den Grad der Anpassungsfähigkeit der Familie in bestimmten Situationen beschreibt. Die Anpassung kann wenig, bzw. niedrig, strukturiert, flexibel oder chaotisch ausfallen. Beide Dimensionen dienen zur Erstellung einer typologischen Matrix. So gibt es Familien mit extremen Ausprägungen in den Dimensionen und es gibt balancierte Familien, die mit mittleren Ausprägungen aufwarten. Untersuchungen haben belegt, dass balancierte Familien über mehr positive kommunikative Fertigkeiten verfügen als Familien mit eher extremen Ausprägungen und dass sie besser mit Belastungen fertig werden. Anders ausgedrückt: Balancierte Familien bieten ein positives Sozialisationsmilieu.

Das Modell von OLSON wird häufig kritisiert, weil die Dimensionen empirisch nicht eindeutig unterscheidbar wären und sehr abstakt wirken würden. Dennoch ist dieses Modell das erste, das Wechselwirkungsprozesse in der Familie theoretisch beschrieben hat.

Rationale Theorien

Rationale Familientheorien basieren auf der Annahme, dass sich das Verhalten von Menschen als rationale Prozesse beschreiben lassen (rational-choice-Basis). Familienbezogene Handlungen sind hiernach als Ergebnis von Entscheidungsprozessen aufzufassen, die vor dem Hintergrund folgender Fragen ablaufen: Welche Ressourcen und Alternativen stehen einem Menschen für eine Beziehung zu Verfügung und nach welchen Kriterien wird verglichen und entschieden? Lohnt es sich, Mitglied eines Familienhaushalts zu sein bzw. in einer anderen Haushaltsform zu leben? Diese Fragen stehen im Kontext der Annahme, dass Menschen das, was sie geben, immer in ein Verhältnis setzen zu dem, was sie erhalten können oder wollen. Studien konnten beispielsweise belegen, dass Eltern mit ihren Kindern eine bestimmte Nutzenerwartung verknüpfen (Nauck 1995, S. 50 ff). Ein solcher Nutzen wird in drei Klassen unterschieden:

1. Ökonomischer Nutzen – Mithilfe der Kinder im Haushalt und im Betrieb; Unterstützung im Alter;
2. Psychischer Nutzen – Stärkung familialer Beziehungen; Freude, Kinder aufwachsen zu sehen;
3. Sozial-normativer Nutzen – Statusgewinn; Kompetenz in der Elternrolle; Weiterführung des Familiennamens

(vgl. NAUCK 1995, S. 53, HOFER/KLEIN-ALLERMANN/NOACK 1992, S. 23).

Die Kenntnis solcher Nutzenerwartung ist recht bedeutsam für die Einschätzung der Sozialisation in der Familie, denn es lassen sich zum Beispiel Aussagen über Erziehungspraktiken treffen:

> „Bei Eltern mit ökonomischen Nutzenvorstellungen ist ein höheres Ausmaß von Behütung und Kontrolle sowie eine stärkere Betonung von Gehorsam zu erwarten als beim Überwiegen von psychischen Nutzenvorstellungen. Umgekehrt werden Eltern, die vorwiegend expressive Beziehungen mit ihren Kindern anstreben, mehr Wert auf deren Selbständigkeit und Individualität legen. In interkulturell vergleichenden Studien zeigen sich deutliche Zusammenhänge zwischen Nutzenerwartungen und elterlichen Erziehungsstilen" (Hofer/Klein-Allermann/Noack 1992, S. 23).

Mit rationalen Familientheorien lässt sich demnach erklären, wie mit unterschiedlichen Entscheidungsprozessen der Eltern auch Sozialisationsprozesse beeinflusst werden können. Es sollte aber auch klar sein, dass das rationale oder nutzenmaximierende Verhalten nur ein Sozialisationsfaktor unter vielen anderen ist. Emotionale und psychosoziale Prozesse werden in der rationalen Familientheorie gar nicht oder nur sehr bedingt mit berücksichtigt. Dies versucht eine dritte sozialpsychologische Familientheorie, die den Stress als Einflussfaktor für die familiale Sozialisation thematisiert.

Familienstresstheorie

Mit der Familienstresstheorie kann die Frage angegangen werden, wie die Sozialisation in der Familie von Krisen, belastenden Lebensereignissen und Stress beeinflusst wird. Für die Definition eines Ereignisses ist die Unterscheidung wichtig, ob es sich um normalen oder außergewöhnlichen Stress handelt. Normaler Stress gestaltet sich über vorhersehbare Ereignisse, z. B. Heirat, der Schulanfang oder der Auszug der Kinder aus dem Familienhaushalt. Außergewöhnlicher Stress entsteht über nicht erwartbare Ereignisse. Dies kann ein Lottogewinn, aber auch Krankheit, Arbeitslosigkeit oder Trennung sein. Normaler Stress wird in Familien als belastend erlebt, außergewöhnlicher Stress darüber hinaus auch noch bedrohlich (vgl. ebenda, S. 25).

Für die Analyse familaler Sozialisation ist in diesem Zusammenhang wichtig, welche Bewältigungsmöglichkeiten in der Familie bestehen, um das Organisationsniveau des Zusammenlebens zu erhalten oder wiederherzustellen. Die Bewältigungsmöglichkeiten sind von vorhandenen Ressourcen abhängig. Damit sind erstens persönliche Ressourcen gemeint: Bildungsniveau, finanzielle Möglichkeiten, Selbstwertgefühl, selbstgesteuertes Handeln und die Bereitschaft, sich Hilfe zu verschaffen. Zweitens sind innere Ressourcen wichtig, d.h. die Art und Weise des Umgangs mit sich selbst, mit anderen und mit der Außenwelt. Drittens sind außerfamiliale Unterstützungssysteme zu nennen, z.b. Freunde, Nachbarn, Verwandte, aber auch das Gesundheitswesen, Wohlfahrtsorganisationen usw. Grundsätzlich gilt in diesem Zusammenhang:

> „Je stärker eine Person in ein soziales Beziehungsgefüge mit wichtigen Bezugspersonen innerhalb und außerhalb der Familie eingebunden ist, desto besser kann diese Person auch mit ungünstigen sozialen Lebensbedingungen, kritischen Lebensereignissen und andauernden Lebensbelastungen umgehen" (Hurrelmann 1993, S. 240).

Ob jetzt die Sozialisation in der Familie für die Kinder (und natürlich auch für die Eltern) eher persönlichkeitsstärkend oder eher belastend einzuschätzen ist, hängt sehr stark vom Einsatz vorhandener Ressourcen und der Art und Weise sozialer Beziehungen ab. Die sozialen Beziehungen einer Familie werden neuerdings als soziale Netzwerke aufgefasst. Die Untersuchung von solchen Netzwerken und der Bedingungen und Erscheinungsformen von Belastungen und Einschnitten im Familienleben ist ein wichtiges Thema der Sozialisationsforschung. Gerade die Umbrüche und Veränderungen der Familienstruktur in den Industriegesellschaften stellen für die Heranwachsenden enorme Risiken für die Persönlichkeitsentwicklung dar (siehe auch Abschnitt 3.3.4 zum Thema „Individualisierung"). Im Kapitel 4.4 wird darauf noch eingegangen.

4.3.2 Psychoanalytische Sichtweisen

Den Auftakt zur psychoanalytischen Erforschung von Familienbeziehungen legte FREUD mit seinen Beobachtungen zur Entstehung von psychischen Störungen durch frühkindliche Erfahrungen in der Familie (FREUD 1966). Mit seinen Studien versuchte FREUD zu belegen, dass die Persönlichkeitsentwicklung tiefgreifend von der frühen Mutter-Kind-Beziehung abhängt (vgl. TOMANN 1989, S. 85f, PETZOLD 1999, S. 50f). Vor allem in den ersten zwei Lebensjahren hängt das Kind von der betreuenden Person – in aller Regel ist dies die Mutter – völlig ab und ist auf deren Präsenz psychisch angewiesen. Diese Abhängigkeitsphase (orale Phase: siehe auch Abschnitt 3.1.1) wird etwa ab dem zweiten Lebensjahr überwunden, wenn das Kind mobiler wird und auch andere Familienmitglieder vertraut werden. Jetzt erfährt das Kind aber auch, dass es sich an Ordnungen in der Familie halten muss, dass die anderen Familienmitglieder auch Ansprüche haben und dass die Eltern bezüglich der Kontrolle der Ausscheidungsfunktionen bestimmte Vorstellungen haben. Diese Phase wird bekanntlich anale Phase genannt. Etwa ab dem vierten Lebensjahr erfasst das Kind in der oft zitierten Ödipusphase, dass es zwei Geschlechter gibt. Der Junge rivalisiert in dieser

Phase mit dem Vater um die Gunst der Mutter, das Mädchen rivalisiert mit der Mutter um die Gunst des Vaters. Diese Konflikte und Auseinandersetzungen in der Familie werden dann beigelegt, wenn der Junge sich mit dem Vater und das Mädchen sich mit der Mutter identifiziert. In psychoanalytischen Sichtweisen zur familialen Sozialisation wird nun angenommen,

> „...dass das Kind auf die Inhalte und Verläufe dieser Phasen in seinen Interessen, emotionalen Einstellungen und sozialen Beziehungspräferenzen bedeutsam und oft nachhaltig geprägt wird. Außerfamiliäre Beziehungen zu anderen Kindern und Jugendlichen, zu elternähnlichen Autoritätspersonen, zu Freunden vom gleichen und anderen Geschlecht sind Anwendungen und Erweiterungen der Kindheitserfahrungen im Familienverband. Auch der Umgang mit Dingen, Tieren, Pflanzen, Geräten und Aufgaben bleibt häufig in den Bahnen, die in der Kindheit und frühen Jugend eingeschlagen wurden" (Tomann 1989, S. 87).

In therapeutischen Situationen lässt sich diese Sichtweise von Sozialisation sicherlich häufig bestätigen, FREUD selbst gibt ja aus seinen Untersuchungen eine Vielzahl von Belegen, wie aktuelles Verhalten aus früheren Erfahrungen gespeist wird. In Forschungen zur Sozialisation in der Familie ist das psychoanalytische Verständnis von Persönlichkeitsentwicklung in vielen Einzelaspekten eingegangen und dient dabei häufig als Interpretationsfolie bei der Darstellung von Eltern-Kind-Konflikten. Stringenter wird dagegen auf das Modell der sozialökologischen Sozialisationstheorie zurückgegriffen.

4.3.3 Familiale Sozialisation in sozialökologischer Sicht

In der Erforschung und Analyse familialer Sozialisationsprozesse hat der sozialökologische Ansatz – vermutlich wegen seiner Anschaulichkeit und dem Einbezug sozialpolitischer Erwägungen – m. E. noch am weitesten Fuß gefasst. Dieser Ansatz ist im Hinblick auf seinen Ertrag für die Familienforschung sehr schnell und breit rezipiert worden. Zudem bietet er auch geeignete methodologische Hinweise, Individualisierungstendenzen im Familienalltag – einschließlich der darin enthaltenen alten und neuen Ungleichheiten – angemessen zu erfassen.

Zur Erinnerung: Der sozialökologische Ansatz beruht auf einem Modell der Unterscheidung konzentrisch angelegter Sozialisationskontexte, bei BRONFENBRENNER als Mikro-, Meso-, Exo- und Makrosysteme benannt (siehe Kapitel 3.2). Dieses Modell auf die Familie bezogen, kann dann wie folgt skizziert werden (vgl. PETZOLD 1999, S. 80):

1. Das Mikrosystem ist die heutige Kleinfamilie innerhalb unterschiedlicher sozialer Strukturen (Beruf der Eltern, Wohnverhältnisse usw.).
2. Das Mesosystem beschreibt die Beziehungen zu anderen Familien, zum Kindergarten oder zur Schule.
3. Das Exosystem besteht aus Lebensbereichen, denen das zu betrachtende Individuum nicht handelnd zugehört, z. B. der Betrieb des Vaters oder die Schule der Geschwister usw.
4. Das Makrosystem bezieht sich auf die Rahmenbedingungen der familialen Sozialisation. Diese Rahmenbedingungen bestehen beispielweise aus der Möglichkeit, familienergänzende Betreuungsformen zu wählen oder aus der Arbeitszeitgestaltung (z.B. Halbtagsarbeit oder Ganztagsarbeit).

Mit diesem Modell der verschiedenen Sozialisationskontexte können gut nachvollziehbar wie auch detailliert die unterschiedlichen Einflüsse auf das Leben in der Familie beschrieben werden. Der Familiensoziologe Kurt LÜSCHER hat – angeregt von diesem Modell – drei Thesen zu den Kernbereichen der Sozialisation in der Familie formuliert:

„Genetische Anlagen und Umwelteinflüsse ‚multiplizieren' sich gegenseitig in dem Sinne, dass günstige (familiäre) Lebensverhältnisse wesentlich dazu beitragen, das biologische Potential des Individuums optimal zu entfalten.

Die Erziehungsleistungen von Eltern sind wesentlich davon abhängig, in welchem Ausmaß diese von ihrer sozialen Umwelt anerkannt und unterstützt werden.

Die Entwicklung des Individuums wird wesentlich nicht durch einzelne Ereignisse, sondern durch spezifische, sein soziales Milieu kennzeichnende Sequenzen von Entwicklungsübergängen sowie von Lebenslaufmustern beeinflusst" (Lüscher u.a. 1989, S. 98).

Das sozialökologische Modell und die daraus abgeleiteten genannten Thesen weisen auf die Vielfalt der Einflussfaktoren der Sozialisation in der Familie. Diese Vielfalt lässt sich zur besseren Übersicht zwei relativ umfassenden Analyseeinheiten zuordnen, einmal zur familienspezifischen Umwelt und zum anderen zum innerfamiliären Sozialisationsprozess. Beide Bereiche sind wechselseitig aufeinander bezogen. Die folgende Abbildung soll vor diesem Hintergrund etwas konkreter verdeutlichen, welche Aspekte zur Erklärung und zur Erforschung der familialen Sozialisation beachtet werden müssten (in Anlehnung an BECKMANN/KROHNS/SCHNEEWIND 1982, S. 148). Die Abbildung kann zudem als Veranschaulichung dienen, wie individuelle Entwicklungen, makro- und mikrosoziologische Perspektiven als auch psychologische Persönlichkeitsvariablen in der familialen Sozialisation zur Geltung kommen.

Räumliche und soziale Organisation der Gesellschaft

⬇

Familienspezifische Umwelt

Materielle Ausstattung

Soziale Zusammensetzung des Nahraums

Potentieller Erfahrungsbereich der Kinder

Potentieller Erfahrungsbereich der Eltern

⬇

Innerfamiliäres Sozialisationsgeschehen

Aktueller Erfahrungsbereich der Kinder ↔ **Aktueller Erfahrungsbereich der Eltern**

Psychische Erlebnisqualität

Erziehungsstil

Verhältnis Mutter/Vater

Familienklima

Persönlichkeitsmerkmale der Kinder ↔ **Persönlichkeitsmerkmale der Eltern**

Die *familienspezifische Umwelt* lässt sich wie jede andere Umgebung nach dem sozial-ökologischen Ansatz in zwei Komponenten zerlegen:

- Materielle Ausstattung des Nahraums (z.b. Wohngebäude, infrastrukturelle Einrichtungen).
- Soziale Zusammensetzung des Nahraums (z.b. Alter, Geschlecht, Sozialstatus).

Beide Komponenten zusammen ergeben den potentiellen Erfahrungsbereich einer Familie. Soziale Ungleichheiten ergeben sich hierbei aus den unterschiedlich verteilten Möglichkeiten, Anteile aus den Komponenten für das eigene Leben zu nutzen. Hieraus ergibt sich wiederum der aktuelle Erfahrungsbereich einer Familie. In der Beziehung zwischen potentiellen und wirklichen Erfahrungsbereichen lassen sich drei Komplexe unterscheiden:

- Anregungsdimension – Hiermit sind Faktoren in der Umgebung der Familien gemeint, die Lern- und Erfahrungsräume eröffnen (Art und Umfang der Freizeitmöglichkeiten, Vielfalt und Häufigkeit der Sozialkontakte, Größe und Art der Wohnung, usw.).
- Belastungsdimension – Darunter sind all die Dinge zu verstehen, welche die Lebensqualität beinträchtigen können, seien es Straßenlärm und Autoverkehr, nahegelegene Industriegebiete oder enge Wohnverhältnisse.
- Deprivationsdimension – Hiermit ist der entgegengesetzte Pol der Anregungsdimension gemeint, also ein eher defizitäres Umweltangebot. Der Erfahrungsbereich der Familie ist dann durch Monotonie, Eintönigkeit und Anregungsarmut geprägt.

Das *innerfamiläre Sozialisationsgeschehen* ist nun erstens davon abhängig, wie sich die Erfahrungsbereiche von Kindern und Eltern überlappen (profitieren Eltern und Kinder mit ihren unterschiedlichen Erfahrungen beispielsweise voneinander) und zweitens davon, wie sich die Erfahrungsbereiche auf Gefühle und Stimmungslagen, d.h. auf die psychische Erlebnisqualität auswirken. Das Sozialisationsgeschehen in der Familie ist des Weiteren davon abhängig, wie sich das Erziehungsverhalten der Eltern, die Beziehung zwischen den Elternteilen selbst und das Familienklima gestaltet. Diese drei Faktoren werden wiederum von den Persönlichkeitsmerkmalen der Eltern beeinflusst.

Die kurzen Erläuterungen sollen verdeutlichen, wie vielfältig die Einflussgrößen des innerfamiliären Sozialisationsgeschehens miteinander verknüpft sind.

Die hierbei sich vollziehenden Entwicklungen und Veränderungen beziehen sich sowohl auf die Kinder als auch auf die Erwachsenen und stehen in mehrfachen wechselseitigen Zusammenhängen. Die Analyse dieser Zusammenhänge müsste im Mittelpunkt einer sozialökologisch ausgerichteten Familienforschung stehen.

4.4 Familiale Sozialisation im Zeitalter von Pluralisierung und Individualisierung

Die Familie, bestehend aus einem erwerbstätigen Vater, einer Mutter als Hausfrau und zwei oder mehr Kindern im schulpflichtigen Alter, war 1955 in den USA der Kern für 60% aller Haushalte. Für ganz Europa gilt, dass 90% aller, die zwischen 1930 und 1945 geboren wurden, heirateten und zum überwiegenden Teil auch Kinder bekamen (SIEDER 1987, S. 256).

Heute wissen wir, dass damit der Höhepunkt einer „Familialisierung" erreicht war. Seit den 60er Jahren zeigen die familienstatistischen Trends in eine andere Richtung: Die Eheschließungszahlen sinken, die Scheidungsrate nimmt zu, die Anzahl kinderloser Ehen ebenfalls, eine statistische Zunahme der unverheiratet zusammenlebenden Paargemeinschaften ist zu verzeichnen, die Anzahl alleinerziehender Eltern wächst, und heutige Kinder wachsen vermehrt ohne Geschwister auf. Diese Entwicklung passt zu der These der Individualisierung und Pluralisierung von Lebensformen. Wenn traditionelle Wege der Lebensgestaltung in Frage gestellt werden – und dies ist eine zentrale Aussage des Individualisierungstheorems (siehe hierzu Abschnitt 3.3.4) – dann sind hiervon im besonderen Maße Ehe und Familie betroffen, weil gerade sie bislang auf fast lebenslange Planung und auf eine „Normalbiographie" ausgerichtet waren. Tatsächlich weisen statistische Daten darauf hin, dass neben die lange Zeit dominierende Kleinfamilie andere Lebensformen getreten sind, seien es Single-Haushalte, Alleinerziehende oder Ehepaare ohne Kinder. Die folgende Abbildung zeigt die prozentuale Verteilung (Quelle: ENGSTLER 1998). Bedeutende Anteile nehmen im Vergleich zur „traditionellen Familie" (Ehepaar mit Kindern) hierbei besonders Ehepaare ohne Kinder und Einpersonenhaushalte ein.

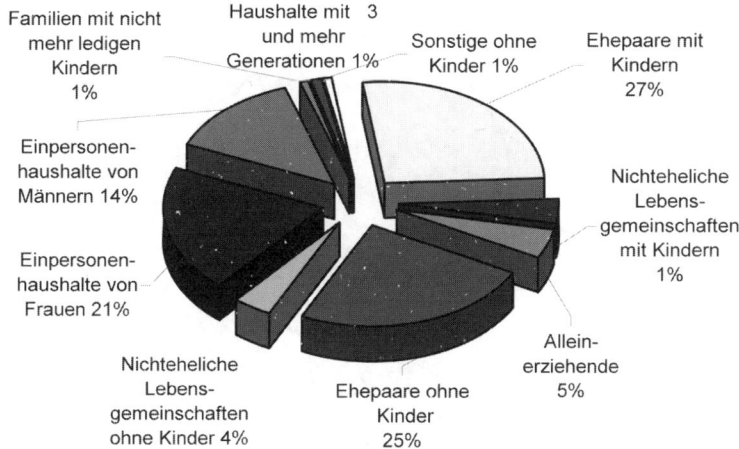

Familien mit nicht mehr ledigen Kindern 1%

Haushalte mit 3 und mehr Generationen 1%

Sonstige ohne Kinder 1%

Ehepaare mit Kindern 27%

Einpersonen-haushalte von Männern 14%

Nichteheliche Lebens-gemeinschaften mit Kindern 1%

Einpersonen-haushalte von Frauen 21%

Alleinerziehende 5%

Nichteheliche Lebens-gemeinschaften ohne Kinder 4%

Ehepaare ohne Kinder 25%

Die Pluralität der Lebendformen begründet sich aber nicht nur über statistische Daten, sondern auch über die individuelle Sichtweise der Betroffenen. Dieser liegen unterschiedliche Orientierungen im Rahmen von gesellschaftlichen Normen- und Wertvorstellungen zugrunde. Der Familienforscher Mathias PETZOLD unterscheidet hierbei drei Reinformen subjektiver familienorientierter Lebensentwürfe:

- Orientierung am Ideal einer „Normalfamilie"
- Ehe als Basis von Familienleben
- Familienleben als Realisierung von Elternschaft
(PETZOLD 1999, S. 36).

Lebensentwürfe können sich nun an einer dieser drei Dimensionen oder in unterschiedlichen Kombinationen orientieren. Als ein heuristisches Modell veranschaulicht PETZOLD dies in einer graphischen Darstellung (Quelle: ebenda, S. 37):

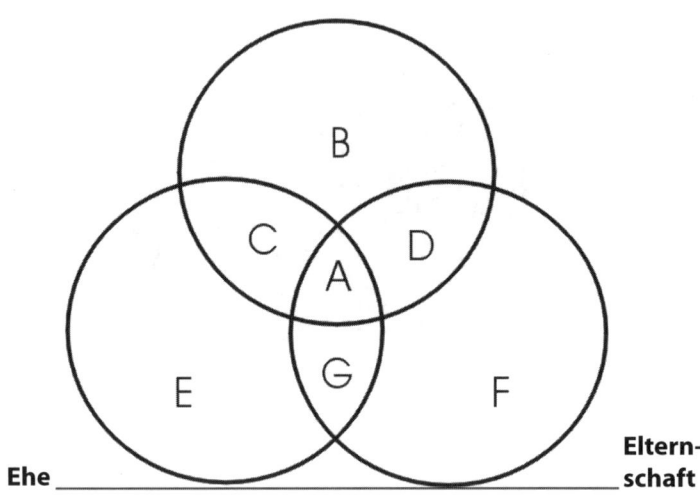

normatives Ideal

In den Kreisen stellen B, E und F Reinformen dar, A, C, D und F sind Kombinationen zu anderen Lebensentwürfen. Die nachfolgende Tabelle fasst die familialen Lebensentwürfe zur besseren Übersicht beschreibend zusammen (Quelle: ebenda):

	Familienform	Beispiele
A	Normale Kernfamilie	Traditionelle Vater-Mutter-Kind-Beziehung
B	Familie als normatives Ideal	Alleinstehende mit Orientierung an einem normativen Familienideal
C	Kinderlose Paarbeziehung	Unfreiwillig oder aufgrund eigener Entscheidung kinderlose Paare
D	Nichteheliche Beziehung mit Kindern aber mit normativen Familienideal	Moderne Doppelverdiener-Familie mit Kind(ern)
E	Postmoderne Ehebeziehung ohne Kinder und ohne Familiennorm	Auf und intime Partnerschaft bezogene Ehe ohne Kinder
F	Nichteheliche Elternschaft ohne Familienideal	Wohngemeinschaften mit Kindern, Ein-Eltern-Familien
G	Verheiratete Paare mit Kindern, aber ohne normatives Ideal	Alternativ orientierte Eltern, die dennoch verheiratet sind

Je nach Perspektive des Individuums haben diese sieben Orientierungen nur eine beschränkte Gültigkeit. Die Darstellung soll ja auch – wie schon gesagt – nur heuristischen Charakter haben, d.h., sie soll Hilfestellung für ein besseres Verständnis für die reale Vielfalt des heutigen Familienlebens bieten.

Wichtig in diesem Zusammenhang ist es aber auch, dass im Laufe eines Lebens verschiedene Lebensformen durchlebt werden können. Genau das meint Pluralisierung nämlich auch. Sie ist nicht nur ein Nebeneinander-Existieren verschiedener Familien- oder Lebensformen, sondern auch das Aufeinanderfolgen verschiedener Arten von Familie bzw. Lebensform im Lebenslauf von immer mehr Menschen. Das bedeutet aber auch, dass Erwachsene wie auch Kinder und Jugendliche verstärkt Umstellungs- und Koordinationsleistungen hinsichtlich der Gestaltung des Lebens erbringen müssen.

Mit dem Wandel der äußeren Gestalt und der subjektiven Wahrnehmung der Familie hat sich auch das innere Beziehungsgeflecht familialer Lebensformen verändert. Gleichberechtigungsansprüche der Frauen bringen die traditionelle Geschlechterhierarchie ins Wanken und gleichzeitig erhebliche Unruhe in die konkrete Beziehungsgestaltung von Paaren. Beziehungen gestalten sich weniger über traditionelle geschlechtstypische Rollenbilder, sondern vermehrt über Aushandlungsprozesse, wobei durch unterschiedliche Ansprüche Konflikte oftmals vorprogrammiert sind. Von daher sind die heutigen ansteigenden Scheidungsraten auch ein Indiz für einsetzende Individualisierungsschübe. Das innere Beziehungsgeflecht familialer Lebensformen ändert sich auffällig, beispielsweise auch durch die Einstellung zu Kindern. Darauf soll im folgenden Kapitel eingegangen werden.

4.4.1 Wandel der Eltern-Kind-Beziehungen

In der heutigen Eltern-Kind-Beziehung hat sich vieles verändert. Die Entscheidung für ein Kind wird nicht mehr aus Gründen der Altersversorgung oder für die Weitergabe des Familiennamens getroffen, sondern mit der Hoffnung auf eine Sinnerfüllung des eigenen Lebens verknüpft. Dies hat Auswirkungen auf das Aufwachsen heutiger Kinder und Jugendlicher. Der Nachwuchs wird schon sehr früh von seinen Eltern nicht nur als eigenständige Person mit eigenen Interessen und Bedürfnissen anerkannt, sondern auch gewünscht. Damit verändern sich die Akzente im Umgang miteinander und im elterlichen Erziehungsstil. Es wird mehr geredet, und es werden weniger oder sogar gar keine Ohrfeigen ausgeteilt. Eltern treten damit ihren Kindern eher als Partner gegenüber. Die Beziehungen sind dadurch nicht mehr über vorgegebene Rollenerwartungen definiert, sondern sind nun verstärkt einem Prozess des Aushandelns unterworfen.

Für Ulrich BECK, den Hauptvertreter der These von der Individualisierung der Gesellschaft, ist die Entscheidung für ein Kind auch ein treffendes Beispiel für die Ambivalenzen des heutigen individualisierten Lebens:

> „Einerseits wird das Kind Hindernis im Individualisierungsprozess. Es kostet Arbeit und Geld, ist unberechenbar, bindet an und würfelt die sorgfältig geschmiedeten Tages- und Lebenspläne durcheinander. Mit seinem Erscheinen entwickelt und perfektioniert das Kind seine ‚Diktatur der Bedürfnisse' und zwingt mit der nackten Gewalt seiner Stimmbänder und dem Leuchten seines Lächelns den Eltern seinen kreatürlichen Lebensrhythmus auf. Gerade dies macht es auf der anderen Seite aber auch unersetzlich. Das Kind wird zur *letzten verbliebenen, unaufkündbaren, unaustauschbaren Primärbeziehung.* Partner kommen und gehen. Das Kind bleibt. Auf es richtet sich all das, was in die Partnerschaft hineingesehnt, aber in ihr unauslebbar wird. ... Das Kind wird zur *letzten Gemeinsamkeit,* die die Menschen gegen die ihnen entgleitenden Liebesmöglichkeiten errichten können" (Beck 1986, S. 193f).

Kinder ziehen Einschränkungen nach sich, denn wo sie sich mit ihren spontanen Bedürfnissen durchsetzen dürfen, entsteht auch Mehrarbeit für die Eltern. Aber die Bedeutung von Kindern als „unaufkündbare Primärbeziehung" für die Erwachsenen steigt dennoch. Dementsprechend ist der Kinderwunsch nach wie vor lebendig. Aber mehr als eines wollen die meisten Paare dann auch nicht, weil der Aufwand für mehrere Kinder kaum leistbar ist.

Die Kindzentrierung, der Bedeutungszuwachs von Kindern und die Zunahme von Emotionalität und partnerschaftlicher Kommunikation in der Eltern-Kind-Beziehung erzeugen aber auch Probleme. Durch die Exklusivität dieser Beziehung wird der Ablösungsprozess zwischen beiden Seiten schwieriger. In der Aufrechterhaltung einer starken gefühlsmäßigen und mit Sinngebung verknüpften Bindung an das Kind können viele Eltern nicht „loslassen" und finden nicht den richtigen Rhythmus für die Ablösung und die Selbständigkeit ihres Kindes. Solche psychosozialen Abhängigkeiten einerseits und die frühen Chancen der Kinder, ein eigenes Leben zu gestalten andererseits, birgt vielerlei neuer Belastungs- und Konflikterfahrungen. Kommt noch der Umstand hinzu, dass ein Kind – wie heute fast üblich – ohne Geschwister aufwächst, konzentriert sich die gesamte Aufmerksamkeit der Eltern auf dieses eine Kind, was die beschriebenen Probleme aber nur potenziert.

In dieser Situation wissen manche Eltern nicht mehr, wie sie sich verhalten sollen. Unsicherheit und Ratlosigkeit machen sich breit, ein Verhalten, das typisch ist für hoch individuierte Gesellschaften. Ein Indiz dafür, dass sich Verunsicherung massenhaft ausbreitet, ist beispielsweise der schier unüberschaubare Beratungsmarkt, insbesondere zu Erziehungsfragen (LINDAU-BANK/ZIMMERMANN 1998).

Es ist noch kaum absehbar, wie der Wandel in den Beziehungsstrukturen in der Familie auf die Sozialisation als Ganzes zurückwirkt. Deutlich beobachtbar ist auf jeden Fall, dass Jugendliche und sogar die sogenannten Post-Adoleszenten (zur Postadoleszenz siehe 6.2) mit vielen Ablösungsschwierigkeiten vom Elternhaus zu kämpfen haben.

Bleiben Fragen zur inneren Gestalt der Familie noch offen, so gibt es dagegen zum Wandel der äußeren Gestalt und dessen Auswirkungen auf die Sozialisation sehr viel mehr auszuführen. In den folgenden Kapiteln sind einige Aspekte zusammengetragen.

4.4.2 Die Sozialisation von Kindern mit erwerbstätigen Müttern

Der soziale Wandel der Situation der Frau im Zuge der Individualisierung zeigt sich sehr deutlich in der Zunahme der Erwerbstätigkeit. Dabei spielt Geld nicht zwingend die entscheidende Rolle. Frauen wollen auch wegen der Unabhängigkeit vom Partner, wegen den Kontaktmöglichkeiten am Arbeitsplatz und auch zur Selbstbestätigung einen Beruf ausüben (vgl. BERTRAM 1995). Dabei geht es auch nicht mehr um ein „entweder Familie oder Beruf", sondern um eine Vereinbarkeit beider Lebensbereiche. Diese Doppelorientierung der Frau ist mittlerweile auch weitgehend gesellschaftlich akzeptiert.

Lange Zeit war die Erwerbstätigkeit der Mutter ein beliebtes, allzu oft ein kurzschlüssiges Argument, um Störungen in der Persönlichkeitsentwicklung von Kindern zu begründen. Kurzschlüssig ist dieses Argument, wenn die Zeitdauer, die eine Mutter mit dem Kind verbringt, bei einer Erwerbstätigkeit als zu kurz angesehen wird und damit der Zeitdauer eine besonders bedeutsame Sozialisationswirkung zugesprochen wird. In ihrer Arbeit über mütterliche Berufstätigkeit schlussfolgert LEHR schon in den siebziger Jahren, dass für die Erziehung von Kindern nicht die mit ihnen verbrachte Zeit, sondern die Einstellung und die Persönlichkeit der Eltern der allerwichtigste Faktor sei (LEHR 1975). Mütter, die den ganzen Tag mit ihrem Kind verbringen, können belastender auf die Entwicklung der Kinder wirken als Mütter, die sich lediglich einige Stunden um ihr

Kind kümmern, dafür aber um so aufmerksamer und geduldiger. Aber auch diese Feststellung ist nicht ohne weiteres verallgemeinerbar. Es kommt hierbei darauf an, ob die betreffende Mutter freiwillig oder unfreiwillig zu Hause bleibt und ob sie tatsächlich den Wunsch hat, arbeiten zu gehen oder lieber bei ihrem Kind bleiben würde. Im einem Fall kann es zu unausgesprochenen Vorwurfshaltungen gegenüber dem Kind kommen, im anderen Fall könnte die Mutter-Kind-Beziehung mit Schuldgefühlen belastet werden. Die zunehmende Erwerbstätigkeit von Müttern hat in der Tat zwei Seiten: Zum einen verwirklichen Frauen – wie oben schon erwähnt – neben der Kindererziehung ihren Wunsch, im Beruf zu bleiben, zum anderen arbeiten viele Frauen natürlich auch gezwungenermaßen aus finanziellen Gründen.

Ob sich die Erwerbstätigkeit von Müttern (oder auch von alleinerziehenden Vätern) nun negativ oder positiv auf die Sozialisation der Kinder auswirkt, kann auch mit Forschungsergebnissen nicht eindeutig und endgültig beantwortet werden. Vor allem kinderpsychologische Studien untersuchen den Zusammenhang von mütterlicher Erwerbstätigkeit, der damit zumeist verknüpften außerfamilialen Betreuung und kindlichen Sozialisation.

FTHKENAKIS analysiert in einem Sammelreferat auch die Rahmenbedingungen, unter denen eine außerfamiliale Betreuung organisiert wird (FTHENAKIS 1989). Weitgehende Übereinstimmung findet er bei der Beobachtung, dass die Pflegebedingungen stabil sein sollten. Es wurde bei den Studien, die FTHKENAKIS analysiert, auch betont, dass es auf die Qualität der Betreuung ankommt. Bei gut ausgebildeten Betreuungspersonen und entsprechend gut ausgestatteten Betreuungsstätten kann von einer Förderung der intellektuellen und sozialen Entwicklung ausgegangen werden. Die Bedeutung des Einflusses einer qualifizierten Betreuung gerade im Vorschulalter wird auch von einer anderen Studie herausgestellt. Als Rahmenbedingungen einer erfolgreichen außerfamilialen Betreuung wird in einem Berliner Forschungsprojekt unter anderem auf die Erarbeitung von praxisfähigen Konzepten zur Gestaltung der Eingewöhnungssituation hingewiesen. Die Daten des Projektes lassen darauf schließen, dass über Eingewöhnungsphasen Risiken der Fremdbetreuung verringert werden (LAEWEN 1989).

Günstige Rahmenbedingungen vorausgesetzt, lassen sich für die soziale und intellektuelle Entwicklung von Kindern in außerfamilialer Betreuung reichlich positive Effekte aufführen. Kinder erwerbstätiger Mütter entwickeln beispielsweise stärker partnerschaftliches Denken und ein positiveres Bild der weiblichen Geschlechtsrolle. Fremdbetreute Kinder unterscheiden sich vor allem in zwei sozialen Dimensionen von Kindern, die zuhause aufgewachsen sind: Einmal zeigen sie positivere Beziehungen zu Gleichaltrigen, zum anderen wurden Unterschiede in der Häufigkeit positiver Interaktionen, in der Komplexität des Spiels, im sozialen Vertrauen, im Interesse an Gleichaltrigen und in der Beliebtheit bei Gleichaltrigen festgestellt.

Ähnlich positive Ergebnisse erbrachte die viel diskutierte Untersuchung zur Tagesfremdbetreuung des Modellprojekts „Tagesmütter". Die in dem Projekt beobachteten Kinder zeigten hinsichtlich sozialemotionaler Entwicklung und in der Intelligenzentwicklung keine Nachteile gegenüber Kindern, die von der eigenen Mutter betreut wurden. Aber auch in dieser Untersuchung wird auf eine Rahmenbedingung hingewiesen:

> „Die Zufriedenheit der Mutter mit ihrer Situation als Frau, ihre Sicherheit, mit der sie ihre eigenen Interessen, Berufstätigkeit und Mutterrolle balanciert, beeinflusst die Entwicklung des Kindes und die Mutter-Kind-Beziehung langfristig stärker als die Umstände der Betreuungsform" (Gudat 1982, S. 194).

Da Kinder in außerfamilialer Betreuung regelmäßig Trennungen von ihren Eltern erfahren, wurden in der kinderpsychologischen Forschung auch besonders emotionale Aspekte bedacht. Ändert sich durch die Betreuung die Eltern-Kind-Beziehung? Zu dieser Frage hat sich eine starke Kontroverse entfacht: Auf der einen Seite argumentieren jene, die behaupten, dass vor allem im Kleinkindalter eine Fremdbetreuung zur Beeinträchtigung der Mutter-Kind-Bindung führen kann; auf der anderen Seite finden Kinderforscher keine empirische Evidenz für einen solchen Zusammenhang. Letztere zitieren Studien wie das schon erwähnte Modellprojekt „Tagesmütter", um damit zu belegen, dass bezüglich der Mutter-Kind-Beziehung keine Unterschiede zwischen familial und außerfamilial betreuten Kindern vorzufinden sind. Zu den Kritikern dieser positiven Einschätzung gehört Belsky, der in einem Sammelreferat zu dem Schluss kommt, dass ein früher Besuch einer Tagesbetreuungsstätte in der Entwicklung von Kindern einen Risikofaktor darstellen kann (BELSKY 1986).

Allen Untersuchungen ist m. E. gemeinsam, dass sie zu vorschnellen Schlussfolgerungen verführen. Gerade bei Forschungsfragen zu emotionalen Aspekten sind die Studien mit Vorsicht zu genießen; fast immer wird beispielsweise versucht, eine Einschätzung der Mutter-Kind-Beziehung in testartigen Prozeduren oder über Befragungen der Mütter zu gewinnen. Das ist schon problematisch genug. Zudem konnte bislang niemand etwas über langfristige, vor allem innerpsychische Auswirkungen einer außerfamilialen Betreuung von Kindern nachweisen, weder im positiven noch im negativen Sinne. Verstärkt wird in der letzten Zeit auch eine Neuorientierung der empirischen Vorgehensweisen eingeklagt. Bisher werden zu wenig Faktoren neben der Tagesbetreuung beachtet: Als kleines Beispiel sei auf die Zeitstrukturierung und Standardisierung der Zeit von Kindern erwerbstätiger Mütter hingewiesen. Anders ausgedrückt: Kinder müssen in ihrer gesamten Erfahrungswelt beobachtet werden, was eine ökologische Ausrichtung der Kinderforschung implizieren würde. In der Sozialisationsforschung sind hier aber weitgehend Leerstellen vorzufinden.

4.4.3 Aufwachsen als Einzelkind

Das Aufwachsen als Einzelkind ist zwar keine dominierende, aber eine durchaus typische Form von Kindheit geworden (Kasten 2006). In der Öffentlichkeit ist dieses Einzelkind immer noch mit starken Vorurteilen im defizitären Sinn belastet. Sie seien altklug, eigensinnig, schwierig und nicht in der Lage, zu teilen, usw. Eine vermeintliche Sondersituation – nämlich das Aufwachsen ohne Geschwister – stempelte sie flugs zu Sonderlingen ab. Diese Meinung wird durch psychologische Betrachtungen weiter gestärkt. Vor allem in amerikanischen Zeitschriftenaufsätzen werden Untersuchungen zitiert, die Einzelkinder als sozial depriviert, öfter depressiv und kontaktscheu beschreiben: Einzelkinder würden häufiger zu Schizophrenien, Drogen- und Alkoholkonsum neigen, sie seien ehrgeizig, launisch und ichbezogen. Da Einzelkinder die gesamte Aufmerksamkeit ihrer Eltern erhalten, haben sie große Chancen, verzogen und verhätschelt zu werden.

Die Berichte aus amerikanischen psychotherapeutischen Praxen sind keinesfalls repräsentative Aussagen über die Persönlichkeitsentwicklung von Einzelkindern, sondern können eher als Spielmaterial für Stigmatisierungen gelten. Sie werden schnell entkräftet, wenn sie mit den zahlreichen positiven Bildern von Einzelkindern verglichen werden. Dann erscheinen Einzelkinder als kooperativer, selbstbewusster, unabhängiger, weniger ängstlich und zurückhaltend

ERNST und ANGST haben Einzelkinder und Kinder mit unterschiedlicher Geschwisterzahl und Stellung (Erstgeborenes, mittleres Kind usw.) Persönlichkeitstests unterzogen und verglichen. Wenn Kinder aus dem gleichen sozialen Milieu kommen, dann unterscheiden sich Einzelkinder bezüglich Selbstbewusstsein, Kooperationsfähigkeit, Verantwortungsbereitschaft, Schulleistung und Anfälligkeit für psychische Krankheiten in keinem Punkt von Geschwisterkindern (ERNST/ANGST 1983).

KÜRTHY hat in einer Studie 818 Studenten befragt und die Antworten von Einzelkindern mit denen von Geschwisterkindern (insbesondere von Mittel-Kindern) verglichen (KÜRTHY 1988). Einzelkinder erschienen insgesamt selbständiger, idealistischer, aufgeschlossener, ernsthafter, selbstsicherer, zärtlicher – aber auch streitsüchtiger und egoistischer. BLAKE hat in einer Studie von der University of California 150 000 Kinder und Erwachsene befragt. Die Ergebnisse zeichnen ein positives Bild von Einzelkindern. Sie haben mehr Zeit für die Ausbildung als Kinder mit Geschwistern, beweisen bessere sprachliche Ausdrucksfähigkeit, haben mehr Anregungen durch Reisen, nehmen öfter Führungspositionen ein und werden von Kolleginnen und Kollegen als geselliger als Geschwisterkinder beschrieben (BLAKE 1989).

Einige Studien können auch belegen, dass Einzelkinder in ihren kognitiven Leistungen weiter entwickelt sind als Kinder in Geschwisterbeziehungen. Auch Störungen in der Persönlichkeitsentwicklung von Einzelkindern seien nicht belegbar (ROLLIN 1990, KASTEN 1999).

Mit solchen Ergebnissen wird das eingangs beschriebene Meinungsbild über die Defizite zwar relativiert, doch überzeugende Untersuchungen fehlen immer noch. Eines kann jedoch festgehalten werden: Pauschale Antworten zur Sozialisation von Einzelkindern sind unangebracht; man kann nicht sagen, dass ihre Situation besser oder schlechter ist; sie ist zunächst nur anders. Dies sei an zwei Punkten verdeutlicht.

Eine Besonderheit des Aufwachsens als Einzelkind liegt in der Art der Sozialkontakte. Vor dem Kindergartenalter gibt es verschiedene Möglichkeiten: Einmal kann das Einzelkind allein aufwachsen und muss mit keinem anderen Kind teilen oder sich streiten und sich durchsetzen; oder es hält sich tagsüber in einer Kinderkrippe oder Tagespflegestelle auf und ist dann in der Regel mit gleichaltrigen Kindern zusammen. Hier erlebt das Einzelkind schon sehr früh das Problem von Konkurrenz und Rivalität. Das Geschwisterkind hingegen ist üblicherweise mit einem älteren oder jüngeren Kind zusammen, wobei Rivalitäten sicherlich nicht ausgeschlossen werden können, doch besteht eher die Chance, Hilfe zu bekommen oder zu geben und Verantwortung füreinander zu übernehmen, d. h. auch Solidarität zu üben.

Einzelkinder im Kindergartenalter sind ebenfalls zumeist mit Kindern gleichen Alters zusammen, denn es kann davon ausgegangen werden, dass der größte Teil aller Kinder einen Kindergarten durchläuft. Einzelkinder haben demnach durchweg Kontakte zu anderen Kindern. Doch sind diese Sozialkontakte nicht mit

Geschwisterkontakten vergleichbar, denn sie sind ständig unter Kontrolle der Erwachsenen. Kinder können sich zu Hause zurückziehen oder nach draußen gehen, wenn sie sich vom Erwachsenen abschotten wollen. Kindergartenkinder haben diese Möglichkeiten des Unkontrolliertseins nicht. Zudem bleiben die Sozialkontakte im Kindergarten immer an die Gesamtgruppe gebunden. Nach der Kindergartenzeit sind Einzelkinder auf die Schule angewiesen, wenn sie Freundschaften suchen. Die Schule wird angesichts abnehmender Straßensozialisation und zahlreicher Einzelkinder der zentrale Ort der Freundschaftsbildung und der Aufnahme von Kontakten (PREUSS-LAUSITZ 1993).

Die wachsende Anzahl von Einzelkindern kann zukünftig (für Kinder wie auch gesamtgesellschaftlich) ein Zurückgehen von Verwandtschaft bedeuten. Hiermit ist gemeint, dass die sozusagen gratis erhaltenen Sozialkontakte über Tanten, Onkeln, Cousinen oder Neffen der den Einzelkindern nachfolgenden Generationen fehlen werden. Als Folge dieser Entwicklung wird noch stärker erlebte unmittelbare soziale Verpflichtung den Eltern gegenüber erwartet. Problematisch wird es sodann, wenn als Sozialkontakt eine enge Beziehung lediglich zwischen Kind und Mutter übrig bleibt, häufig als Problem der Übermütterung oder Übererziehung oder auch als Mutter-Kind-Symbiose thematisiert bzw. kritisiert. Problematisch wird es auch, wenn es stimmt, was in dem Wochenmagazin „Stern" zu lesen war, nämlich das Einzelkinder extreme Konsumkinder seien. In einer von dem Magazin beauftragten Untersuchung wurden Kinder und Jugendliche nach ihren Wünschen gefragt. Es kam heraus, dass Einzelkinder sich besonders stark an den Konsumgewohnheiten ihrer Eltern, als Erwachsener, orientieren und jegliche „kindtypischen" Wünsche und Einkäufe vermissen lassen.

In der letzten Zeit wird häufig die Einzelkindproblematik mit Schwierigkeiten in der Schule, vor allem in der Grundschule in Verbindung gebracht. Vermutet wird, dass die Klagen in der Grundschule über Anpassungsschwierigkeiten der Kinder und Störungen des Unterrichts mit Diskrepanzerlebnissen von Einzelkindern zusammenhängen kann, die in der Schule plötzlich in größeren Gruppen zurechtkommen müssen. Doch wie angedeutet sind dies bloße Vermutungen, und es muss aufgrund der aufgeführten Einzelkindstudien vor vorschnellem Konstruieren von Kausalzusammenhängen gewarnt werden.

4.4.4 Die Sozialisation von Scheidungskindern

In den letzten drei Jahrzehnten ließen sich gegenüber dem Beginn der 60er Jahre mehr als doppelt so viele Paare scheiden. Hält die gegenwärtige Scheidungshäufigkeit an, so kann davon ausgegangen werden, dass fast jede dritte Ehe auch wieder geschieden wird (Statistisches Bundesamt 1997, S. 37, EMMERLING 2001). Scheidungen werden mittlerweile auch nicht mehr als zu sanktionierende Vergehen betrachtet und Scheidungsfamilien sind zu einem alltäglichen Bild geworden. Trotz geringer gewordener gesellschaftlicher Diskriminierung ist eine Scheidung der Eltern für die betroffenen Kinder immer noch eine Verlusterfahrung und ein trauriges und nicht selten ein dramatisches Ereignis (BECK-Gernsheim 1994, S. 162f).

Eine der ersten Längsschnittstudien zur Sozialisation von Scheidungskindern wurde Ende der 80er Jahre veröffentlicht. WALLENSTEIN/BLAKESLEE haben von 1971 bis 1986 in den USA 131 Scheidungskinder in 60 Familien beobachtet und betreut. Über die psychologischen Auswirkungen einer Scheidung liegt ein ausführlicher Bericht vor (WALLENSTEIN/BLAKESLEE 1989). Die Erkenntnisse der Studie, so interessant und wichtig sie sein mögen, sind aber nicht auf alle Familien übertragbar; sie gelten „für Familien der Mittelschicht in der postindustriellen Welt" (ebenda, S. 355). Welche Erfahrungen Familien anderer Sozialschichten machen, wird aus dieser Forschung nicht ersichtlich. 48 % der 131 Kinder waren Jungen, 52 % Mädchen. Zum Zeitpunkt der Trennung war ein wenig mehr als die Hälfte 8 Jahre alt oder jünger und 47 % waren zwischen 9 und 18 Jahren alt.

Die Ergebnisse der Studie von WALLENSTEIN und BLAKESLEE stimmen aus der Sicht der Kinder eher bedenklich. Für die Eltern mag eine Scheidung so etwas wie eine Befreiung aus einer untragbaren Situation darstellen, für die Kinder aber nicht. Auch wenn Scheidungskinder nach Jahren die Entscheidung der Eltern gutheißen, so berichten sie dennoch von Gefühlen des Leidens und vom Fehlen der Geborgenheit. Fast alle Kinder der Scheidungsfamilien behaupten, dass ihre Kindheit und ihre Pubertät von der Scheidung überschattet waren. Eine große Anzahl der von den beiden Wissenschaftlerinnen begleiteten Kinder berichten, dass sie sich als Teenager psychisch und emotional im Stich gelassen gefühlt haben. Gerade in der Pubertät wurden diese Heranwachsenden von inneren Zweifeln und von Zukunftsängsten gequält.
Ein Punkt sollte unter sozialisatorischen Gesichtspunkten besonders hervorgehoben werden: Ein Scheitern der elterlichen Ehe dominiert noch nach 15 Jahren die eigenen Beziehungen der Kinder. Die Scheidungskinder spürten als junge Erwachsene, dass ihnen ein Modell einer liebevollen und dauerhaften Partnerschaft fehlte, obwohl es gerade ihr Ziel war, mit allen Kräften eine dauerhafte Liebesbeziehung einzugehen. Viele kämpfen noch immer mit Angst- und Schuldgefühlen. Die Hälfte der Untersuchungsgruppe von WALLENSTEIN und

BLAKESLEE ist nach eigenen Berichten jetzt im Erwachsenenalter deprimiert, häufig aggressiv, einige verachten sich selbst. Auch Fthenakis hat in einer Untersuchung festgestellt, dass in langfristiger Perspektive bei Scheidungskindern Unsicherheiten im Eingehen und Führen eigener Partnerschaften festzustellen sind (FTHENAKIS 1996, S. 57ff). Einige neuere Studien weisen zudem darauf hin, dass das Risiko für eine Scheidung bis zu dreimal so hoch ist, wenn die oder der Betreffende selbst aus einer Scheidungsfamilie stammt (SCHWARZ 1999, S. 171). Auffällig ist des Weiteren, dass Kinder aus Scheidungsfamilien als junge Erwachsene eher nicht-traditionelle Partnerbeziehungen bevorzugen (ebenda).

Es gibt aber auch etliche Kinder – vor allem in der Untersuchung von WALLEN-STEIN und BLAKESLEE –, die gut zurecht kamen. Einige, weil sie sich bewusst vom Beispiel ihrer Eltern abgegrenzt haben, andere, weil die geschiedenen Eltern in der Lage waren, bei Erziehungsfragen zu kooperieren. Wieder andere Kinder erlebten mit, wie die geschiedenen Eltern ihr Leben wieder erfolgreich aufbauen konnten. Auch hilfreiche Beziehungen zu einem oder beiden Elternteilen, zu Stiefeltern, Geschwistern oder Großeltern sind ein Faktor, der eine erfolgreiche Verarbeitung einer Scheidung gewährleisten kann (LARGO/CZERWIN 2003). In einer Sekundäranalyse von etlichen Studien kommt auch SANDER zu dem Schluss, dass es einer Mehrzahl von Kindern gelingt, die Scheidung der Eltern ohne langfristige Entwicklungsbeeinträchtigungen zu bewältigen (SANDER 1993).

Sehr wichtig für die Situation von Kindern und Jugendlichen im Verlauf einer Scheidung ist der Prozess der Neuorganisation des Familiensystems. SCHATTNER/SCHUMANN zitieren im Zusammenhang von Scheidungskindern, die eine Wiederverheiratung erleben, aus einer repräsentativen Studie:

> „Die Mehrzahl der Kinder schien zufrieden stellende Familienbeziehungen zu haben, ähnlichen schulischen Erfolg zu erzielen wie Kinder in anderen Situationen und für ihre eigene Zukunft gleiche positive Erwartungen zu haben. ... Für die Mehrzahl der Kinder gab es keinen klar erkennbaren nachteiligen Effekt, und es unterschied sie nur wenig von ihren Altersgenossen, die mit beiden leiblichen Eltern zusammenlebten. Dennoch gab es genügend Hinweise auf Unglück und Entwicklungsschwierigkeiten bei einer Minderheit von Stiefkindern, die darauf schließen lassen, dass Wiederverheiratung nicht als sofortiges Allheilmittel für die vielen Probleme der Ein-Eltern-Familie gesehen werden darf, insbesondere nicht, wenn die Probleme aus der Sicht der Kinder gesehen werden" (Schattner/Schumann 1988, S. 84).

Dieser Prozess der Neuorganisation wird auch maßgeblich von der sozialen – auch institutionellen – Unterstützung, von der sozio-ökonomischen Situation und den vorhandenen oder entstehenden Stressfaktoren mitbestimmt (NIEPEL 1994). Die Frage ist hierbei, ob Elternteile und Kinder über notwendige Anpassungsstrategien verfügen. Dabei ist es zudem wichtig, ob es gelingt, ein sogenanntes binukleares Familiensystem (Zwei-Haushalte-Familie) aufzubauen. Ein intaktes *binukleares Familiensystem* besteht, wenn trotz Scheidung eine gemeinsame, am Wohle des Kindes orientierte Elternrolle aufrechterhalten wird. Nachweislich zeigen Kinder dann längerfristig die wenigsten Verhaltensauffälligkeiten (PEUCKERT 1996, S. 167). Dies belegt auch eine recht aktuelle Studie, in der vor allem auch darauf hinweist, dass der Vater nicht einfach aus dem Leben der Scheidungskinder verschwinden sollte (HETHERINGTON 2002).

Es kann also nicht mehr pauschal und zwingend von einem Zusammenhang zwischen Scheidung und dem Auftreten psychosozialer Probleme bei Scheidungskindern ausgegangen werden.

> „Die Frage, ob sich später soziale Problemlagen entwickeln, hängt vielmehr von den ökonomischen Begleiterscheinungen der Trennung, den wahrgenommenen Möglichkeiten zur Entschärfung der mit Trennung verbundenen Konflikte sowie den Reaktions- und Umgangsweisen wohlfahrtsstaatlicher Institutionen ab" (Lakemann 1999, S. 81).

Manchmal können Scheidungen sogar auch soziale Problemlagen der Kinder verhindern. Längsschnittstudien belegen, dass junge Erwachsene, die in einer konfliktbehafteten Familie die Scheidung der Eltern erleben wesentlich glücklicher und zufriedener sind als die jungen Erwachsenen in Familien, in denen sich die Eltern trotz Konflikte nicht scheiden lassen (PEUCKERT 1996, S. 165). Wie Kinder eine Scheidung ihrer Eltern bewältigen, hängt sehr stark von der jeweiligen Gestaltung der Beziehungen zwischen den getrennten Partnern und von deren Verhältnis zu den Kindern ab (vgl. AMATO 2000, WALPER 2002).

Es ist vor dem Hintergrund des bisher Dargelegten anzunehmen – und dies kann vermutlich, auch vor dem Hintergrund familientherapeutischer Erkenntnisse, verallgemeinert werden –, dass eine rücksichtsvoll und pragmatisch durchgeführte Scheidung den Kindern weniger schadet als eine aufrechterhaltene Ehe, in der sich die Partner terrorisieren oder physische Gewalt ausüben. Kinder können dann sogar eher miterleben, dass Lebensprobleme auch über konstruktive Trennungsprozesse gemeistert werden können.

4.4.5 Sozialisation in Ein-Eltern-Familien

Ebenso vorsichtig sind die Sozialisationsbedingungen von Kindern in so genannten Ein-Eltern-Familien einzuschätzen. Für die weit verbreitete Annahme, Kinder in dieser Familienform seien durch eine zunehmende Ichzentriertheit, einem geringen moralischen Urteilsniveau und einem verminderten Selbstwertgefühl charakterisierbar, fehlen jedenfalls eindeutige empirische Belege (NAVE-HERZ 1995, FTHENAKIS 1995).

Die Ein-Eltern-Familien sind nicht – wie lange Zeit nicht nur in der Alltagssprache, sondern auch in den Sozialwissenschaften bezeichnet – „unvollständige Familien", sondern eine Lebensform

> „...in denen ein Elternteil die Erziehungsverantwortung oder das Sorgerecht für das Kind bzw. die Kinder besitzt, mit dem es in einer Haushaltsgemeinschaft zusammenwohnt" (Nave-Herz/Krüger 1992, S. 32).

Negative Auswirkungen für Kinder treten weniger bei Tod eines Elternteils auf als durch Nichtehelichkeit oder Scheidung, wobei die möglichen Gründe im Mitgefühl der Umwelt bei Verwaisung, in den anderen Fällen hingegen in den Vorurteilen der Umwelt liegen (SCHNEIDER/ROSENKRANZ/LIMMER 1998). Der Verlust eines Elternteils ist dabei für ein Kind offenbar umso schwieriger zu verkraften, je kürzer er zurückliegt, je enger die Beziehung war und je länger es dauert, bis eine neue Bezugsperson Ersatz bieten kann.

Unkonventionelle Familienkonstellationen werden hinsichtlich ihrer angenommenen Sozialisationswirkungen seit eh und je vornehmlich unter Defizitaspekten untersucht, als Störungen und Brüche in den Familienbeziehungen. So berichten zahlreiche Untersuchungen in der Bundesrepublik, England und den USA über Zusammenhänge zwischen Verhaltensstörungen der Kinder einerseits und Scheidung, häufigem Streiten der Eltern oder dem Fehlen eines Elternteils andererseits, wobei es im wesentlichen Phänomene sind, die als „aggressive" oder „delinquente" Verhaltensformen eingestuft wurden. Auf die Problematik der normativen Bewertung dessen, was als Verhaltensstörung anzusehen ist, wird jedoch in diesen Studien offenbar ebenso wenig eingegangen wie auf den sozialen Handlungskontext der beobachteten Phänomene, nämlich ihren interaktionsspezifischen Definitions- und Aushandlungsprozessen. So kommentiert beispielsweise HAVERS eher zurückhaltend, dass

> „...sich durch gestörte Familienverhältnisse oder Fehlen eines Elterteils das Risiko für das Auftreten von Verhaltensstörungen erhöht" (Havers 1978, S. 41).

Was die subjektive Verarbeitung der familiären Situation anbetrifft, so finden sich auch bei NAPP-PETERS Hinweise auf gesundheitliche und psychische Störungen und Auffälligkeiten, welche aber lediglich über die Eltern erhoben wurden (NAPP-PETERS 1995). Gleichwohl erscheint es zumindest fragwürdig von beobachteten Verhaltensweisen unmittelbar auf ein vorab als problematisch definiertes Familienleben (in diesem Fall das Aufwachsen mit nur einem Elternteil) zu schließen.

NAPP-PETERS hat allerdings ermittelt, dass fast 40 % der allein erziehenden Elternteile angeben, ihr Kind habe nur wenige oder keine Freunde. Ein Viertel der Kinder konnte pro Tag nur ein bis zwei Stunden mit Vater oder Mutter verbringen; in der sonstigen Zeit befinden sich die Kinder bei anderen Betreuungspersonen oder in betreuenden Einrichtungen (z.B. in Kinderhorten) oder sind allein zu Hause, was insbesondere bei Schulkindern auftritt: 30 % der Kinder zwischen 6 und 16 Jahren sind während der – zumeist berufsbedingten – Abwesenheit des Elternteils allein zu Hause. Rund 15 % aller Kinder der untersuchten Ein-Eltern-Familien sind zwischen zwei und fünf Stunden unbeaufsichtigt allein zu Hause (ebenda, S.77ff).

Wie WAGNER-WINTERHAGER feststellt, stimmen bisherige Studien darin überein, dass die Versorgung und Betreuung der Kinder für die erwerbstätigen Alleinerziehenden das größte Problem darstellt, insbesondere bei ganztägiger Abwesenheit von der Wohnung von rund neun bis zehn Stunden. Mit der Problematik der Versorgung und Betreuung geht einher, dass der Alltag der betreffenden Kinder in hohem Maße von standarisierten und normierten Zeitstrukturen bestimmt wird. Kindliches Zeiterleben wird zwangsläufig eingebettet in Zeitrhythmen der Berufstätigkeit, der Betreuungsinstitutionen und der privaten Lebensführung des allein erziehenden Elternteils (WAGNER-WINTERHAGER 1988). Inwieweit diese für Kinder recht frühen Anpassungen an die Zeitstrukturen der Erwachsenen Einfluss nehmen auf die leiblich-sinnlichen Erfahrungen von Welt, bedarf noch einer genaueren Klärung. In diesem Zusammenhang sei aber auch darauf verwiesen, dass nach Zeitbudget-Studien bei der Mehrheit der verheirateten Zweielternfamilien die Aufteilung der Kinderbetreuung immer noch ungleich ist, so dass die betreffenden Mütter in der Tendenz auch als Alleinerziehende anzusehen sind (ENGSTLER 2001, S. 124f).

Viele allein erziehende Eltern klagen auch darüber, dass sie Entscheidungen immer allein treffen müssen und vor allem, dass sie zudem die alleinige Verantwortung hierfür tragen (NAVE-HERZ/KRÜGER 1992). Werden die Kinder mit in die Entscheidungsprozesse einbezogen oder wird von ihnen erhofft, dass sie Entscheidungen oder beispielsweise Probleme mit dem Partner verstehen, werden sie – vor allem, wenn die Kinder noch klein sind – geistig und häufig insbesondere emotional überfordert. Kindliche Entwicklungsphasen und solcherart Anspruchshaltung des allein erziehenden Elternteils sind dann nicht vereinbar.

Ob und inwieweit das Aufwachsen in einer Ein-Elternfamilie Schulleistung und Schulerfolg beeinträchtigt, kann anhand der deutschen Daten der PISA-Studie erörtert werden. Tillmann und Meier kommen zu dem Ergebnis, dass Kinder von Alleinerziehenden genauso gute oder schwache Lese- und Mathematikleistungen aufweisen wie Kinder aus so genannten vollständigen Familien.

> „Zusammengefaßt: Die These, dass Kinder, die bei alleinerziehenden Müttern oder Vätern aufwachsen, aufgrund problematischer Lebensbedingungen auch zu schlechteren Schulleistungen gelangen, kann für die PISA-Stichprobe nicht bestätigt werden" (Tillmann/Meier 2001, S. 480).

Jenseits vermuteter Erziehungsprobleme und Defizite zeigt sich noch ein anderer, der Lebenslage von Kindern in Ein-Eltern-Familien kennzeichnender Aspekt: Empirische Befunde deuten darauf hin, dass für Ein-Eltern-Familien insbesondere die ökonomische Situation dem Familienleben erhebliche Restriktionen im Hinblick auf Lebensstandard und Zeitbudgets – also „materielle und zeitliche Mangellagen" – auferlegt. Bei jeder vierten Ein-Eltern-Familie – so ein Ergebnis einer Untersuchung von NAPP-PETERS zur Armut Alleinerziehender – liegt eine soziale Randstellung, Armut sowie soziale und materielle Benachteiligung vor (NAPP-PETERS 1995). In einer älteren Untersuchung weist NAPP-PETERS darauf hin, dass für Alleinerziehende die aufgrund der restriktiven ökonomischen Lage und der Zeiten der Erwerbstätigkeit entstehenden Alltagsprobleme für die Betreuung und Versorgung der Kinder wiederum Konsequenzen für den Umfang und die Intensität sozioemotionaler Kontakte zwischen Elternteilen und Kindern hat (NAPP-PETERS 1985). Zu der Aufgabenüberlastung treten dann noch emotionale Überlastungen hinzu. Betroffen sind in der Regel Frauen. Von allen alleinerziehenden Eltern ohne Ehe- oder Lebenspartner sind 86% Frauen (STOL-LOWSKY 2006, S. 26).

Vor diesem Hintergrund wäre es sinnvoller, Fragen nach besserer Vereinbarkeit von Erwerbstätigkeit und Kindererziehung, nach verbesserten außerfamilialen Kinderbetreuungen und ökonomischer Absicherung von Alleinstehenden mit Kindern in den Vordergrund zu stellen, anstatt mit voreiligen Bewertungen der Sozialisation von den betreffenden Kindern zu operieren.

4.4.6 Sozialisation in armen Familien

Wenn auch noch recht leise, so wird doch seit einigen Jahren wieder von „Armut" gesprochen. Armut wird in der einschlägigen Literatur immer relativ definiert, aber bezogen auf unterschiedliche Dimensionen:

- Unterversorgungsarmut; Armut ist dann bezogen auf eine Unterversorgung in mehreren Lebensbereichen wie beispielsweise Wohnen, Gesundheit, Bildung, Arbeit.
- Deprivationsarmut; hierbei werden die Personen als arm bezeichnet, aus finanziellen Gründen nicht über als notwendig angesehene Ausstattungsmerkmale des Lebensstandards verfügen.
- Relative Einkommensarmut; damit ist das Einkommen einer Person gemeint, wenn es weniger als die Hälfte des durchschnittlichen äquivalenzgewichteten Nettoeinkommens in der Bundesrepublik Deutschland beträgt.
- Armut nach politisch-normativen Vorgaben; diese Definition ist sehr umstritten, da hierfür als Indikator für Armut der Bezug von Sozialhilfe genannt wird, deren Bemessungsgrenze politischen Entscheidungen unterliegt.

Trotz aller Unterschiede hat sich durchgesetzt, zum einen Armut als relative Größe zu verstehen, zum andren sie in mehrere Facetten und Aspekte der Lebenswelt zu verorten.

Zunächst ist zwar festzustellen, dass die Lebensbedingungen der meisten Heranwachsenden recht gut ausfallen, doch das Risiko, in Armut zu geraten, wächst zunehmend. In Nordrhein-Westfalen werden ca. 12 % der Haushalte als einkommensarm gekennzeichnet und bei fast 40 % wird der Wohlstand als prekär beschrieben (Fischer 2000, S. 12).
Einkommensarmut kann zwar als ein Merkmal von Armut gelten, in der Regel tritt sie aber nicht isoliert auf, sondern in der Vernetzung mit anderen Merkmalen, die auch als Risiko-, Belastungs- oder Begleitfaktoren bezeichnet werden können (vgl. Walper 1999):

- Niedriges Bildungs- und Qualifikationsniveau
- Niedriger Berufsstatus
- Gesundheits-/Ernährungsprobleme
- Arbeitslosigkeit (vor allem Langzeitarbeitslosigkeit)
- Beengte Wohnverhältnisse

Beispielsweise hat das Bildungsniveau Einfluss darauf, wie sich finanzielle Probleme als Belastung des elterlichen Erziehungsverhaltens niederschlagen:

> „Ein im Vergleich zu einkommensstabilen Familien vermehrt restriktiv-bestrafendes Verhalten deprivierter Väter und Mütter ist vornehmlich in Familien mit niedrigem Bildungsniveau, nicht jedoch im Familien mit mittlerer und höherer Bildung zu beobachten" (ebenda, S. 340).

Belastend können des weiteren Wohnungsnot und beengte Wohnverhältnisse wirken. Diese schlagen sich insbesondere auf das Befinden der Kinder nieder, denn Platz zum Spielen, möglichst in einem eigenen Kinderzimmer, spielt für Heranwachsende, zumindest im Kindesalter, eine große Rolle. In vielen Studien zum Thema Armut wird die Arbeitslosigkeit der Eltern in den Mittelpunkt gesetzt. Aber auch deren Auswirkung muss immer im Zusammenhang mit andren Belastungsfaktoren betrachtet werden. Nicht übersehen werden darf der Zeitfaktor. Je länger Armut andauert, desto stärker beeinträchtigt sie die Sozialisation, z.B. über Erfahrung sozialer Diskriminierung oder Kontaktverluste (IBEN 2000).

Ein in diesem Zusammenhang erheblich beeinflussender Belastungsfaktor ist die Familienkonstellation, obwohl diese in der Regel nicht als Teilaspekt von Armut betrachtet wird (WALPER 1999, S. 298). Gleichwohl weisen etliche Studien darauf hin, dass in bestimmten Familienformen ein erhöhtes Armutsrisiko besteht (NAPP-PETERS 1995, OTTO 1997). Betroffen sind hierbei insbesondere Ein-Eltern-Familien und kinderreiche Familien. Die Zahl der Sozialhilfeempfänger unter den Alleinerziehenden steigt ständig. Meistens sind dies Frauen, die nach Trennung oder Scheidung in finanzielle Not geraten. Im Volksmund heißt es „Kinder machen arm", dies gilt vor allem für Familien mit mehreren Kindern. Schon beim vierten Kind besteht für eine Familie eine große Chance, unter die Sozialhilfeschwelle zu rutschen (IBEN 1998, S. 15).

Kinder und Jugendliche leiden stärker als Erwachsene unter den Folgen der Armut, so dass des Öfteren schon von einer „Infantilisierung der Armut" gesprochen wird (ANDRÄ 2000, S. 271). Insgesamt lebte 1998 etwa jedes siebte Kind in einer Familie, die mit weniger als der Hälfte des durchschnittlichen Einkommens den Alltag bestreiten musste und damit als „arm" bezeichnet werden konnte. Armut bei Kindern ist deshalb kein marginales Phänomen (vgl. AWO-Sozialbericht 2000). Die Sozialisation der Heranwachsenden ist in den von Armut betroffenen Familien in vielfältigen Ausprägungen beeinträchtigt:

- Armut beeinflusst im erhöhten Maße die Gesundheit von Kindern und Jugendlichen. Die Probleme liegen hier vor allem in Ernährungsmängeln. Je niedriger die finanziellen Mittel in einer Familie sind, desto niedriger ist auch die Qualität der Ernährung. Gleichzeitig ist damit eine größere Wahrscheinlichkeit gegeben, dass Kinder mit erhöhten Gesundheitsrisiken aufwachsen. Kinder in armen Familien klagen häufiger über Kopfschmerzen und Schlafstörungen und sind insgesamt häufiger krank, sie treiben weniger Sport und putzen sich seltener die Zähne. Die Körpersozialisation wird hiervon langfristig beeinflusst, da gesundheitliche Beschwerden und Krankheiten im Erwachsenenalter auf Ernährungsfehler aus dem Kindes- und Jugendalter beruhen (WALPER 1999). Viele Gesundheitsverhaltensmuster, die in der Kindheits- und Jugendphase eingespielt und verfestigt werden, berühren die schulische Sozialisation wie auch den gesamten Prozess des Aufwachsens der jungen Generation (Gesundheitsberichterstattung des Bundes 3/01, S. 9).

- Es wird vermutet, dass die psychosozialen Folgen von Armut die Heranwachsenden noch stärker betreffen als die Konsequenzen aus dem Gesundheitsbereich. Kinder aus armen Familien haben häufig ein geringes Selbstwertgefühl, sie sind misstrauisch und dabei auch traurig und hilflos, empfindlich und weniger gesellig als andere Kinder (IBEN 2000, S. 109). Sie schauen pessimistisch in die Zukunft und resignieren häufig bei Anforderungen, sei es in der Schule oder später im Beruf. Dies führt auch zu einer „sozialen Vererbung" von Armut. Die Wahrscheinlicht bei Heranwachsenden aus der Armutsgruppe ist um das Zweieinhalbfache erhöht, dass sie insgesamt eine geringere Lebenszufriedenheit aufweisen und stärkere Belastungen und Beeinträchtigungen erleben als der Durchschnitt jüngerer Menschen. (vgl. KLOCKE 2001, S. 303).

- Finanzielle Knappheit und andere belastende Faktoren von Armut – insbesondere die Wohnungssituation – führen sehr häufig zu Einschränkungen in den sozialen Kontakten bis hin zu einer sozialen Isolation. Kinder aus armen Familien werden oft von Gleichaltrigen abgelehnt, was vor allem dann im Jugendalter, wenn die Anerkennung in der Peer-Gruppen-Kultur fehlt, zu Identitätsfindungsproblemen führen kann. Hierbei ist auch die Gefahr der Manifestation sozial unverträglichen, abweichenden Verhaltens gegeben (ebenda, S. 108). Armut birgt im großen Maße das Risiko, aus der Gesellschaft ausgeschlossen zu werde (vgl. BEISENHERZ 2002, S. 145ff).

- Armut wirkt sich auch auf die kognitive Entwicklung und auf die schulischen Leistungen aus. Schon im Alter von 5 Jahren ist die Intelligenzentwicklung von den finanziellen Ressourcen der Familie abhängig (WALPER 1999, S. 314).

Entsprechend wirken sich die finanziellen Belastungen auf die Form der schulischen Leistungen aus. „Arme" Kinder zeigen schlechtere Leseleistungen und ein geringeres Problemverhalten in der Klasse als Kinder in sozio-ökonomisch sicheren Situationen (ebenda, S. 315). Auch ein Zusammenhang zur Wohnsituation ist nachweisbar. Kinder, die in finanziell belasteten Familien aufwachsen und die zudem auch noch in beengten Wohnverhältnissen leben, haben mit einer höheren Wahrscheinlichkeit zu rechnen, die Klasse zu wiederholen, als die besser gestellten Kinder (ebenda, S. 316).

Die Darstellung dürfte deutlich gemacht haben, dass Armut für Heranwachsende bedeutsame nachteilige Konsequenzen für deren Persönlichkeitsentwicklung haben kann. Natürlich ist Reichtum keine Garantie für eine gelingende Sozialisation, aber vermutlich sind die Chancen doch größer. Zur weiteren Analyse armutsbedingter Sozialisationsrisiken wären vor allem Längsschnittstudien notwendig, die über akute Mangellagen hinausreichende längerfristige Folgen beobachten. Dies könnte eine gezielte Beratung und Unterstützung der betroffenen Familien erleichtern und eine Grundlage für praktikable Handlungsangebote für Schule und Sozialarbeit sein. Es versteht sich von selbst, dass daneben das erste Ziel sein sollte, Armutsrisiken zu senken und Kindern und Jugendlichen eine gelingende Sozialisation zu garantieren.

4.4.7 Schlussfolgerungen

Gerade im letzten Abschnitt wurde deutlich, dass die Lebensbedingungen von Familien in den letzten Jahren nicht eben leichter geworden sind. Hinzu tritt, dass Familien in der Gegenwart einen heftigen Strukturwandel durchmachen. Unter dem Einfluss von Individualisierungsprozessen hat sich die Familie in mikro- und makrosoziologischer Hinsicht verändert. Die Familieneinheiten sind kleiner geworden, Ehescheidungen und nicht-familiale Lebensformen nehmen zu, Geburten und Eheschließungen gehen zurück. Auch die Binnenstrukturen, insbesondere die Eltern-Kind-Beziehungen, werden davon berührt.

Die Erörterungen und Analysen zu den Bedingungen des Aufwachsens in der Familie sollten belegen, dass die Sozialisationsforschung einen wichtigen Beitrag dazu leisten könnte, Konsequenzen des Wandels der Familie für die Persönlichkeitsentwicklung der Heranwachsenden zu bestimmen. Erst wenn die Risikofaktoren des Wandels klar herausgearbeitet sind, können die Bedingungen für eine gelingende familiale Sozialisation genannt werden. Erst dann können wiederum Maßnahmen der Beratung und Unterstützung von Kindern und Jugendlichen folgerichtig abgeleitet werden.

5 Schulische Sozialisation

Die Schule ist eine Institution mit eigener „Lebenswelt", zudem mit einer ihr eigenen Dynamik und normalerweise kann kaum jemand ihr als Kind oder Jugendlicher ausweichen. Ab dem 6. Lebensjahr muss jedes Kind etliche Stunden am Tag in dieser Institution verbringen. Der Umgang mit der Schule steht mindestens neun Jahre lang im Mittelpunkt alltäglicher Anstrengungen aller Heranwachsenden, denn die Schule ist eine Pflichtveranstaltung des Staates. Ihre ausgewiesene Aufgabe ist die Sozialisation von Kindern und Jugendlichen. Diese Aufgabe erfüllt die Schule auf den ersten Blick über geplanten und kontinuierlichen Unterricht und durch systematisch und rational aufgebautes Lernen. Wir wissen aber alle aus eigener, manchmal sogar leidvoller Erfahrung: Dieser Unterricht hat es „in sich" und in der Schule geschieht bekanntlich mehr als bloße Wissensvermittlung. Wie Schule über Jahre hinweg erlebt, bewältigt oder nicht bewältigt wird, das wirkt jedenfalls lange, manchmal ein Leben lang und intensiv nach.

Für die wissenschaftliche Analyse der schulischen Sozialisation ergeben sich hieraus folgende zentrale Fragen: Welche Funktionen hat die Schule in unserer Gesellschaft und wie erfüllt sie diese? Welche Aufgaben werden ihr zugesprochen? Wie wird die Rolle von Lehrern und Schülern in der Institution ausgehandelt? Welche Sozialisationseffekte sind zu beobachten, oder anders gefragt: Wie wirkt sich die Schule auf die Persönlichkeitsentwicklung von Heranwachsenden aus?

In diesem Kapitel werden die Fragen aus dem Blickwinkel verschiedener theoretischer Zugänge und der Ergebnisse schulischer Sozialisationsforschung beantwortet. Einige Arbeiten sind älteren Datums, die Aussagen sind aber nach wie vor gültig, denn die institutionelle Struktur von Schule, auf die sie sich beziehen, ist weitgehend unverändert geblieben.

5.1 Sozialisation und Selektion

Einer der ersten, der versucht hat, die Schule unter sozialisationstheoretischen Aspekten zu betrachten ist Talcott PARSONS, der Hauptvertreter der strukturfunktionalen Theorie (vgl. Abschnitt 3.3.1). Aus der Sicht dieser Theorie hat die Schule für den Erhalt der Gesellschaft zwei zentrale Aufgaben: Erstens soll sie den Heranwachsenden kompetentes Rollenhandeln vermitteln – und zwar so, dass diese die Bereitschaft und Fähigkeit zur erfolgreichen Erfüllung ihrer späteren Erwachsenenrolle verinnerlichen – und zweitens soll die Schule die Schülerinnen und Schüler in die Rollenstrukturen der Erwachsenenwelt verteilen (vgl. PARSONS 1981, S. 161f), d.h., sie hat die Aufgabe der Selektion. Wie erfüllt die Schule diese beiden Aufgaben? PARSONS beantwortet die Fragen in seinem berühmten Aufsatz „Die Schulklasse als soziales System" (ebenda).

Rollenhandeln ist in strukturfunktionaler Sicht gleichgewichtsorientiert oder anders ausgedrückt: ein sich selbst regulierendes Modell. In der Schule interagieren Lehrer und Schüler. Ihre Handlungen sind an gesellschaftlichen Erwartungen, an Rollen geknüpft: Der Lehrer lehrt und der Schüler soll lernen. Diese Rollen gehören zur Funktionalität der Schule. Werden die Erwartungen erfüllt, folgen Anerkennung und Belohnung, werden sie nicht erfüllt, folgen Ablehnung, Bestrafung oder sogar Sanktionen. Ein optimaler Verlauf des Rollenhandelns findet dann statt, wenn der Einzelne den Rollenerwartungen entspricht, dennoch seine eigenen Bedürfnisse auch in das Rollenhandeln einbetten kann. Sozialisation heißt in diesem Zusammenhang, einen Weg zur Übereinstimmung von Rolle und Persönlichkeit zu finden (PARSONS/BALES 1955). Wird ein Gleichgewicht gefunden, dann hat auch eine erfolgreiche Sozialisation stattgefunden. Nach PARSONS besteht Sozialisation auch gerade darin, dass diejenigen Orientierungen erworben werden, die ein befriedigendes Rollenhandeln ermöglichen (PARSONS 1951, S. 205). Auf die Gesamtgesellschaft übertragen heißt dies: Verläuft das Rollenhandeln im Subsystem Schule (wie natürlich auch in anderen Subsystemen) störungsfrei, dann herrscht auch im gesellschaftlichen System Ruhe und Stabilität. Sozialisation hat in diesem Sinne eine harmonisierende Funktion und schulische Sozialisation nunmehr hat das Ziel, Heranwachsenden kompetentes wie auch stabilisierendes Rollenspielen nahe zu bringen. Wie findet dieses statt?

In der Familie lebt das Kind in einer Statusdifferenzierung, die im Rahmen der biologischen Position festgelegt ist. Diese Position wird über Generation, Alter und Geschlecht zugeordnet. In der Familie herrschen zudem eher partikularistische Wertorientierungen, d.h., Beziehungen sind eher affektiv gefärbt und bestehen ohne Leistungshintergrund. In der Schule erfahren Kinder nun, dass sie eine Position nicht mehr qua Geburt einnehmen, sondern dass sie sich einen Status erwerben und „verdienen" müssen (ebenda, S. 166f). Was die Wertvorstellungen angeht, beinhaltet die Schule eher universalistische Orientierungen, beispielsweise affektive Neutralität, Spezifität und Leistungsorientierung. Kinder, die aus der Familie in die Schule eintreten, müssen sich daher in eine ganz neue Welt einüben. Der Umgang mit der Lehrerin verlangt eine Reorganisation der kindlichen Erwartung an Rollen. Zwar ist die Lehrerin auch Frau/Mutter, aber das Kind merkt auch, dass sie nach verallgemeinerten, für alle Kinder gleichen Gesichtspunkten handelt und in diesem Sinne auch austauschbar ist. Kinder als Schulkinder verinnerlichen über diese Erfahrungen gesellschaftliche Werte und Normen, d. h. auch universalistische Orientierungen (ebenda, S. 172 ff). Damit sind sie auf das Leben in der Erwachsenenwelt vorbereitet. Eine Hilfestellung auf dem Weg dorthin erhalten die Heranwachsenden über die Gleichaltrigengruppe, der „peer-group". Die Gleichaltrigengruppe ist einmal Übungsfeld der Unabhängigkeit von der Erwachsenenkontrolle und zum anderen Quelle der Zustimmung und Anerkennung von Seiten Nicht-Erwachsener (ebenda, S. 173f).

Von Anfang an ist dieser Sozialisationsprozess als Rollenverinnerlichung begleitet von kontinuierlicher Schulleistungsbewertung. In strukturfunktionaler Sicht ist der Aufbau von Leistung auch ein entwicklungsnotwendiger Schritt. Zur Begründung der Leistungsbereitschaft von Kindern wird von PARSONS relativ zwanglos der Begriff der Identifizierung aus der Psychoanalyse übernommen. Er behauptet, dass die Schule für Kinder dieselbe Art von Identifizierung wie die Familie in der ödipalen Situation hervorruft.

> „Das heißt, dass das Erlernen von Leistungsmotivation psychologisch gesprochen ein Prozess der Identifizierung mit dem Lehrer ist, ein Prozess, bei dem sich der Schüler (oftmals unter dem Druck der Eltern) anstrengt, um dem Lehrer zu gefallen, im selben Sinne wie das vor-ödipale Kind neue Fertigkeiten erlernt, um der Mutter zu gefallen" (ebenda, S. 175).

Mit der Identifizierung findet gleichzeitig eine Akzeptierung der Lehrerrolle in ihrer generalisierenden Überlegenheit statt.

Lehrerinnen und Lehrer loben und tadeln, belohnen und strafen und erteilen (in Deutschland spätestens in der dritten Grundschulklasse) Zensuren. Dies ist funktional notwendig, da die Schule eine Verteilungsinstanz ist. Die Leistungsbewertung stellt die Selektionsbasis für zukünftige Karrieren der Heranwachsenden und wenn die Bewertung gerecht geschieht, d.h., wenn tatsächlich die individuelle Leistung die Grundlage der Bewertung darstellt, besteht nach PARSONS auch Chancengleichheit:

> „Damit wird vor allem anerkannt, dass es fair ist, unterschiedliche Belohnungen für verschiedene Leistungsniveaus zu erteilen, solange eine faire Offenheit der Chancen besteht, und dass es ebenso fair ist, wenn diese Belohnungen zu Chancen höherer Ordnung für die Erfolgreichen führen" (ebenda, S. 179f).

Wird in dieser Art die Leistungsbewertung durchgeführt, dann ist auch eine Selektion gerechtfertigt. Damit legitimiert PARSONS aber auch gleichzeitig mögliche soziale Ungleichheiten in Schule und Gesellschaft, denn wie er in der "Eigenart der Schulleistung" erkennt, sind die „Spitzenschüler" auch die „aufgeweckten" und „verantwortungsbewussten" Schüler (ebenda, S. 171). Diese Schüler stammen nun aus „progressiven" Schulen und aus Familien, die „progressive" Erziehungsziele unterstützen (ebenda, S. 168). Solche Familien besitzen in der Regel einen verhältnismäßig hohen sozio-ökonomischen Status und damit schließt sich der Kreis zu den Chancen, „Spitzenschüler" zu werden.

PARSONS leugnet also durchaus nicht, dass auch sozio-ökonomische Faktoren in der schulischen Sozialisation bedeutsam sind, aber die Selektion ist für ihn vor allem durch die Möglichkeiten der individuellen Leistungsfähigkeit bestimmt. Erfüllt die Schule die hier beschriebenen Funktionen, „funktioniert" auch die Gesellschaft. Der struktur-funktionale Ansatz zur schulischen Sozialisation ist damit äußerst gleichgewichtsorientiert, denn dadurch, dass über das Schulleben in der beschriebenen Form sozialisiert und selektiert wird, wird immer wieder soziale Stabilität erzeugt. Dies ist ein Beispiel für die Gefahr, wie durch theoretische Konzeptionen implizit Rechtfertigungen für soziale Verhältnisse geschaffen werden.

5.2 Aufgaben und Funktionen schulischer Sozialisation

In der Bundesrepublik wurde das Erklärungsgerüst zur schulischen Sozialisation von PARSONS vor allem von Helmut FEND (1974, 1981) aufgenommen und kritisch weiterentwickelt. Dieser analysiert aber Sozialisationsprozesse nicht wie PARSONS als stetige Wiederherstellung der sozialen Verhältnisse, sondern als dialektische Verhältnisse zwischen Individuen und Gesellschaft. Über Sozialisation wird zwar die Gesellschaft immer wieder reproduziert, aber über Sozialisation werden die Heranwachsenden auch befähigt, sich in sozialen Feldern zu orientieren und sich beispielsweise auch nonkonform zu verhalten. Diese Aspekte beschreibt FEND als Doppelfunktion des Sozialisationsprozesses (vgl. FEND 1974, S. 11ff).

Wie PARSONS geht auch FEND in seinen Analysen davon aus, dass zum Verständnis schulischer Sozialisationsprozesse dargestellt werden muss, wie das Schulsystem mit anderen Bereichen der Gesellschaft zusammenhängt (ebenda 1974, S. 58). Die zentrale These von ihm ist,

> „... dass das Schulsystem in einer *instrumentalen Beziehung* zu umfassenderen gesellschaftlichen Bezugssystemen steht, und zwar insbesond-

re zum Produktionsbereich, zur Sozialstruktur und zum politischen Bereich" (ebenda, S. 62).

Diese Beziehung wird anhand von drei Funktionen beschrieben, die Qualifikationsfunktion, die Selektions- und Allokationsfunktion, die Legitimations- und Integrationsfunktion. Häufig wird noch eine vierte Funktion genannt, die Walter KLAFKI eingeführt hat, die Funktion der Kulturüberlieferung (KLAFKI 1989).

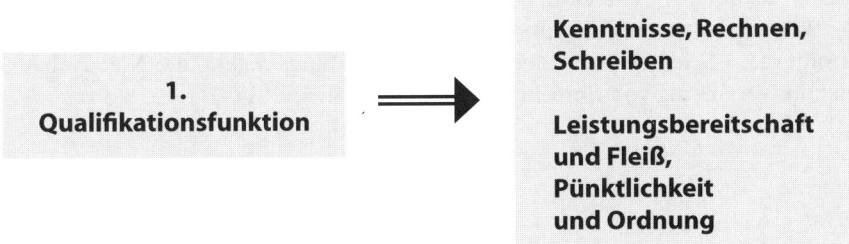

Die Schule hat die Aufgabe, den Nachwuchs mit jenen Qualifikationen auszustatten, die sie später für die Bewältigung der Anforderungen im Arbeitsprozess benötigen. Diese Qualifikationen haben zwei Ausprägungen. Zur ersten gehören sicherlich Schreiben und Rechnen, naturwissenschaftliche Kenntnisse usw., auch funktionale Qualifikation genannt (OFFE 1975), zur zweiten Ausprägung gehören Einstellungen und Fähigkeiten wie Fleiß, Ausdauer, Teamarbeit, Konzentrationsfähigkeit und Ordnungssinn, bezeichnet als extrafunktionale Qualifikation (ebenda). Qualifizierung meint also nicht nur Fertigkeiten und Kenntnisse für die Ausübung konkreter beruflicher Tätigkeiten, sondern auch Vorbereitung zur Teilhabe am gesellschaftlichen Leben.

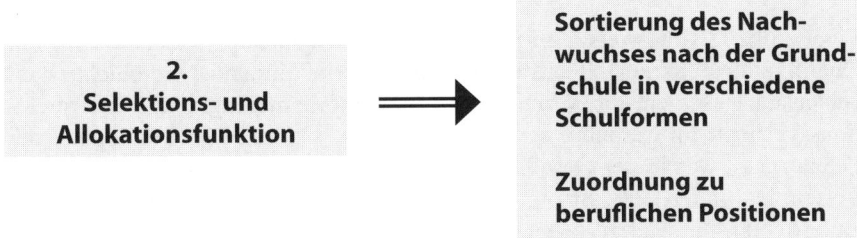

Mit dem Besuch unterschiedlicher Schulformen und der damit verknüpften Vergabe verschiedener Schulabschlüsse werden die Heranwachsenden sortiert

(Selektion) und damit gleichzeitig den verschiedenen Ebenen des Beschäftigungssystems zugesprochen (Allokation). Die Schule funktioniert so als großes „Rüttelsieb", aber als eines, das immer wieder die sozialen Ungleichheiten, das System von Über- und Unterordnungen reproduziert (FEND 1981, S. 29ff). Der Schulerfolg und ein hoher Abschluss – und damit die Chance auf Prestige und hohes Einkommen – sind bekanntlich abhängig von der sozialen Herkunft. Wird von Selektion gesprochen, dann wird hiernach eine Beziehung zwischen der sozialen Position der Schüler im Schulsystem, der sozialen Position der Eltern und der späteren sozialen Position der Schüler verdeutlicht. Für die Schüler selbst erfolgt diese Selektion weitgehend über das Prüfungssystem, die Notengebung und die Verleihung von Berechtigungen (FEND 1974, S. 177).

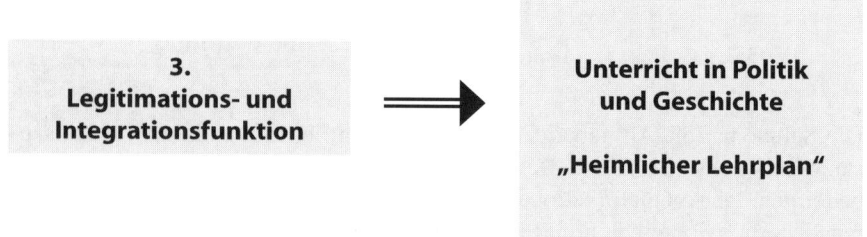

3.
Legitimations- und Integrationsfunktion ⟹ Unterricht in Politik und Geschichte

„Heimlicher Lehrplan"

Mit dieser Funktion wird ein Zusammenhang zwischen der Schule und dem politischen System thematisiert. Der Beitrag der Schule zur Erhaltung der Stabilität der Gesellschaft und des politischen Systems liegt darin,

> „...die Schüler in einer Weise zu beeinflussen, dass sie die bestehenden politischen Verhältnisse erkennen, sie akzeptieren und sich ihren Forderungen gemäß verhalten lernen" (ebenda, S. 174).

Eine explizite Unterweisung im Unterricht hierzu findet – anders als bei der Qualifikationsfunktion – höchstens in den Fächern Politik oder Geschichte statt. Ansonsten geschieht die Vermittlung von Wertorientierungen und Interpretationssystemen im Verbund, als „Nebenprodukt" der anderen Funktionen der Schule. Das, was in der Gesellschaft positiv bewertet wird, was das politische System legitimiert, z.B. Erfolg durch Leistung, Gehorsam usw., wird nicht als Unterrichtsfach, sondern nebenbei vermittelt, als „Heimlicher Lehrplan" (zum „Heimlichen Lehrplan" siehe nachfolgend Abschnitt 5.3). Diese indirekten Faktoren sind den Beteiligten in ihrer Bedeutung und Wirkungsweise oft gar nicht bewusst. Dennoch wirken Elemente wie Schulordnungen, Schulfeien, Rituale u.ä. fundamental als Legitimations- und Integrationsfaktoren.

4. **Funktion der Kulturüberlieferung**		**Tradierung und Entwicklung der Kultur im Kunst-, Sport-, Sprach-, Musikunterricht**

In dieser Funktion hat die Schule die Aufgabe der Kulturüberlieferung und damit auch gleichzeitig die Herausstellung und Entwicklung einer kulturellen Identität. Es sind insbesondere Institutionen, die kulturelle Bereiche vertreten, die an einer Nachwuchsausbildung interessiert sind, beispielsweise Sportverbände, Kirchen, Kunstinstitutionen und Hochschulen. Diese

> „...erwarten von der Schule, dass sie der nachwachsenden Generation wenigstens ein Mindestmaß, einen Grundstock von Verständnis, Interesse, Kenntnissen und Fähigkeiten und damit die Zugangsmöglichkeit zu den .... Dimensionen des kulturellen Lebens eröffnet" (KLAFKI 1989, S. 25).

Mit dieser Zusammenstellung von verschiedenen Aufgaben der Schule wird versucht, schulische Sozialisationsprozesse in ein umfassendes Modell des Funktionierens einer modernen, arbeitsteiligen Industriegesellschaft einzugliedern. Dabei muss aber betont werden, dass die vier Funktionen in der Realität nicht isoliert vorkommen, sondern ständig miteinander verquickt sind. Wird dies berücksichtigt, ergeben sich wichtige zentrale Erkenntnisse zu den Aufgaben und Funktionen schulischer Sozialisation. Die „Schlagseite" der Analysen sollte aber auch deutlich gemacht werden: Mit den vier Funktionen werden die Aufgaben der Schule einseitig von den gesellschaftlichen Anforderungen her interpretiert. Was zwangsläufig dabei ausgeblendet wird, soll in den folgenden Kapiteln erörtert werden.

5.3   Schulische Sozialisation über den „Heimlichen Lehrplan"

Der Begriff „heimlicher Lehrplan" ist eine Übersetzung, bzw. eine Übertragung des Begriffs „hidden curriculum" des Kulturanthropologen Phillip W. Jackson, der beklagt, dass in den Analysen schulischer Sozialisation gerne die Alltäglichkeit übersehen werde (Jackson 1975). Er weist darauf hin,

> „... dass es in jeder Schule und in jeder Klasse in Wirklichkeit zwei Lehrpläne gibt, nach denen die Schüler unterrichtet werden. Den einen kön-

nen wir den amtlichen Lehrplan nennen .... Den zweiten Lehrplan könnte man vielleicht als den nichtamtlichen oder sogar als den heimlichen Lehrplan bezeichnen.... Dieser heimliche Lehrplan besitzt auch eine goldene Mitte: den Grundkurs in den sozialen Regeln, Regelungen und Routinen. Diesen Grundkurs haben sich Schüler wie Lehrer anzueignen, wenn sie ohne großen Schaden zu nehmen, ihren Weg durch die Institutionen, die da Schule heißt, machen wollen" (ebenda, S. 29).

In diesem Sinne werden mit dem „heimlichen Lehrplan" alle sozialen Lernerfahrungen bezeichnet, die Schülerinnen und Schüler (offiziell nicht gewollt oder intendiert) im Schulalltag machen. In konkreten Analysen wird eine solche begriffliche Eingrenzung jedoch nicht eingehalten. Schulische Sozialisation über den „heimlicher Lehrplan" umfasst dann alles, was das Leben in der Schule jenseits von Lehrplänen, Richtlinien oder Schulordnungen ausmacht und bei den Schülerinnen und Schülern – zwar ungeplant, aber dennoch zwangsläufig – soziale Verhaltenskonformität hervorruft. Dazu zählt

- Unterdrückung spontaner Bedürfnisartikulation und Einfälle
- Einordnung in die Gruppe
- Unterordnung unter die Zwecke der Institution
- Verinnerlichung von Geboten

(vgl. ULICH 1976, S. 206).

Jürgen ZINNECKER hat dies als „Hinterbühne" schulischer Sozialisation, die neben der „Vorderbühne" existiert, beschrieben (ZINNECKER 1975). Was wird nun konkret neben den offiziellen Inhalten in der Schule auf der „Hinterbühne" für die Sozialisation bedeutsam? Im Folgenden werden einige Dimensionen beschrieben, deren theoretischer Hintergrund sozialökologische Orientierungen, aber insbesondere interaktionistische Sichtweisen umfasst.

Raum und Zeit
Mittlerweile gehört es zum Gemeinplatz in sozialisationsorientierten Arbeiten, dass die räumliche Umwelt eine formende und verstärkende Kraft ist, die auf Menschen einwirkt. Es ist ja auch unmittelbar einsichtig, dass die Gestaltung des Schulgebäudes und des Klassenzimmers Auswirkungen auf das Wohlbefinden und die Lernstimmung der Schülerinnen und Schüler zeigt. Untersuchungen haben in diesem Zusammenhang ergeben, dass das Schülerleben vor allem von zwei Dimensionen beeinflusst wird (vgl. FROMM 1989):
Erstens: Die konkrete bauliche Ausgestaltung vermittelt den Schülerinnen und Schülern nachdrücklich, was sich die Gebäudeplaner unter Schule und Unter-

richt und unter dem, was Schülersein ausmacht, vorstellen. Es wird zudem klar definiert, welche Räume von welchen Personen genutzt werden dürfen. Zweitens: Die Gestaltung der Unterrichtsräume, beispielsweise über die Anordnung der Tische, vermittelt den Schülerinnen und Schülern, was ihre Lehrerinnen und Lehrer von ihnen erwarten. Die Einrichtungsgegenstände lassen zudem nur bestimmte Interaktionen und Bewegungen zu. Schülerinnen und Schüler dürfen sitzen, gehen oder stehen, aber nicht rennen oder womöglich liegen.

Kinder und Jugendliche erfahren in der Schule, dass Lernen in einer bestimmten Zeit erfolgen soll und nach einem gewissen Zeitraum abgeschlossen sein soll. Dies geschieht auf einer Jahres-, Tages- und Stundenebene. „Offizielle Zeitnehmer" (JACKSON 1975) sind die Lehrerinnen und Lehrer, die die Feinstruktur des vorgegebenen Stundenplans regeln und über die Macht verfügen, den Beginn des Unterrichts, der Einzelarbeit oder der Gruppenarbeit zu bestimmen. Der „heimliche Lehrplan" vermittelt den Heranwachsenden hierbei deutlich, dass ihre Zeit und die Zeitplanung von anderen, also fremdbestimmt werden.

Leistung

In der Bewertung ihrer Schulleistungen fühlen sich die Schülerinnen und Schüler auch stets als Person beurteilt. Vermutlich auch deshalb stehen in der Rangreihe zu Belastungen und Problemen Zensuren, Zeugnisse, Klassenarbeiten usw. bei Schülerbefragungen ganz oben (ULICH 1991, S. 379). Der „heimliche Lehrplan" der Leistungsbeurteilung regelt ganz entscheidend wichtige Aspekte der Persönlichkeitsentwicklung. Etliche Untersuchungen haben gezeigt, dass zwischen guten und schlechten Schülerinnen und Schülern beachtliche Unterschiede im Selbstbild, in der Selbstsicherheit und im Selbstvertrauen bestehen. Kinder und Jugendliche mit guten Schulleistungen haben ein weitaus stabileres Selbstbild von der eigenen Leistungsfähigkeit als die weniger erfolgreichen Heranwachsenden (vgl. ebenda, S. 389). Die Bewertung der Schulleistung wird so ein Teil der persönlichen Identität. Die Schulleistung wächst über den „heimlichen Lehrplan" zu einer Persönlichkeitskomponente heran. Oftmals macht sich Resignation breit, wenn dann die Erfolglosen im Schulbetrieb glauben, dass es an ihnen läge, wenn sie nicht so weit kommen wie die erfolgreichen Mitschülerinnen und Mitschüler. Dieser Effekt des „heimlichen Lehrplans" ist der so genannte Abkühlungsprozess (ebenda, S. 388), ein System abgestufter Enttäuschungen, manchmal auch modern mit „cooling-out" bezeichnet.

Mädchen und Jungen

Offiziell sind Mädchen und Jungen in der Schule über die Koedukation gleiche Bildungsmöglichkeiten und gleiche Bildungsziele gegeben. Der „heimliche Lehrplan" der geschlechtsspezifischen Sozialisation lässt aber immer wieder trotz aller formaler Gleichheiten deutliche Unterschiede der „Schulkarrieren" von Jungen und Mädchen hervortreten. Lange Zeit wurden die „heimlichen" Effekte immer als Benachteiligung der Mädchen interpretiert. Eine ausführliche Erörterung der Koedukationsproblematik findet im Abschnitt 5.6 statt.

Schülerstrategien

Das Hauptengagement von Schülerinnen und Schülern sollte im Unterricht auf Lernen ausgerichtet sein. Nebentätigkeiten oder geistige Abwesenheit sind dabei unerwünscht. Durch den öffentlichen Charakter der Situation Unterricht kann nun von den Lehrenden wie auch von den Mitschülern ganz gut die Art und Weise des Lernengagements kontrolliert werden und jeder Schüler oder jede Schülerin kann alltäglich die Erfahrung machen, dass man sich eine Abweichung von dem erwarteten Engagement nicht allzu oft leisten kann. Sich aber jederzeit konform zu verhalten, ist kaum durchhaltbar und widerstrebt in der Regel auch häufig der eigenen Bedürfnislage.

Das Schulleben ist für Schülerinnen und Schüler in der Regel nur dann befriedigend, wenn die eigenen Interessen, Wünsche und Erwartungen einigermaßen in die Vorgaben der Institution eingepasst werden können. Kinder und Jugendliche reagieren in ihren Schülerrollen entweder mit Geduld oder mit Resignation. Die geduldigen Schüler verfolgen ihre Zukunftspläne und wahren hiermit das Gefühl von Integrität. Resignierende Schüler geben einen Teil ihrer Pläne und Vorstellungen erst einmal auf und entwickeln besondere Strategien, die als „heimliche Taktiken des Überlebens" (HEINZE 1980, S. 83) umschrieben werden können. Ein Schüler erkennt beispielsweise die Vorlieben eines Lehrers und orientiert sich an ihnen, um sich vor seinem „Publikum", der Klasse, behaupten zu können. Ein anderes Beispiel: Er setzt die Maske des Interessierten auf. Oder: Antworten werden dem Beurteiler angepasst und lassen sich auf den offiziellen wie auf den „heimlichen" Lehrplan beziehen. Je besser Schülerinnen und Schüler sich im Unterricht dadurch den Erwartungen und Vorstellungen der Lehrer anpassen und je besser ihnen eine Tarnung der Integration beider Lehrpläne gelingt, desto größer wird die Chance für die erfolgreiche schulische Karriere. Dies bedeutet aber auch, dass der Schulalltag für die Heranwachsenden aus vielen widersprüchlichen und konkurrierenden Situationen und Anforderungen besteht.

In Anlehnung an GOFFMAN (1971) hat Thomas HEINZE (1980) eine Systematisierung der verschiedenen möglichen Strategien von Schülerinnen und Schülern im Schulalltag (Schülertaktiken) durchgeführt:

- Abgeschirmtes Engagement: Diese Taktik kann auch als „bluffen" beschrieben werden. Man gibt sich interessiert und aufmerksam und ist in Wirklichkeit mit den Gedanken ganz woanders.
- Selbst-Engagement: Beispiele dieser Taktik sind: mit der Haarspange spielen, die Fingernägel reinigen, Briefchen schreiben, gähnen oder leise fluchen. Dieses Selbst-Engagement hat für die Schülerinnen und Schüler so etwas wie eine Ventil-Funktion in Situationen, in denen sie sich langweilen, sich zurückziehen und gegen das Unterrichtsgeschehen protestieren.
- Geistige Absenz: Beispiele für geistige Absenz sind die berühmten Tagträumereien, aber auch „Zu-sich-selber-Sprechen" oder das Herumkritzeln gehören hierzu. Es sind Zeichen
„...für die Entfernung von allen öffentlichen, konkreten Angelegenheiten innerhalb der Situation" (GOFFMAN zitiert in HEINZE 1980, S. 88).
- Okkultes Engagement: Das okkulte Engagement ist dadurch gekennzeichnet, dass die Betreffenden gar nicht merken, dass sie geistig abwesend sind. Die Hintergründe für dieses Verhalten bleiben für die Außenstehenden rätselhaft. Sie nehmen lediglich wahr, dass ein Schüler oder ggf. ein Mitschüler richtig abwesend und kaum erreichbar ist. Okkultes Engagement wird deshalb oft auch pathologisiert.
- Augensprache: Der Auge-in-Auge-Kontakt, bzw. der Blickkontakt ist ein wichtiges Beziehungsvehikel. Es gibt häufig Situationen im Unterricht, in denen die Schülerinnen und Schüler den Blickkontakt mit den Lehrern vermeiden. Sie schauen dann in ihr Buch oder Heft, zum Fenster hinaus oder auf den Boden und signalisieren: Ich möchte nicht aufgerufen werden! Ich möchte mich nicht äußern!

Diese Strategien ermöglichen es den Schülern, die Anforderungen ihrer Lehrer zu unterlaufen und einen gewissen Einfluss auf die Unterrichtsgestaltung auszuüben. Damit wird ein Aspekt schulischer Sozialisation angesprochen, der Kindern und Jugendlichen ein breites Betätigungsfeld und die Möglichkeit der Verteidigung eigener Bedürfnisse und Identitätsentwürfe eröffnet. Die Erarbeitung von Strategien und Taktiken sind in einem Schülerleben aus diesem Grund auch ein ganz wichtiges Feld der Persönlichkeitsentwicklung.

5.4 Schulische Sozialisation über Rituale

Nach Erving GOFFMAN, einem Hauptvertreter des Symbolischen Interaktionismus (vgl. Abschnitt 3.3.2), wird die soziale Ordnung in unserer Gesellschaft vor allem rituell organisiert (GOFFMAN 1971). Die Art und Weise unseres Zusammenlebens, die Tradierung von Werten und Normen ergibt sich aus Interaktionsritualen. Wenn wir einen uns bekannten Menschen auf der Straße treffen, begrüßen wir ihn mit einem bestimmten Ritual, wir geben ihm beispielsweise die Hand, wobei männliche Hutträger dann noch diesen vom Kopf nehmen. Mit diesem schlichten Beispiel eines Begrüßungsrituals nähern wir uns anschaulich einer Charakterisierung von Ritualen. Diese müssen von den sich zufällig Treffenden nicht erklärt werden, jeder versteht sie sofort und durch – fast immer symbolische – Formen von Kommunikation. Rituale stiften Gemeinschaft. Ein Ritual hat mit „Wiedererkennen" zu tun, mit einem für eine bestimmte Situation charakteristischen Handlungsmuster. Die wohl ursprünglichste Situation des „Wiedererkennens" finden wir nach ERIKSON zwischen Mutter und Säugling als menschlichen Grundakt beiderseitigen Erkennens. Die Interaktionsrituale vermitteln dem Säugling das Gefühl

> „...jemandem anzugehören und jemand zu sein"(ERIKSON 1968, S. 485).

So wie die Interaktionsrituale zwischen Mutter und Säugling den beiden, aber vor allem dem Säugling, feste Haltepunkte im Wechselgeschehen eines Tages bieten, dienen Rituale auch im weiteren Sozialisationsprozess als wichtige Orientierungen im Interaktionsgeschehen, sei es in der Gestaltung eines Tages (gemeinsames Essen zu festgelegten Zeiten) oder eines Jahres (bestimmte Feste oder Feiern), sei es zu bestimmten biographischen Ereignissen (Kommunion, Konfirmation, Volljährigkeit, Geburt eines Kindes usw.).

Fragen wir nun nach Ritualen in der schulischen Sozialisation, taucht sogleich ein gewisses Unbehagen auf. Rituale werden mit Autorität, Gehorsam und schulischem Zwang verknüpft. Begründungen für diese eher negative Seite von Ritualen liefert Franz WELLENDORF, der eine profunde Analyse der Funktion und Wirkung von schulischen Ritualen vorgelegt hat. Seine schulkritischen Aussagen stammen zwar aus den 70er Jahren, doch beziehen sie sich auf eine institutionelle Struktur, die bis heute – wie einleitend schon gesagt – weitgehend gleich geblieben ist. Zu schulischen Ritualen, die er vor dem Hintergrund des Symbolischen Interaktionismus charakterisiert, sind vier Merkmale zu nennen (vgl. WELLENDORF 1979, S. 67ff):

- Rituale bezeichnen „typische Szenen", in denen die Handlungen und Interaktionen der Einzelnen in einen Zusammenhang zum sozialen System gebracht werden, ohne dass Erwartungen oder Forderungen immer wieder neu beweispflichtig werden. Zum Beispiel ist allen Schülerinnen und Schüler nach einer gewissen Zeit klar, dass zur Überprüfung des Wissens Klassenarbeiten geschrieben werden. Es ist eine Erwartung des Systems Schule, dass sich alle daran beteiligen. Die Klassenarbeit ist ein Ritual, ein szenisches Arrangement, und wird nicht infrage gestellt.

- Durch Rituale bekommen Handlungen eine über die einzelne Situation hinausweisende Bedeutung, indem sie einer übergeordneten „Macht" zugesprochen werden. Klassenarbeiten gehören in diesem Sinne zu der großen gesellschaftlichen „Macht" Leistung.

- Rituale bestehen aus relativ starren Handlungen und verfügen zudem über ein großes Beharrungsvermögen. Dieses Merkmal ist deutlich beobachtbar, wenn Rituale beibehalten werden, obwohl sie historisch bereits überlebt haben. Beispielsweise gibt es immer noch das Ritual, dass der Mann, der mit einer Frau den Bürgersteig entlang wandelt, diese vor dem aufgewirbelten Dreck der vorbeitrabenden- oder galoppierenden Pferde schützt, indem er die Straßenseite „abdeckt". Eigentlich ist dieses Beschützerverhalten gar nicht mehr nötig, da erstens Pferde im Straßenverkehr relativ selten vorkommen und zweitens die Straßen asphaltiert sind.

- Ein ganz wichtiges Merkmal von Ritualen ist der Umstand, dass die rituelle Situation nicht reflektiert wird. Ansonsten wären ja schon eine Problematisierung des Rituals und eine Kritik an den bestehenden Zuständen vorhanden. Der Wert und der Systemzusammenhang eines Rituals werden begrifflich und bewusst nicht mit den jeweiligen Handlungen verknüpft. Ein Ritual erfüllt seine Aufgabe über die Köpfe der Beteiligten hinweg.

Gerade das zuletzt genannte Merkmal ist nach WELLENDORF für die schulische Sozialisation sehr bedeutsam. Die Wirkung schulischer Rituale beruht vor allem darauf, dass ihre Funktionen von den Beteiligten überhaupt nicht thematisiert werden. Rituale erfüllen ihre Funktionen ganz nebenbei über den Mitvollzug der Lehrer und Schüler. Das bedeutet aber nicht, dass Rituale den Beteiligten äußerlich blieben, denn zugleich ist deren Wirkung

> „...subjektiv vermittelt, d.h. sie entfalten ihre Macht, indem sie an psychische Dispositionen der einzelnen anknüpfen, die in vorangegangenen Sozialisationsprozessen entstanden sind" (ebenda, S. 71).

Die Wirksamkeit und Wirkung von Ritualen ist deshalb auch davon abhängig, was der Einzelne aus früheren und außerschulischen Sozialisationsprozessen in das Arrangement der Schule mitbringt. WELLENDORF geht nun in diesem Zusammenhang davon aus, dass in der Familie und vermutlich auch in vorschulischen Einrichtungen eine sprachliche Verständigung über den Sinn von Ritualen verhindert wird (vgl. ebenda, S. 143ff). Rituale können somit relativ ungebrochen ihre Macht ausüben und den Zwangscharakter schulischer Verhaltensanforderungen, Normen und Reglements verstärken.

In den Analysen von WELLENDORF überwiegt – sicherlich berechtigt – die kritische Einschätzung von schulischen Ritualen. Sie führen Schülerinnen und Schüler Tag für Tag dazu, sich den Werten und Normen der hierarchischen Struktur der Schule zu unterwerfen und sich damit der bestehenden sozialen Ordnung anzupassen. Die Darstellung der persönlichen Identität ist im Schulalltag deshalb kaum oder nur sehr schwer möglich. Rituale wirken deshalb im schulischen Sozialisationsprozess nach WELLENDORF eher störend und belastend.

Warum tun wir uns – und nicht nur WELLENDORF – so schwer mit Ritualen? Viele von uns assoziieren mit Ritualen sinnentleerte und von Autoritäten verordnete Formen. Sicherlich hängt dies mit historischen Erfahrungen zusammen: Richtschnur sind dann z.B. die absolut ritualisierte Erziehung im Nationalsozialismus oder die Wirkung schulischer Rituale im Zusammenhang mit gesellschaftlichen Restaurationsbemühungen in den 50er und 60er Jahren. Rituale werden folgerichtig häufig mit „Rückschritt" gleichgesetzt. Des weiteren

> „...sind Rituale für manche geradezu die Inkarnation einer neokonservativen Wendepädagogik, dienen in dieser Sichtweise also der Wiedereintrainierung vorkritischer Schülerhaltungen" (ZIEHE 1997, S. 123).

Solche Vorbehalte geben leider den positiven Gehalt dessen auf, was Rituale für die Sozialisation von Heranwachsenden bieten könnten:

- Wenn sie zum Beispiel neben einem festgelegten Handlungsrahmen noch Raum für die individuelle Entfaltung zulassen, dann stiften Rituale hilfreiche und unterstützende Ordnung und Orientierung.
- In Gruppenkontexten oder in der Peergroup drücken Rituale gemeinschaftliche Werte und Orientierungen aus, in denen sich der einzelne wieder erkennt. Sie können auch gemeinschaftsstiftende Erlebnisse darstellen, die einzelne allein von sich aus nicht herleiten könnten.
- Rituale im Unterricht können der Förderung von Selbsttätigkeit und Selbständigkeit der Schülerinnen und Schüler dienen, beispielsweise durch selbsterarbeitete und festgelegte Reihenfolgen von Lernschritten.

- Rituale können auch zum Mitdenken und zu eigenem verantwortlichen Handeln auffordern, wenn sie innerhalb eines vorgegebenen Rahmens zugleich einen Kern von Veränderbarkeit in sich tragen.
- Schließlich können oder sollten Rituale prinzipiell einsehbar und kritisierbar, nicht „fraglos" gültig, sondern veränderbar sein.

Werden diese Akzente – die übrigens auch in den kritischen Analysen von WELLENDORF erkennbar sind – in der Ritualpraxis einer Schule berücksichtigt, dann können Rituale, wenn sie eben nicht nur als unterdrückende Automatismen des schulischen Alltags gekennzeichnet sind, als bereichernde bewusst inszenierte Ereignisse einen wichtigen fördernden Beitrag zur Persönlichkeitsentwicklung leisten und den Aufbau der Identität unterstützen (vgl. auch ALBERTS 1991).

5.5 Schulversagen und Schulverweigerung

Schulbesuch und Schulerfolg sind für fast jeden Heranwachsenden von entscheidender Bedeutung und von größter Wichtigkeit. Berufsausbildung, Verdienst und Lebensstandard, der gesamte künftige Lebensweg und die Lebensmöglichkeiten werden über den Schulerfolg oder den Schulmisserfolg entweder erschlossen oder versperrt. In diesem Kapitel soll es in erster Linie um die Seite des Schulmisserfolgs und den damit zusammenhängenden Benachteiligungen gehen. Zwei Begriffe sind hierbei zentral zu nennen. Schulversagen und Schulverweigerung.

Schulversagen

Mit „Schulversagern" definiert die *Arbeitsgruppe Bildungsbericht am Max Planck Institut für Bildungsforschung* (1994) jene Schülerinnen und Schüler, die nach Vollendung der Schulpflicht die allgemein bildende Schule ohne Abschluss verlassen. Je höher das durchschnittliche formale Bildungsniveau der Bevölkerung steigt, desto mehr werden Schulversager und Schulversagerinnen trotz aller schulischen Bemühungen immer auch zu einer Verlierergruppe, d.h. zu einer stigmatisierten Gruppe (ebenda, S. 276).

Werden Schülerinnen und Schüler zur Schule befragt, dann beklagen sie sich über sinnlose Regeln, über die fehlende Lebensnähe der schulischen Inhalte und vor allem über den Leistungsdruck (vgl. ULICH 1991, S. 379). Damit haben sie auch genau den Nerv des Sozialisationseffekts der Schule getroffen: Er liegt in der Forderung und Förderung einer abstrakten und von Inhalten unabhängigen Leistungsbereitschaft.

Im Abschnitt zum „Heimlichen Lehrplan" (5.3) ist schon darauf hingewiesen worden, dass eine Leistungsbeurteilung gleichzeitig als Personenbeurteilung empfunden wird. Erhält ein Schüler eine schlechte Note für seine schulische Leistung, dann sieht er auch darin eine Abwertung oder Ablehnung seiner Person, eine gute Note belegt hingegen eine Aufwertung. Gute Schulleistungen wirken als Quelle der Selbstsicherheit, schlechte sind eher identitätsbedrohend einzuschätzen. Deshalb steht das Selbstwertgefühl von Kindern und Jugendlichen in einem direkten Zusammenhang mit ihren Leistungsstand.

Die Abhängigkeit des Selbstwertgefühls von der Akzeptanz oder der Ablehnung von anderen Menschen erfahren die Heranwachsenden nicht erst in der Schule. Meist sind es in erster Linie die Eltern, die grundlegende Erlebnisse zu Leistungsmaßstäben vermitteln. Fühlt sich ein Kind erwünscht und wird es auf seinem Lernweg unterstützt und ermutigt, dann baut es auch rasch ein gesundes Selbstwertgefühl auf. Empfängt ein Kind über seine Eltern jedoch nach dem Motto „Das kannst du sowieso nicht! Lass es lieber!" den Eindruck, aus eigener Kraft nicht zu taugen, dann nisten sich eher Minderwertigkeitsgefühle in das Persönlichkeitsbild ein. Die Motivationspsychologie spricht dann von einer Misserfolgsorientierung im Leistungsverhalten. Traut sich ein Kind aufgrund von Sozialisationserfahrungen wenig zu und erhält nun in der Schule kaum ermutigende Rückmeldungen, dann verfestigt sich das negative Selbstbild zusehends.

Nun sind Schulen in aller Regel nach dem Leistungs- und Rivalitätsprinzip aufgebaut, was die schulische Sozialisation in der Polarität Können-Nichtkönnen zu einem Ablauf von angsterregenden Bewährungssituationen werden lässt. Es ist mittlerweile unstrittig,

> „dass Angst in der Schule häufig ausgelöst wird und zwar vor allem im Kontext der subjektiven Verarbeitung schulischer Leistungsanforderungen" (ebenda, S. 389).

Etliche Untersuchungen haben einen Zusammenhang zwischen Schulleistung und der Verbreitung von Schulangst, bzw. auch Leistungsangst nachgewiesen (vgl. ROST/SCHERMER 1998).

Kommen die drei Faktoren – schlechte Schulleistungen, negatives Selbstbild und Schulangst – in einem Interaktionsgefüge zusammen, dann fügen sich hieraus mit hoher Wahrscheinlichkeit die Konsequenzen des Schulversagens zu einem Bild einer problematischen schulischen Sozialisation zusammen. Diese Sozialisation ist dadurch gekennzeichnet, dass es durch Zurückstellungen und

Klassenwiederholungen einmal zu Verzögerungen und Brüchen in der Schullaufbahn, zum anderen häufig auch zu sozialen Abwertungen und zu Etikettierungen kommt. Kritik und Strafen der Eltern und Anerkennungsverluste durch Gleichaltrige verschärfen diese schon ohnehin schwierige und belastende Situation.

Schulverweigerung

Wir kennen aus dem Alltag vermutlich alle das Phänomen, dass wir gegen etwas eine Abneigung empfinden. Auf Schule bezogen wird in der Literatur häufig beklagt, dass mit zunehmender Dauer des Schulbesuchs auch die Abneigung gegen Schule zunehmen würde. Eine solche Abneigung, manchmal auch als Schulunlust oder Schulmüdigkeit beschrieben, kann sich bis zur Schulverweigerung ausweiten. Die Schule wird dann als dermaßen unangenehm oder bedrohlich empfunden, dass sie ganz gemieden wird. Nun bezeichnet Schulverweigerung aber keine homogene Gruppe. Sie umfasst Schülerinnen und Schüler, die noch am Unterricht teilnehmen, aber eine Leistung verweigern, aber auch solche, die konsequent – trotz Schulpflicht – dem Unterricht fernbleiben. Schulverweigerung lässt sich nach THIMM (1998, S. 44f) in unterschiedliche Typen zusammenfassen:

- Passive Schulablehnung; damit sind Formen des inneren Ausstiegs aus dem Unterricht gemeint (Träumen, Inaktivität etc.).
- Aktionsorientierte Schulverweigerung; hiermit wird ein destruktives Verhalten im Unterricht angesprochen, das über das „normale" Stören hinausgeht, sei es anhaltende Nichterfüllung von Aufgaben oder die Beleidigung von Lehrkräften.
- Dauerhafte Schulabwesenheit; gemeint ist hier das bekannte „Schwänzen", das jedoch über „normale" Dimensionen hinausgeht und auch mit weitreichenden Folgen verbunden ist.
- Schulverweigerung als psycho-somatischer Symptomkomplex; dieser Typ der Schulverweigerung ist den Eltern meistens bekannt. Dazu gehört beispielsweise ausgeprägte Schulangst, die in der Regel dann auch therapeuthisch behandelt wird.

Fragen zu den Ursachen der Schulverweigerung führen in verschiedene Richtungen. Eine wichtige Rolle spielt sicherlich das Leistungs- und Konkurrenzprinzip, d. h. vor allem die vergleichende Bewertung von Leistungen. Für viele Kinder und Jugendliche ist dies eine Bedrohung ihres Selbstwertgefühls (vgl. oberen Abschnitt zum Thema Schulversagen) und bei psychisch eher labilen Schülerinnen und Schülern kann es zur Schulangst und weiteren psychischen

Belastungen führen. Ein Fernbleiben von der Schule ist dann ein Versuch, sich diesen Bedrohungen und Belastungen zu entziehen.

Häufig werden für Schulverweigerung auch familiäre Verhältnisse als Ursache genannt. Dabei geht es um Vernachlässigung wie auch um Überbehütung als Auslöser des Fernbleibens von der Schule. Des weiteren tauchen Suchtprobleme, Gewalt in der Familie, Scheidungen und häufige Partnerwechsel der Eltern als Mitverursacher von Schulverweigerung auf (vgl. THIMM 1998, S. 50).

Eine Facette von Ursachen ist auch, dass Eltern die Schulverweigerung ihrer Kinder unterstützen oder sich für den Schulbesuch überhaupt nicht interessieren. Es gibt Eltern, die die Ansicht ihrer Kinder zur Sinnlosigkeit der Schule teilen und Zweifel haben, ob der Schulbesuch überhaupt nützlich ist.

Schließlich ist noch die kollektive Schulverweigerung zu nennen, wobei insbesondere die Auseinandersetzungen zwischen rivalisierenden Banden und Cliquen eine Rolle spielen (vgl. SCHREIBER-KITTL 2001). Die Angst vor einer anderen Bande führt dazu, dass eine ganze Schülergruppe die Schule meidet.

Überhaupt ist Angst – nicht nur Schulangst – ein zentraler Dreh- und Angelpunkt der Schulverweigerung (vgl. ebenda). Schülerinnen und Schüler haben Angst vor Lehrkräften, vor den Eltern und vor „mobbenden" Mitschülerinnen und Mitschülern.

Schulverweigerung und ebenso Schulversagen dürfen aber nicht nur auf   Probleme von Kindern und Jugendlichen mit der Schule zurückgeführt werden, sondern stehen auch immer im Zusammenhang mit der Schule als Institution. Mit den hier behandelten Phänomenen zeigen sich besonders deutlich Sozialisationseffekte der Schule, die der Paradoxie des gesellschaftlichen Auftrags von Schule zuzuschreiben sind. Diese Paradoxie, zugleich fördern und auslesen zu müssen, wird vermutlich nicht aufzulösen sein, aber es sollte der Blick sehr viel stärker als bisher auf die Förderung von benachteiligten Schülerinnen und Schülern gerichtet werden.

5.6   Schule und Selbstwertgefühl

Im vorigen Kapitel ist schon auf die Bedeutung des Selbstwertgefühls im schulischen Sozialisationsprozess im Zusammenhang mit Schulversagen hingewiesen worden (allgemein zur Selbstsozialisation vgl. Kapitel 3.5). Die Schule eröffnet Kindern und Jugendlichen sehr viel stärker und häufiger als die Familie

Gelegenheiten, sich mit anderen zu vergleichen oder eine Bewertung durch andere wahrzunehmen und das Gefühl, die eigene Situation „im Griff zu haben", zu verbessern. Es sind hierbei insbesondere drei Kernbereiche zu unterscheiden, die einen erheblichen Einfluss auf die Entwicklung der Selbstbewertung, bzw. des Selbstwertgefühls haben.

Schulerfolg	Anerkennung in der Altersgruppe	Lehrer-Schüler-Interaktion
Auswirkungen auf die Entwicklung des Selbstwertgefühls haben • Zensuren • Schulform • Kurssystem (Fachleistungskurse/ Grund- und Erweiterungskurse u.ä.) als Erfolgs- oder Misserfolgsrückmeldungen.	Sozialer Erfolg ist ein zirkulärer Prozess. Schülerinnen und Schüler, die ein Polster mit positiven Selbstwertgefühl besitzen, erhalten auch eher informelle Anerkennung. (Hier zeigt sich oftmals die enge Verzahnung von kulturellem mit sozialem Kapital – vgl. Kapitel 3.3.3.)	Wichtige Einflussfaktoren auf die Eigenbewertung der Schülerinnen und Schüler sind • die Art und Weise, wie die Lehrkräfte den schulischen Erfolg oder Misserfolg kommunizieren • und wie sie den Leistungsdruck im Unterricht aufbauen, vermitteln oder abschwächen.

Diese Bereiche schulischer Sozialisation stehen in ständigen Wechselbeziehungen zueinander und können sich gegenseitig bestätigen, aufrechterhalten und verstärken. Erfolge und Anerkennung sind dabei zentrale Quellen, aus denen Kinder und Jugendliche ein starkes und positives Selbstwertgefühl schöpfen.

Wie kommt es nun dazu, dass einige Schülerinnen und Schüler in den unterschiedlichen Schulsituationen Erfolge und Anerkennung finden, andere kaum oder überhaupt nicht? Als Antwort ist zuerst einmal der nach wie vor geltende Hinweis auf das sozialschichtabhängige Herkunftsmilieu zu geben. Ob sich das Selbstwertgefühl auf hohem Niveau bewegt, hängt schlicht davon ab, ob eine Entwicklung in diese Richtung in der Familie gefördert, bzw. beachtet wird. Es ist davon auszugehen, dass eine diesbezügliche bewusste Förderung in unteren Sozialschichten erheblich weniger der Fall sein wird. Eine zweite – nicht weniger wirksame – Einflussvariable ist das Geschlecht. Mädchen verfügen allein aus den Folgen geschlechtstypischer Sozialisation über ein weniger ausgeprägtes Selbstwertgefühl und über weniger Selbstvertrauen als Jungen (vgl. HORSTKEMPER 1987).

Eine weitere Antwort zu der oben gestellten Frage liegt in der Wirkung von zwei bestimmten Kreisprozessen. Der erste ist als *formeller Verstärkungsprozess* zu fassen. Finden Kinder und Jugendliche im Elternhaus frühzeitig Bestätigungen und Anerkennungen für ihr Tun, dann kann sich dies in der Schulzeit auch in größerem Erfolg auswirken. Das ergibt eine Festigung des Selbstwertgefühls und des Selbstvertrauens und das wiederum führt zu besseren Leistungen. Diese führen dann wiederum zur Stärkung des Selbstwerts.

Bevorzugte elterliche Situation

Fühe Förderung im Elternhaus

Bereitschaft, sich Anforderungen auszusetzen

Schulischer Erfolg

Festigung des Selbstvertrauens

Hohes Niveau des Selbstwertgefühls

Der zweite Kreisprozess kann als *informeller Verstärkungsprozess* postuliert werden. Kinder und Jugendliche, die von Haus aus ein gutes Polster aus Selbstvertrauen mitbringen, werden auch bei ihren Mitschülern und Mitschülerinnen schneller und häufiger als andere die Initiativen ergreifen, aber auch Belohnungen verteilen. Dies wird in aller Regel von allen honoriert und führt zur Stärkung des Selbstvertrauens. Hierdurch stabilisiert sich wiederum deren sozialer Habitus.

Initiatoren, Gesprächsführer

Stabiler sozialer Habitus

Festigung des Selbstvertrauens

Hohes Niveau des Selbstwertgefühls

Anerkennung durch Mitschülerinnen und Mitschüler

Beliebtheit

Diese beiden Verstärkungsprozesse bewegen sich nicht unabhängig voneinander, sie sind aber in ihrer Bewegung sehr stark von den jeweiligen Vorstellungen und Wertstrukturen einer Altersgruppe abhängig. Daneben sollte auch deutlich geworden sein, wie stark die Entwicklung des Selbstvertrauens und des Selbstwertgefühls von der sozialen Herkunft abhängig ist. Schulische Sozialisation ist in diesen Zusammenhängen ein Teil jener Prozesse, die dazu beitragen, die Sozialstruktur einer Gesellschaft zu reproduzieren.

5.7 Abweichendes Schülerverhalten – Schulische Sozialisation und Etikettierung

Im Grunde verhalten sich alle Schülerinnen und Schüler im Schulalltag mehr oder weniger abweichend. Mit anderen Worten: abweichendes Schülerverhalten ist keine Ausnahme, sondern der Normalfall. Abweichend wird ein Verhalten immer dann genannt, wenn es gegen schulische Normen und Regeln verstößt. Solche Verstöße bilden beispielsweise auch schlichte Unterrichtsstörungen wie Sachen herumwerfen oder mit dem Tischnachbarn tuscheln u.ä. Aber erst dann, wenn eine Störung dem Lehrer oder der Lehrerin wiederholt auffällt und als gravierende Regelverletzung sanktioniert wird, entsteht im offiziellen Sinne „abweichendes Verhalten".

Die Entstehung und die Folgen dieses Verhaltens werden seit geraumer Zeit als *Labeling Approach* thematisiert. Labeling Approach ist ein Sammelbegriff für verschiedene interaktionistisch orientierte Erklärungsansätze abweichenden Verhaltens, die aber über folgende zentrale Gemeinsamkeiten verfügen (Zusammenstellung aus: LAMNEK 1997, S. 24):

Labeling Approach

- Abweichendes Verhalten wird von der sozialen Umwelt, die auf bestimmte Verhaltensweisen reagiert, erzeugt.
- Die Produktion abweichenden Verhaltens erfolgt in einem interaktiven Prozess.
- Die Zuschreibung des Etiketts „abweichend" erfolgt gruppen-, situations- und personenspezifisch.
- Verhaltensweisen als abweichend zu definieren, ist informell und/ oder formell durch offizielle Instanzen der sozialen Kontrolle möglich.
- Erfolgen solche Definitionen personen- oder rollenspezifisch, so werden „normale" konforme Handlungsmöglichkeiten reduziert und es beginnt eine „abweichende Karriere".
- Durch weitere Zuschreibungsprozesse entwickelt sich eine abweichende Identität und es verfestigen sich die zugesprochenen Verhaltensweisen.

Für die schulische Sozialisation ist in diesem Zusammenhang der Ausgangspunkt die Definitionsmacht des Lehrers. Wie bewertet er beispielsweise lautes Reden? Ist es eine Störung des Unterrichts oder der Ausdruck eines Kommunikationsbedürfnisses? Da guter Unterricht zumeist mit ruhigem und geordnetem Unterricht gleichgesetzt wird, ist anzunehmen, dass lautes Reden eher als Störung angesehen wird. Die an den betreffenden Schüler herangetragene Definition „Du bist ein Störer" wird mit der Zeit fest mit der Person verknüpft. Anders ausgedrückt: Der Schüler hat nun ein Etikett oder Stigma, was ihm kurzerhand auch einen neuen Status zuschreibt. Mit seinem Etikett wird sich der Schüler so verhalten, wie es der Lehrer definiert. Allmählich wird er durch diese Fremddefinition in die Rolle des „Abweichlers" gedrängt, weil ihm eigentlich vom Lehrer, aber auch von seinen Mitschülern, gar kein anderes Verhalten mehr zugebilligt wird (vgl. HOLTAPPELS 1987). Etikettierung zeigt sich hier als ein Teufelskreis von Zuschreibung und Reaktion.

Auch bei dieser Ausprägung schulischer Sozialisation ist die Schulleistung ein einflussreicher Faktor. Die ungünstige Situation, in der sich leistungsschwache Schülerinnen und Schüler befinden, wird häufiger als bei leistungsstärkeren zusätzlich noch durch abweichendes Verhalten verschärft.

„Die Haupttendenz besteht darin, dass leistungsschwache Schüler und Klassenwiederholer weitaus häufiger sich selbst als Abweichler typisiert sehen, und je stärker dies der Fall ist, desto zahlreicher werden die Normverstöße" (ULICH 1991, S. 392).

Die institutionelle Reaktion auf leistungsschwache Schüler, die zusätzlich noch als Abweichler gelten, ist in der Regel die Aussonderung, sei es in eine untere Schulform – beispielsweise von der Realschule in die Hauptschule – oder in eine spezielle Schule, der Förderschule. Dieser Vorgang zeigt, wie die Institution Schule versucht, „Normalität" aufrechtzuerhalten. Der interaktionistische Ansatz der Analyse schulischer Sozialisationsprozesse macht aber deutlich, dass im Schulalltag durch gestörte und verzerrte Kommunikationsprozesse immer wieder „Abweichler" produziert werden. Der Verdienst von interaktionistischen Analysen liegt darin, die Logik und die Mechanismen dieser „Produktion" aufzudecken.

Kritisch wird häufig angemerkt – und diese Kritik hat ihre Berechtigung – ,dass abweichendes Verhalten nach dem interaktionistisch orientierten Labeling-Ansatz lediglich als Produkt eines Zuschreibungsprozesses interpretiert werden kann und sich die Heranwachsenden ohnmächtig den Fremdeinschätzungen der definitionsmächtigeren Lehrern anpassen und sich dadurch nicht mehr mit der Schule produktiv verändernd auseinandersetzen (HELSPER 1993, S. 354). Dennoch hat dieser Ansatz trotz aller Mängel die Klärung schulischer Sozialisationsprozesse auf der Ebene des Subjekts ein gutes Stück vorangebracht.

5.8   Mädchen und Jungen in der Schule – Koedukation

Wenn Kinder in die Schule kommen, haben sich schon wesentliche Aneignungsprozesse der Kultur der Zweigeschlechtlichkeit vollzogen. Kinder sind am Einschulungstag bereits Mädchen oder Jungen geworden. Wie ergeht es ihnen nun in der Schule? Dies ist eine Frage an die Sozialisationsforschung, die sich um die Geschlechterfrage in der Schule kümmert. Lange wurde dieses Feld von der feministischen Schulforschung dominiert. Für die Forscherinnen stehen verständlicherweise die Mädchen im Zentrum der Untersuchungen, denn was läge näher als das Interesse der Frauen an der schulischen Sozialisation von Mädchen. Schule ist in den feministischen Analysen generell eine Institution der patriarchalischen Gesellschaft. Die gemeinsame Erziehung von Jungen und Mädchen ist seit Einführung der Koedukation 1965 auch im Sekundarschulbereich zwar das Normale, doch werden im Unterricht die geschlechtstypischen Rollenklischees über einen „heimlichen Lehrplan" immer wieder reproduziert (vgl. HILGERS 1994). Die Mädchen sind auf den ersten Blick angemessen repräsentiert und schneiden, was Noten und Abschlüsse anbetrifft, schon seit längerem gleich gut und besser ab als ihre männlichen Mitschüler. Die Schulforscherinnen interessierte, ob die zahlenmäßig gute Vertretung von Mädchen und ihre guten Schulleistungen auch einem Abbau von geschlechtstypischen Benachteiligungen entsprechen würde. Dahinter steht die Frage, ob die Koedukation helfen kann, über die schulische Sozialisation den Weg zu einer faktischen Gleichberechtigung zu ebnen. Werden also Jungen und Mädchen im Unterricht gleichbehandelt? Im Folgenden sollen Ergebnisse der Schulforschung zusammengetragen und diskutiert werden, die einen Blick auf die schulische Sozialisation von Mädchen und Jungen zulassen. Es geht um das Für und Wider der Koedukation und der möglichen oder weniger sinnvollen Veränderungen im schulischen Zusammenleben der Geschlechter.

5.8.1 Mädchen: Die Opfer der Koedukation?
Ergebnisse der Schulforschung

Häufigster Diskussionspunkt zum Pro und Contra in der Koedukationsdebatte ist die Frage, wem die gemeinsame Erziehung am meisten nützt, den Jungen oder den Mädchen. Engagierte Lehrerinnen und Schulforscherinnen stellen in der Regel fest, dass die Mädchen die Verliererinnen seien. Hintergrund dieser Sichtweise sind zahlreiche Interaktionsstudien, beginnend mit den Untersuchungen von FRASCH und WAGNER (1982), die ausschließlich das geschlechtstypisch unterschiedliche Verhalten von Lehrerinnen und Lehrern gegenüber Schülerinnen und Schülern thematisierten. Die beiden Forscherinnen stellten fest, dass Jungen im Unterricht signifikant häufiger aufgerufen, gelobt, getadelt und wegen mangelnder Disziplin ermahnt werden (ebenda, S.272); Jungen haben mehr Blickkontakt mit den Lehrpersonen, mehr räumliche Nähe und erhalten mehr Rückfragen. Anders ausgedrückt: Jungen erhalten in der Schule mehr Aufmerksamkeit von Lehrerinnen und Lehrern als Mädchen – und dies oftmals entgegen der ausdrücklichen Intention der Erwachsenen.

> „Einstellung und selektive Wahrnehmung des Lehrers drücken sich darin aus, dass der Unterrichtsbeitrag von Jungen – unbemerkt – als wertvoller eingestuft und Jungen für förderungswürdiger erachtet werden. Lehrer spornen deshalb Jungen mehr an, was zu häufigerem Lob und Tadel und Disziplintadel führen kann, wenn die schulische Mitarbeit der Jungen durch deren aggressives Verhalten gefährdet ist, auf Jungen achtet man einfach mehr" (ebenda, S. 275).

Bemerkenswert ist, dass Lehrer zwar eher dazu neigen, ihre Aufmerksamkeit den Schülern zu schenken, der Unterschied zu Lehrerinnen ist aber nicht sonderlich stark ausgeprägt. Hier wirkt der „heimliche Lehrplan" von nicht hinterfragten geschlechtsrollenstereotypen Annahmen. Gängige Interpretation dieser Ergebnisse einer Beobachtung in 35 Klassen des 4. Schuljahres (1082 Schülerinnen und Schüler, 18 Lehrer und 17 Lehrerinnen) ist, dass sich über verschiedene Effekte des „heimlichen Lehrplans" die unterschiedliche Wertschätzung der Geschlechter in der Schule reproduziert und verstärkt (vgl. NYSSEN/SCHÖN 1992). Unabhängig von der Schulleistung halten Lehrerinnen und Lehrer die Jungen in der Schule für intelligenter, aufgeweckter, kreativer und phantasievoller (vgl. BREHMER 1991). Anschaulich, zum Teil dramatisch und erlebnisartig, beschreibt die Journalistin Peggy ORENSTEIN (1996) ihre Beobachtungen in den achten Klassen zweier koedukativer Schulen in den USA, wie Jungen in den Schulen von Lehrerinnen und Lehrern geschützt und Mädchen von Jungen „angemacht" und sexuell belästigt werden. „Schlechte Nachrichten für brave Mädchen".

Die Bevorzugung von Jungen im Unterricht – jedenfalls, was die quantitative Seite angeht – wird in anderen Veröffentlichungen bestätigt, die ebenfalls die Lehrerinnen/Lehrer-Schülerinnen/Schüler-Interaktion thematisiert haben. In der Schule werden von den Erwachsenen unterschiedliche Sozialisationsstandards benutzt, einer für Jungen und einer für Mädchen, wobei stets die Jungen stärker im Blick sind, ohne dass dies von den Erwachsenen beabsichtigt oder ein bewusstes Verhalten wäre. Darauf weisen die Arbeiten hin von SPENDER und SARAH (1980), SKINNINGSRUD (1984), SPENDER (1985), ENDERS-DRAGÄSSER und FUCHS (1989). In der Unterrichtsplanung beispielsweise wird von den Lehrenden zuerst einmal das Jungenverhalten berücksichtigt. Von Jungen erwartet man mehr Lernschwierigkeiten und deshalb erscheint es pädagogisch erforderlich, mehr für sie tun zu müssen, damit auch sie die Unterrichtsinhalte mitbekommen. Des weiteren liegt die Berücksichtigung von Jungen darin, dass guter Unterricht schnell gleichgesetzt wird mit störungsfreiem Unterricht – und Störungen werden am ehesten von Jungen erwartet. Deshalb werden in der Unterrichtsvorbereitung weitgehend Themen ausgewählt, von denen die Lehrerinnen und Lehrer erhoffen, dass sie für die Jungen interessant und spannend sind (vgl. ENDERS-DRAGÄSSER 1989, METZ-GÖCKEL 1989, BÖHNISCH/WINTER 1993, S.105 f).

> „Den Mädchen wird auf diese Weise vermittelt, dass sie und ihre Interessen und Themen nicht wichtig genug sind, um im Unterricht gleichwertig behandelt zu werden. Sie lernen, die Bevorzugung der Jungen und ihr Dominanz- und Störverhalten für normal und unabänderlich zu halten" (ENDERS-DRAGÄSSER 1989, S.6).

Eine solche geschlechtstypische Hierarchisierung lässt sich auch in der Schüler-Schülerinnen-Beziehung feststellen. In dem schon genannten Forschungsprojekt von FRASCH und WAGNER haben Monika BARZ und Susanne MAIER-STÖRMER

(1982) das Verhältnis von Jungen und Mädchen zueinander untersucht. In Interviews wurde deutlich, dass Jungen immer wieder ihre Dominanz gegenüber den Mädchen herausstellen wollen, am häufigsten über verbale und physische Gewalt. Mädchen entwickeln eher passive Widerstandsformen des Duldens oder des Sichzurückziehens (ebenda, S.280 ff). Durch diese geschlechtstypischen Verhaltensweisen stärken die Jungen ihr Durchsetzungsvermögen und ihr Selbstwertgefühl zu Lasten der Mädchen, die sie verunsichern, lächerlich machen und belästigen, womit dann immer wieder die „männliche Überlegenheit" reproduziert wird (vgl. auch BARZ 1984, ENDERS-DRAGÄSSER 1989). In der Reutlinger Untersuchung bezieht sich beispielsweise fast die Hälfte aller Äußerungen von Mädchen darauf, von Jungen geärgert zu werden. Mehr als ein Viertel aller Mädchen beklagen sich sogar darüber, dass sie von Jungen geschlagen werden (BARZ 1984, S.51).

Das dominante und unsoziale Verhalten der Jungen wird in der Schule von Lehrerinnen und Lehrern auch noch sozial anerkannt, sei es durch Augenzwinkern oder Zorn (ENDERS-DRAGÄSSER 1989 und 1991). Obwohl das Jungenverhalten das Unterrichtsgeschehen beeinträchtigt und stört, wird es dennoch als „normal", als Ausdruck von Männlichkeit wahrgenommen und sozial akzeptiert. Die Schulforscherinnen analysieren diese Situation als Effekt der Wahrnehmungsverzerrung, als Fixierung auf geschlechtsrollenstereotypes Verhalten (vgl. HEUER 1994). Soziale Anerkennung bekommen die Mädchen für ihr Verhalten, das die Qualität des Unterrichts eher fördert, hingegen nicht. Die norwegische Forscherin SKINNINGSRUD (1984) hat darauf hingewiesen, dass Mädchen sich im Unterricht eher kooperativ, integrativ und aufgabenorientiert verhalten. Sie stellen Verständnisfragen und erhöhen damit die Redundanz des Unterrichts (vgl. ENDERS-DRAGÄSSER/FUCHS 1988, S.22 f). Doch dieses Verhalten wird nicht als Lernleistung der Mädchen und nicht als soziales Gegengewicht gegenüber des störenden Jungenverhaltens wahrgenommen, sondern als selbstverständliches, „normales" Mädchenverhalten ganz einfach sogar erwartet. So entsteht ein Paradoxon: Das defizitäre Verhalten der Jungen stärkt deren Selbstwertgefühl, die fachliche und interaktionelle Leistung der Mädchen bleibt nahezu unbeachtet.

Das Selbstwertgefühl der Mädchen wird in der Schule sogar eher beeinträchtigt denn gestärkt. Dies wird von einer Längsschnittstudie an hessischen Gesamtschulen bestätigt. Marianne HORSTKEMPER (1987) hat in drei Jahren mit einer standardisierten Befragung 849 Jungen und 764 Mädchen im 5. bis 9. Jahrgang erfasst. Im Zentrum der Untersuchung stand die Beobachtung der Entwicklung von Selbstvertrauen während der Schulzeit. Es hat sich gezeigt, dass die Mädchen – trotz guter Schulerfolge – in der Ausbildung eines positiven Selbstbildes behindert werden. Die Schulforscherin Marianne HORSTKEMPER fasst zusammen:

> „Überaus deutlich hat sich herauskristallisiert, dass der Zuwachs an Selbstvertrauen bei Jungen durchgängig auf höherem Niveau erfolgt als bei den Mädchen. Dieser Niveauunterschied ist zu Beginn der Sekundarstufe noch unbedeutend, vergrößert sich aber im Laufe der Zeit. Dieser Vorsprung des Selbstvertrauens von Jungen lässt sich als durchgängiges Ergebnis in allen Subgruppen unserer Stichprobe nachweisen. Wir können somit festhalten, dass die Erfahrungen im Laufe der Schulzeit nicht etwa zu einer Angleichung des Selbstvertrauens zwischen den Geschlechtern führen, sondern im Gegenteil auf eine Auseinanderentwicklung hinauslaufen, bei der die Mädchen schlechter abschneiden" (ebenda, S.214).

Als Ursache für die benachteiligenden schulischen Sozialisationsprozesse machen sich vermutlich geschlechtstypische Interaktions- und Attribuierungsmuster der Lehrerinnen und Lehrer bemerkbar: Eher als „männlich" kategorisierbare Verhaltensweisen erhalten eine höhere Wertschätzung als solche, die eher als „weiblich" eingestuft werden. Beispielsweise werden gute Schulleistungen – die unbestritten ein überaus wichtiger Faktor beim Aufbau von Selbstvertrauen sind (vgl. MÜHLEN-ACHS 1987) – bei Mädchen eher als Ergebnis von Anstrengung, bei Jungen eher als Begabung interpretiert. Obwohl die Mädchen schulisch deutlich erfolgreicher sind als Jungen, nützt ihnen das bezüglich der Stärkung von Selbstvertrauen wenig, der Selbstvertrauensabstand zwischen den Geschlechtern vergrößert sich während der Schulzeit stetig (HORSTKEMPER 1987). Dies wird in einer Untersuchung über den Zusammenhang von Leistung im Mathematikunterricht und leistungsbezogenem Selbstvertrauen bestätigt. Obwohl Jungen einer 5. Klasse in Mathematik real (Tests und Noten) gar nicht leistungsfähiger als Mädchen waren, trauten sie sich erheblich mehr zu (HELMKE, 1992, S.130). Fazit: Auch im Aufbau von Selbstwertgefühl wirkt die Kultur der Zweigeschlechtlichkeit in der Schule als Benachteiligung der Mädchen.

Ein weiterer Faktor der Benachteiligung wurde von der feministischen Schulforschung in den Schulbüchern identifiziert. Inhaltsanalysen von Deutsch-, Englisch- und Mathematikschulbüchern haben eine quantitative und qualitative Dominanz von Männern und Jungen ergeben (ZUMBÜHL 1982, GLÖTZNER 1982, HÄUSSLER/KIRSCHE/KOETTLITZ 1987, DEMES 1989, GRIESE 1990, FICHERA 1990). Frauen werden als defizitäre Menschen dargestellt, Männer sind das normative Ideal und natürlich die Hauptpersonen des Geschehens in den Schulbüchern. Dreiviertel aller Hauptpersonen in den untersuchten Schulbüchern sind männlich (DICK 1986) und diese Männer werden zudem in attraktiven Berufen, Frauen – wenn sie überhaupt auftauchen – überwiegend bei Hausarbeit und Kindererziehung gezeigt. Trotz schlichten methodischen Verfahrens – in den Schulbuchtexten wird einfach ausgezählt – bleiben die Ergebnisse unbestritten: Einseitig werden in Schulbüchern geschlechtstypische Rollenmuster, die zum Teil nichts mehr mit der gesellschaftlichen Wirklichkeit zu tun haben, vermittelt. Umstritten ist jedoch, ob die Inhalte von Schulbüchern auch die behaupteten Auswirkungen bezüglich geschlechtstypischen Verhaltens und Denkens einnehmen (vgl. ULICH 1987). Im nächsten Kapitel wird darauf noch ausführlicher eingegangen.

Breiten Raum im Nachweis der Benachteiligung von Mädchen in der Koedukation nehmen die fachspezifischen Präferenzen von Mädchen und Jungen ein. In etlichen Studien wird immer wieder darauf hingewiesen, dass bei frei wählbaren Unterrichtsfächern in koedukativen Schulen klare geschlechtstypische Fächerpolarisierungen stattfinden. Mädchen wählen in allen Schulformen überaus häufig Fremdsprachen und künstlerische Fächer, die Jungen mathematisch-naturwissenschaftliche (HURRELMANN u.a. 1986, HANNOVER 1989). Latein wiederum wird stärker von Jungen präferiert, da dieses Fach Zugangsvoraussetzung für bestimmte attraktive Studienfächer ist, beispielsweise für Medizin (Kreienbaum 1992, S. 49). Ohne das Konkurrenzverhältnis zu den Jungen wählen die Mädchen hingegen in reinen Mädchenschulen aus der gesamten Palette des Fächerangebots und studieren nach dem Abitur auch häufiger als Absolventinnen von koedukativen Gymnasien naturwissenschaftliche Fächer (KAUERMANN-WALTER/KREIENBAUM/METZ-GÖCKEL 1988). 1987 ist dies in einer Befragung von Studentinnen ab dem vierten Semester für die Fächer Chemie und Informatik an den Hochschulen Aachen, Dortmund und Paderborn festgestellt worden (ebenda). Die Begründung liegt nahe: An Mädchengymnasien erfahren die Schülerinnen weniger Vorurteile und Diskriminierungen in mathematisch-naturwissenschaftlichen Fächern (ULICH 1991).

Die Zusammenschau der referierten Forschungsergebnisse ergibt ein eindeutiges Bild: In koedukativen Schulen werden Mädchen benachteiligt. Die Lehrerinnen und Lehrer schenken den Jungen mehr Aufmerksamkeit. Jungen beherrschen das Unterrichtsgeschehen, aber lediglich über Störungen und Disziplinlosigkeit, während dem integrativen Verhalten der Mädchen wenig Beachtung geschenkt wird. Mädchen beenden ihre Schulzeit mit einem geringeren Selbstbewusstsein, obwohl ihre Schulleistungen durchschnittlich besser sind als die ihrer Mitschüler. Jungen neigen zur Selbstüberschätzung, Mädchen zu einer unangemessenen niedrigen Selbsteinschätzung. Themen, Texte und Materialien unterstützen diesen Benachteiligungsprozess durch typische Klischeedarstellungen. Immer dann, wenn Mädchen und Jungen die Möglichkeit einer Fächerwahl haben, kommt es zu „Wissensrevieren": Mädchen wählen sprachliche und musische, Jungen mathematisch-naturwissenschaftliche Fächer.

Das Bild, das hier von den Jungen gezeichnet wird, verleitet auf den ersten Blick wirklich dazu, sich der Meinung anzuschließen, dass Jungen über den „heimlichen Lehrplan" der geschlechtstypischen schulischen Sozialisation die großen Nutznießer des koedukativen Schulsystems sind. Zwischen den Zeilen wird immer wieder die These sichtbar, dass die Diskriminierung der Mädchen gleichbedeutend mit der Privilegierung der Jungen sei. Doch die lange Zeit akzeptierte Eindeutigkeit der Interpretation der Ergebnisse der feministischen Schulforschung wird mittlerweile angezweifelt, die Ergebnisse werden differenzierter und kritischer betrachtet, zum Teil sogar als „Flickwerk" ohne tragfähige theoretische und empirische Traditionslinien bezeichnet (BREITENBACH 1994, S.185).

5.8.2 Einige (kritische) Anmerkungen zur Koedukationsdebatte

Bis in die jüngste Zeit hinein, finden sich nur wenige Veröffentlichungen zur Koedukation, die sich die Mühe machen, die Situation der Jungen differenziert darzustellen. In einer der ersten, eine Expertise zum Thema „Jungensozialisation in der Schule" (ENDERS-DRAGÄSSER/FUCHS 1988) wird ein ausführliches Klagelied über klassische jungentypischen Umgangsformen vorgetragen. Jungen zeigen in der Regel defizitäres Verhalten und sind damit auch für die Benachteiligung von Mädchen in dem sowieso schon jungenorientierten Schulsystem mitverantwortlich. Hinzu kommt die unterschwellige Botschaft der Lehrerinnen und Lehrer, dass Jungen wichtiger sind als Mädchen. Die beiden Autorinnen fassen zusammen:

> „Jungen werden gegenüber Mädchen in einem jungenorientierten Schulsystem in vielerlei Hinsicht bevorzugt. Ihre inhaltlichen Einlassungen und ‚Störungen' erschweren die Aufhebung von Benachteiligungen der Mädchen. Es fällt Jungen schwer, sich anders als konkurrent auf Gruppensituationen einzulassen. Sie haben offensichtlich beachtliche Schwierigkeiten damit, sich selbst Grenzen zu setzen, auch wenn dies in ihrem eigenen Interesse wäre, auf die Belange und Bedürfnisse anderer einzugehen, Rücksicht zu nehmen und selbstdiszipliniert und einfühlsam in einer Gruppe mitzuarbeiten" (ebenda, S.103).

Die Lösung sehen die Forscherinnen in der Bereitstellung von sensibilisierenden Bildungsangeboten für Jungen und Männer, in der Schule wie auch in außerschulischen Bereichen. Dahinter steht die Hoffnung, dass durch die Auseinandersetzung mit der Sozialisation zur „Männlichkeit" auch den Stärken und Kompetenzen der Mädchen zur Anerkennung verholfen werden kann (ENDERS-DRAGÄSSER 1989, S.8). Im Grunde ist in dieser Sichtweise ein schlichtes Ursache-Wirkungs-Modell enthalten – ein Modell, das zum „mainstream" der feministischen Schulforschung zu zählen ist (BREITENBACH, 1994, S.186). Unberücksicht bleibt in der Expertise von ENDERS-DRAGÄSSAR und FUCHS, dass es sehr wohl auch Studien gibt, die belegen, dass Mädchen durchaus gemocht und für ihre Leistungen gelobt werden. Auf diese Studien hat Carol HAGEMANN-WHITE schon 1984 hingewiesen. Auch die Schülerinnen selbst haben den Eindruck, dass ihre Lehrer sie für befähigt halten und sie mögen (HAGEMANN-WHITE 1984, S.65). Noch früher, und zwar 1978, hat Hans PETILLON Untersuchungsergebnisse vorgelegt, die darauf hinweisen, dass Mädchen in der Schule häufiger beliebt sind als Jungen (PETILLON 1978). Für die neuere Zeit hat Ulf PREUSS-LAUSITZ ähnliche Ergebnisse veröffentlicht (PREUSS-LAUSITZ 1990). Die Eindeutigkeit der Benachteiligung von Mädchen, wie sie in der genannten Expertise wie auch in allen anderen früheren Interaktionsstudien immer wieder nachgewiesen zu sein scheint, kann vor diesem Hintergrund zumindest relativiert werden. Kritik ist aber auch noch unter anderen Gesichtspunkten anzumelden. Die geschilderten Mädchen erscheinen im Ergebnis der Interaktionen hilflos und passiv, die Jungen dagegen selbstbewusst und aktiv. In solchen Darstellungen regiert die Vorstellung von Subjekten als manipulierte Wesen, als „Opfer" oder „Täter" (vgl. TZANKOFF 1995, S.120 ff). Trotz aller Differenziertheit in den Interaktionsanalysen belassen es die Schulforscherinnen bei einem Zirkelschluss: Die Mädchen finden sich mit den vorgegebenen Stärken der Jungen ab, was dann ihre Anpassung und Benachteiligung bewirkt. Unberücksichtigt bleibt dabei, dass das Geschlechterverhältnis keine isolierbare Kategorie darstellt, die nur auf negative Auswirkungen hin eliminierbar ist (BREITENBACH 1994, S.187). Starke und aktive Mädchen oder sogar zurückhaltende und kooperative Jungen spielen in den Untersuchungen keine Rolle. Der immer wieder vorgebrachten Opfer-Täter-Argumentation liegt ein monokausaler Erklärungszusammenhang zugrunde, versteckt überholte verhaltens- und lerntheoretische Annahmen des Behaviorismus und führt zu statischen, mechanistischen Denkmodellen (NYSSEN/SCHÖN 1992, S.865 f).

Ebenfalls monokausale Sichtweisen werden vertreten, wenn es um die Sozialisationswirkung von Schulbüchern geht. Die quantitative und qualitative Unterrepräsentation von Frauen und Mädchen in den Schulbüchern ist empirisch belegt und wird auch von niemand bestritten. Auf die Ergebnisse der Schulbuchanalysen ist aber auch schon reagiert worden. In neueren Untersuchungen ist festgestellt worden, dass in Schulbüchern schon etliche Veränderungen bezüglich der Darstellung von Geschlechtsstereotypen vorgenommen wurden (HILGERS 1994, S.119 ff). Bestritten wird auch, dass die Darstellung von Geschlechtsstereotypen zwanglos geschlechtstypische Wirkung hat. Klaus ULICH (1987) weist darauf hin, dass es überzeugende und übereinstimmende Untersuchungen gibt, die nachweisen, dass die offiziellen schulischen Inhalte den Schülerinnen und Schülern ziemlich gleichgültig sind (ebenda, S.18). Diese Gleichgültigkeit wird sicherlich auch zutreffen, wenn es um Schulbuchtexte mit verschiedenen Tätigkeiten oder Positionen von Frauen und Männern geht. Der Einwand, dass geschlechtstypische Verhaltensmuster ja auch eher versteckt und unbewusst gelernt werden, ist jedoch theoretisch wie empirisch nicht belegbar (vgl. ebenda, S.19). Darüber hinaus ist sozialisationstheoretisch eine Vorstellung, dass die Schülerinnen und Schüler als passive Rezipienten zu verstehen sind, nicht haltbar. Menschen sind eben nicht Wesen, die ohne eigenständige Auseinandersetzung Inhalte – wie ein Schwamm das Wasser – einfach aufsaugen. Vor allem interaktionistische Theorien und Forschungen , aber auch konstruktivistische Modelle weisen darauf hin, wie vorgefertigte Interpretationen von Wirklichkeiten je nach der Wirksamkeit eigener Erfahrungen und Vorstellungen hinterfragt, kritisiert und bewertet werden.

Aber auch die Behauptung, dass die Benachteiligung von Mädchen zweifellos über die Fächerwahl sichtbar würde, ist umstritten. Kritikerinnen des koedukativen Schulsystems verweisen gern auf Studien zur Fächerwahl in reinen Mädchenschulen (vgl. Abschnitt 5.7.1), aus denen die Auflösung der Mädchenbenachteiligung sichtbar werden würde. Hannelore FAULSTICH-WIELAND (1991) erörtert, dass aber diese Studien ihre Tücken haben. Es kann beispielsweise überhaupt nicht belegt werden, dass in reinen Mädchenschulen einheitlich naturwissenschaftliche Interessen der Mädchen unterstützt werden (ebenda, S.70). Ihr Fazit nach der Referierung verschiedener Untersuchungen ist, dass es in der koedukativen Situation nicht eindeutig zu positiven oder zu negativen Folgen für Mädchen oder auch für Jungen führen würde (ebenda, S.72). Interessant ist in diesem Zusammenhang auch der Hinweis von Sigrid METZ-GÖCKEL und Christine ROLOFF (1987), dass dort, wo keine Möglichkeit der Fächerwahl gegeben wird, Mädchen in den Leistungen genauso gut oder schlecht sind wie die Jungen. Ulf PREUSS-LAUSITZ (1993) zieht daraus den Schluss, Naturwissenschaft als Pflichtfach gemeinsam für Jungen und Mädchen zu behalten und nicht als Wahlfach und dann für Mädchen abwählbar anzubieten. Er belegt diese Sichtweise noch mit Daten zur Leistungskurswahl an Berliner Gymnasien und resümiert, dass im Grunde Geschlechterdifferenzen nicht über die Koedukation, sondern über die freie Wahl von Fächern zur Geltung kommen (ebenda, S.156 f).

Einmal angenommen, Jungen sind tatsächlich die Gewinner der Koedukation, dann müsste sich dieser Umstand nicht nur in der Wahl karriereträchtiger Schulfächer, sondern auch in den Schulleistungen insgesamt zeigen. Hinzu kommen ja auch noch die starke Zuwendung und Förderung, die Dominanz im Unterrichtsgeschehen und der Zuschnitt der Unterrichtsinhalte auf die Jungeninteressen. Doch von einem besseren Abschneiden der Jungen kann nicht die Rede sein. So bleiben sie beispielsweise häufiger sitzen als Mädchen und sind mit ca. 60% auch häufiger in Sonderschulen für Lernbehinderte (ULICH 1991, S.394) und in Sonderschulen für Erziehungsschwierige sogar mit 75% zu finden (PREUSS-LAUSITZ 1993, S.149). In der Statistik bei den Schulentlassungen führen sie in der Rubrik „ohne Hauptschulabschluss" ebenfalls mit einem Anteil von 60% (SCHNACK/NEUTZLING 1990, S.142). Mittlerweile schlagen Mädchen häufiger als Jungen die Bildungslaufbahnen über die Gymnasien ein. In dieser Schulform liegt der Mädchenanteil beispielsweise in den Klassen 5 bis 10 bei 54% (Bundesministerium für Bildung, Wissenschaft, Forschung und Technologie 1995). Mädchen machen mehr mittlere Abschlüsse und schließen die Schule häufiger mit dem Abitur ab als Jungen (IFS-Datenservice 3/1995). In den neuen Bundesländern ist der Unterschied zwischen den Geschlechtern besonders markant. Jeder 7. Junge verlässt die Schule ohne Abschluss, dagegen nur jedes 14. Mädchen; jedes 3. Mädchen erhält das Abitur, aber nur jeder 5. Junge (ebenda).

Die Daten weisen auf eine paradoxe Situation: Die Ergebnisse der feministischen Schulforschung zeigen – trotz aller Kritik – durchaus in vielen Punkten glaubhaft, wie die Schule den Jungen hilft, sich als das überlegene Geschlecht zu fühlen; aber nicht die Mädchen, sondern diese bevorzugten Jungen scheitern in der Schule häufiger. Sie fühlen sich nicht wohler als Mädchen und sie kommen mit den schulischen Anforderungen schlechter zurecht als diese. Warum dies so ist und warum Jungen so sind, wie sie sind, ist aber nicht aus der Forschung zur Koedukation zu erfahren. Die beiden Journalisten Dieter SCHNACK und Rainer NEUTZLING versuchen, sich diesen Fragen mit weiteren, anderen Fragen zu nähern:

> „Nur ist es wirklich solch ein Zuckerschlecken, ständig Aufmerksamkeit einfordern zu müssen? Was sind das für Kinder, die enttäuscht sind, wenn sie nicht doppelt so oft drangenommen sind wie andere? Wie viel Selbstzweifel verbirgt sich dahinter, wenn ein Kind wenigstens einmal am Tag absolut im Mittelpunkt stehen muss, und sei es durch einen ausgekippten Schul-Tornister oder eine rüde Zänkerei? Wie unsicher müssen Jungen in

der Konfrontation mit dem anderen Geschlecht sein, wenn sie es kaum ertragen können, dass nicht immer „ihre" Themen durchgenommen werden? Wie unterlegen fühlt sich jemand, der von morgens bis abends seine Überlegenheit demonstrieren muss?" (SCHNACK/NEUTZLING 1990, S. 137 f).

In diesen Fragen sind eigentlich die Antworten schon mitgeliefert. Jungen kämpfen täglich darum, ihre Rolle als „richtiger Junge" auszufüllen. Es darf dabei aber auch nicht vergessen werden, dass ihnen diese Rolle abverlangt wird, von Lehrern wie von Lehrerinnen. Jungen demonstrieren Überlegenheit und Unabhängigkeit, drängen die Mädchen an die Seite und verweigern soziale Kooperation. Damit stressen sie aber nicht nur die Mädchen, die Lehrerinnen und Lehrer, sondern vor allem auch sich selbst. Jungen machen Probleme und sie haben Probleme. Die Strategie, über soziale Auffälligkeit, Anforderungen und Überforderungen zu entgegnen, geht nicht auf. Lothar Böhnisch und Reinhard Winter resümieren:

> „Sie (die Jungen, P.Z.) werden im Bereich des sozialen Lernens nicht gefordert und auch – im Sinne der Bereitstellung von Lernmöglichkeiten – zu wenig gefördert. Auch die für die Entwicklung wichtige Erfahrung des Grenzen-Gesetzt-Bekommens kommt bei ihnen zu kurz. Insgesamt verlängern oder verdichten sich so in der Schule lediglich die ohnehin vorhandenen Lernerfahrungen für Jungen. Das heißt: Der scheinbare Verhaltensvorteil wird insgesamt zum Lernnachteil" (BÖHNISCH/WINTER 1993, S.106 f).

Diese Darstellung führt schnell dazu, spezielle Jungenförderung (s. KAISER 1997), Jungenpädagogik, Jungenarbeit oder Jungengruppen zu fordern. Ähnliches wurde für Mädchen ja schon vorgemacht: Es gibt Mädchenarbeit, Mädchenförderung durch geschlechtsgetrennten Unterricht und es gibt Mädchenschulen. Über solche Lösungsansätze der Geschlechterprobleme in der Schule geht es im nächsten Abschnitt.

5.8.3 Mädchenförderung, Mädchenschulen, Jungengruppen – Sinnvolle Lösungen oder Sackgassen?

Die in der feministischen Schulforschung thematisierte Diskriminierung von Mädchen in koedukativen Schulen, führte zu der Forderung, verstärkt Mädchenschulen einzuführen (z.B. RAUCH 1989). Die existierenden Mädchenschulen sind in der überwiegenden Zahl private Schulen in konfessioneller Trägerschaft. Für den Erhalt und für die Neugründung von Mädchenschulen haben sich deshalb auch sehr schnell in der Koedukationsdebatte die Vertreterinnen und Vertreter katholischer Privatschulen zu Wort gemeldet (vgl. FAULSTICH-WIELAND 1991, S.156 f). Die aber eher konservative Ausrichtung dieser Schulen hat sehr schnell dazu geführt, dass feministisch orientierte Frauen, die Rückkehr zur Tradition der Mädchenschule als wenig wünschenswert ersahen. Die Einrichtung von „feministischen oder frauenbewegten Schulen" wurde eher als Utopie denn als realistische Veränderung des Schulwesens diskutiert. Die Diskussion pro und contra Mädchenschulen führte zu dem Ergebnis, dass eine dauerhafte Trennung der Geschlechter in den Schulen nicht erstrebenswert sei. Hannelore FAULSTICH-WIELAND (1991) fasst zusammen:

> „Die Gefahr, dass die „normalen" Mädchenschulen konservative Wertevermittlung betrieben, wäre ebenso groß wie die, dass sie wieder zur Bildung zweiter Klasse würden. Vorurteile und Diskriminierungen durch Jungen und Männer wären provoziert, und die Vorteile des unverkrampften Umgangs der Geschlechter miteinander, die auch durch koedukative Erziehung gegeben sind, wären wieder beseitigt. Zielrichtung kann auch nicht die dauerhafte Trennung in den Schulen sein, denn Schule ist eingebunden in die existierende Gesellschaft, und deren Entwicklung geht – wenngleich unendlich langsam und mühevoll – über eine Aufhebung patriarchaler Strukturen, nicht aber über eine dauerhafte Geschlechtertrennung" (ebenda, S.159 f).

Sehr viel breiter dagegen ist die Zustimmung für die teil- oder zeitweise Trennung von Jungen und Mädchen in koedukativen Schulen. Vor allem Teilungsunterricht in naturwissenschaftlichen Fächern kann dann eine Art Mädchenförderung darstellen. Schülerinnen werden ermutigt, eigene Fragestellungen zu entwickeln und Experimente durchzuführen (GRONENBERG u.a. 1993). Empfehlenswert ist auch ein regelmäßiger Wechsel zwischen homogenen und gemischtgeschlechtlichen Gruppen, damit Mädchen im Unterricht einmal Widersprüche und Konflikte entwickeln lernen, zum anderen aber auch Reibungen und Differenzen erfahren (KAHLERT/MÜLLER-BALHORN 1993).

Die Erfahrungen des getrennten Unterrichts zeigen jedoch, dass dies keine Universallösung des Geschlechterproblems in der Schule sein kann. Der Unterricht in den Mädchengruppen wird als nachrangig und qualitativ weniger wertvoll angesehen. Getrennter Unterricht wirkt eher als Verstärkung denn als Abbau von Vorurteilen (FAULSTICH-WIELAND 1991). In einer inhaltsanalytischen Auswertung von über 1700 Aufsätzen (986 Mädchen, 748 Jungen) zum Thema Koedukation kommen Hannelore FAULSTICH-WIELAND und Marianne HORSTKEMPER zu zwei zentralen Erkenntnissen. Erstens plädiert eine überwältigende Mehrheit der Jungen und Mädchen explizit für ein gemeinsames Lernen und zweitens fördert die Trennung von Jungen und Mädchen stereotype Einschätzungen des jeweils anderen Geschlechts (ebenda, S.255).

Dennoch wird in der letzten Zeit häufig die Forderung nach einer schulpädagogischen Jungenarbeit, vor allem für die Bearbeitung von psycho-sozialen Defiziten, gestellt (z.B. KRONE/OBOLENSKI 1994). Eine Begründung für diese Forderung bieten die feministischen Schulforscherinnen, die ja schon in den 80er Jahren die Defizite der Jungen thematisiert haben: Jungen können im koedukativen Unterricht nicht ihre Rollenkonflikte, ihre Unterlegenheits- und Versagensängste und die Problematik ihres männlichen Verhaltens bearbeiten (ENDERS-DRAGÄSSER/FUCHS 1988, S.21 ff). Im Zuge der aktuellen Diskussion um Bewältigungsprobleme männlicher Sozialisation (vgl. HOLLSTEIN 1991) wurde schon vor einigen Jahren in der außerschulischen, sozialpädagogisch orientierten Bildungsarbeit Jungenarbeit/Jungenförder¬ung organisiert. In der antisexistischen Jungenarbeit der „Alten Molkerei Frille" ist beispielsweise das Ziel, Jungen positive Aspekte einer Veränderung des Rollenbildes aufzuzeigen (OTTEMEIER-GLÜCKS 1990, S.59 ff, KARL/OTTEMEIER-GLÜCKS 1997, S.91 ff). Der Sozialpädagoge Uwe Sielert sieht in seinem Ansatz einer reflektierten Jungenarbeit die Möglichkeit, dass Jungen ihre Verhaltensmöglichkeiten erweitern und damit zu einem ganzheitlichen Ausleben ihrer Persönlichkeit kommen (SIELERT 1989, S.21 ff). Einen Schwerpunkt setzt er auch in die sexualpädagogische Jungenarbeit (SIELERT 1997). Andere möchten mit Jungen eher Anti-Aggressivitäts-Trainings durchführen (WEIDNER 1997).

Die Schulpädagogin Astrid KAISER (1997) versucht ein Konzept der „sozialen Jungenförderung" zu entwickeln. Dazu legt sie vier grundlegende Ansätze vor:

* Umgang mit Angst und Schwäche lernen
* Männer als Bezugspersonen für Jungen
* Schulleben hausarbeitsnah gestalten (Hausarbeitsdidaktik)
* Nicht-patriarchale Didaktik
(vgl. KAISER 1997, S. 163 ff).

So wichtig es auch ist, die Zwänge und Nöte von Jungen und Männern zu besprechen – und in der sozialpädagogischen Arbeit wird dies nach Berichten ja auch erfolgreich bewerkstelligt –, so besteht in der Einrichtung von Jungenarbeit in der Schule über geschlechtshomogene Gruppen die Gefahr, das bestehende Geschlechterverhältnis noch weiter zu stabilisieren. Jungengruppen – wie auch Mädchengruppen – können sehr schnell eher neu polarisieren und traditionell geschlechtstypisch sozialisieren, als dass sie Differenzen abbauen.

5.8.4 Reflexive Koedukation

Trotz aller Hindernisse bei der zeitweiligen Trennung von Mädchen und Jungen in der Schule, wird dieser Weg als durchaus sinnvoll eingeschätzt, nämlich dann, wenn sie mehr ist als die bloße Sortierung von Kindern und wenn in ihr die Reflexivität einer veränderten Koedukation eingebunden ist (FAULSTICH-WIELAND 1999). Die pädagogische Arbeit in der Schule sollte derart gestaltet sein, dass Interessen, Kenntnisse, Motivationen und die jeweiligen Lebensweltbezüge von Jungen und Mädchen gezielt Beachtung finden. In diesem Sinne sollte eine reflexive Koedukation folgende Punkte beachten (vgl. HORSTKEMPER/KRAUL 1999/1):

- Die Auswahl von Inhalten und Themen könnte die historische Entwicklung des Geschlechterverhältnisses sichtbar machen.
- In der methodisch-didaktischen Umsetzung sollten die unterschiedlichen Lernvoraussetzungen und Lernmodalitäten von Jungen und Mädchen beachtet werden und der Unterricht so gestaltet sein, dass beide Gruppen handelnd miteinander und voneinander lernen können.
- Im sozialen Umgang miteinander sollte es darum gehen, den „heimlichen Lehrplan der Zweigeschlechtlichkeit" aufzudecken und Alternativen zu suchen.

In der Verwirklichung einer solchen (reflexiven) Koedukation sind vermutlich noch die größten Chancen enthalten, das Geschlechterverhältnis über schulische Sozialisationsprozesse langfristig im Interesse beider Geschlechter zu verändern und zu verbessern. Koedukation muss aber auch gestaltet werden. Es fängt damit an, dass Jungen und Mädchen nicht auf „Typisches" festgelegt, sondern dass Abweichungen unterstützt und akzeptiert werden. Dies wird oft als Aufforderung missverstanden, das Gegenteil – jungenhafte Mädchen und mädchenhafte Jungen – zu stärken. Richtig verstanden bedeutet es aber, eine Vielfalt möglicher Verhaltensweisen sichtbar werden zu lassen. In der Schule sollte nicht versucht werden, Geschlechterdifferenzen zu neutralisieren oder im Sinne von Androgynität Mädchen und Jungen „gleichzumachen", sondern das Leben in einer Rollenpluralität zu ermöglichen. Hierzu gibt es eine Menge guter Ansätze einer geschlechterbewussten und subjektorientierten Pädagogik. Die Ansätze wurden entwickelt, um die Geschlechterfrage in der Schule zu lösen, aber gleichzeitig auch das Lernen insgesamt zu verbessern (siehe KREIENBAUM/URBANIAK 2006, S. 142ff).

Im Grunde wäre eine reflexive und gestaltete Koedukation das Prinzip von „Gleichheit in der Differenz". Eine solch verstandene Koedukation macht aber auch nur dann Sinn, wenn neben Ideen, Vorschlägen und Engagement von Lehrerinnen und Lehrern, die Kinder und Jugendlichen Schule mitgestalten können, wenn sie all ihre Fähigkeiten, Phantasien, Verhaltensweisen und Träume mit in die Schule bringen und entfalten können.

> „Aus der dichotomen Diskussion um „die Mädchen" oder „die Jungen"
> sollte ein vielfältiger Chor werden, der Chor selbstsicherer und kooperativer Kinder" (PREUSS-LAUSITZ 1999, S. 14).

Es stellt sich dann nicht mehr die Frage „Geschlechtertrennung, ja oder nein?", sondern die Frage nach dem Verhältnis von Schule und dem Leben von Schülerinnen und Schülern. Reflexive Koedukation kann dann ein wichtiger Bestandteil für eine erfolgreiche schulische Sozialisation sein.

6 Sozialisation in der Jugendphase

Für die Klärung von Sozialisationsvorgängen über Familie und Schule hinaus ist die Jugendphase überaus interessant. Nicht nur, weil sie als turbulent und ereignisreich angesehen wird, sondern weil sich in diesem Lebensabschnitt erhebliche körperliche, emotionale geistige und soziale Entwicklungen abspielen. Die Jugend als eigenständige Altersphase zwischen Kindheit und Erwachsenendasein gilt im Prinzip als „Erfindung der Aufklärung" (HITZLER 2006, S.87). Dabei legt Rousseau mit seinem Erziehungsroman „Emile" eine Art Grundstein für die Analyse der Jugend als eigenständige Lebensphase und lenkt dabei die Aufmerksamkeit von Pädagogen auf den individuellen Lebensverlauf von Heranwachsenden (vgl. KRÜGER/GRUNERT 2002).

Zum Thema Jugend gibt es eine fast unüberschaubare Literaturfülle und dieses Kapitel erhebt nicht den Anspruch, alle Arbeiten zum Thema zu präsentieren. Angesichts der Vielzahl von Veröffentlichungen ist eine Auswahl notwendig. Im folgenden geht es deshalb eher um eine kleinere Einführung in Theorien und Forschungen zur Sozialisation in einem Lebensabschnitt, der üblicherweise als Jugend bezeichnet wird. Insgesamt ist schon bemerkenswert, dass sich das Repertoire an Theorien und Konzepten zur Sozialisation von Jugendlichen in den letzten Jahrzehnten kaum und nur unwesentlich verändert und weiterentwickelt hat (HOFFMANN/MERKENS 2004). Zuerst einmal ist aber klärungsbedürftig, was eigentlich mit Jugend gemeint ist.

6.1 Jugend – Eine Begriffsklärung

Der Versuch, den Begriff „Jugend" zu klären, muss üblicherweise mit dem Gemeinplatz beginnen, dass es „die Jugend" nicht gibt, weil in den verschiedensten historischen Epochen und Kulturen hierfür auch ganz unterschiedliche begriffliche und manchmal auch nicht eindeutige Klassifikationen benutzt wurden (FERCHHOFF 1999, S. 67). Ein Beispiel dafür, wie in der Wissenschaft versucht wird, Jugend zu beschreiben, sei die Auflistung des Pädagogen Robert James HAVIGHURST, der für die Analyse von Sozialisation in der Lebensphase Jugend vor allem mit dem Konzept der „Entwicklungsaufgaben" große theoretische Bedeutung erlangt hat (siehe auch Abschnitt 6.4.2):

> „1. Der Jugendliche durchläuft einen biologischen Reifeprozess, der zum biologischen Erwachsenenstatus führt. 2. Der Jugendliche durchläuft einen sozialen Reifeprozess. 3. Der Jugendliche versucht sich in

den Rollen der Erwachsenen. 4. Der Jugendliche hat mehr Initiative und mehr Freiheit, seine Impulse auszudrücken, als das Kind, jedoch nur während einer begrenzten Periode, der dann die Verpflichtungen des Erwachsenenalters folgen. 5. Der Jugendliche befreit sich von den primären Eltern-Kind-Bindungen. 6. Der Jugendliche unterhält sich nicht selbst" (HAVIGHURST 1971, S. 118).

Fast jede Studie über Jugend warnt aber vor vorschnellen Verallgemeinerungen. Mit Jugend können ganz unterschiedliche Assoziationen verknüpft werden. So kann mit Jugend gemeint sein

• eine Entwicklungsphase im Lebenszyklus eines jeden Menschen, beginnend mit dem 13. Lebensjahr, die biologisch bestimmt, aber auch sozial überformt ist;
• eine soziale Gruppe mit ihren typischen, in diesem Fall „jugendlichen", Verhaltensweisen und Einstellungen;
• eine gesellschaftliche Teilkultur, auch Subkultur genannt;
• ein idealer, altersunabhängiger Wertbegriff für die gebündelte Sehnsucht der Gesellschaft nach Spannkraft, körperlicher Schönheit und unbeschwerten Genuss, benannt als „Jugendlichkeit".

Am häufigsten wird Jugend als eine Übergangsphase zwischen Kindheit und Erwachsenheit und als eine bestimmte Altersphase in einer Spanne zwischen 13 und ca. 25 Jahren bezeichnet – ungefähr eine Mischung aus den ersten zwei oben genannten Aspekten –, wobei die Ränder dieser Spanne sehr unscharf sind. Solch in Jahren gemessenes Lebensalter ist jedoch als Kennzeichnung von Jugend sehr problematisch. So kann ein 25jähriger schon als sogenannter Jungunternehmer tätig sein und voll und ganz einen Erwachsenenstatus einnehmen, ein 25jähriger kann genauso gut bei den Eltern wohnen, in der Hip-Hop-Szene lebend als Jugendlicher gelten.

Eintritt in das Berufsleben und Heirat, die den Eintritt in das erwachsene, gesellschaftliche Leben markierten, werden heute von Jugendlichen oftmals sehr spät oder erst im vierten Lebensjahrzehnt und manchmal auch gar nicht realisiert. Jugend ist heute ein langgestreckter, nicht selten über 15 Jahre andauernder Abschnitt mit eigenem Wert und eigenen sozialen Rhythmen und unterscheidet sich aber bezogen auf Konsumverhalten oder Lebensstil nur noch marginal vom Erwachsenenleben. Jugend kann also nicht mehr nur als eine Übergangsphase, sondern eher als ein Lebensabschnitt mit eigener Dynamik bezeichnet werden.

6.2 Pubertät, Adoleszenz, Postadoleszenz

Im Alltagsbewusstsein wird Jugend häufig mit der Pubertät verknüpft und ebenso häufig hat sich zur Kennzeichnung von Jugend die aus der Psychologie stammende Bezeichnung Adoleszenz eingebürgert. Mit Adoleszenz wird die über die Pubertät hinausgehende Entwicklungsphase von Heranwachsenden bezeichnet und Post-Adoleszenz bedeutet nun ein noch größerer Zeitraum vor der Erwachsenheit, so etwas wie eine Nachphase des Jungseins. Als hilfreiches Raster hat sich im Zusammenhang mit diesen Begriffen und der Charakterisierung der Jugendphase folgende Alters- und Phaseneinteilung bewährt (vgl. KASTEN 1999, S. 15):

Mädchen	Jungen	Phase
8 - 10 Jahre	10 - 12 Jahre	späte Kindheit
12 - 14 Jahre	14 - 15 Jahre	Vorpubertät
15 - 17 Jahre	17 - 19 Jahre	Pubertät
19 - 25 Jahre	10 - 12 Jahre	frühe Adoleszenz
12 - 14 Jahre	14 - 16 Jahre	mittlere Adoleszenz
16 - 17 Jahre	17 - 19 Jahre	späte Adoleszenz
19 - 21 Jahre	21 - 25 Jahre	Post-Adoleszenz

Aus dieser Zusammenstellung wird deutlich, dass die pubertäre Entwicklung von Mädchen jener von Jungen eineinhalb bis zwei Jahre voraus ist und dass Jungen die Adoleszenz später verlassen. Dies ist genetisch bedingt und hat mit unterschiedlichen Steuerungs- und Reifungsprozessen zu tun (vgl. ebenda, S. 16).

Pubertät bezeichnet in erster Linie ein biologisches Geschehen. Augenscheinlich und oft dramatisch sind die Veränderungen hinsichtlich der körperlichen Geschlechtsmerkmale. Bemerkenswert sind auch ein beschleunigtes Längenwachstum und Veränderungen der Körperproportionen. Als weitere physiologisch-biologische Zeichen tauchen beim Mädchen die erste Monatsblutung und beim Jungen die erste Pollution auf. Neben diesem biologischen und körperlichen Veränderungen beginnt ein großer seelischer Umbau, der sich oftmals in unverständlichen, unvorhersehbaren und unkontrollierten Verhaltensweisen ausdrückt. Ältere Erwachsene kennen hierfür noch die Kennzeichnung „Flegeljahre". Auch wenn die unmittelbare Pubertät schon beendet ist, bleiben die Gefühlsschwankungen und Verhaltenszwiespältigkeiten bestehen.

Was löst eigentlich puberale Prozesse aus? Die Entwicklungspsychologie geht nach wie vor davon aus, dass ausschließlich ein endogen gesteuerter biologischer Plan vorliegt. Diese Annahme ist aber letztendlich nicht belegbar und bis heute sind die wirklichen Mechanismen für die Auslösung der Pubertät unbekannt (FEND 2001, S. 111f).

Mit **Adoleszenz** wird in diesem Zusammenhang eine länger gestreckte, über die Pubertät hinausgehende Phase des Jugendalters bezeichnet. Der Begriff Adoleszenz wird sehr viel unspezifischer benutzt als der Begriff Pubertät. Eigentlich ist mit Adoleszenz die Gesamtheit der psychosozialen Entwicklungsprozesse und Entwicklungsbedingungen zwischen den Lebensphasen Kindheit und Erwachsensein gemeint. Der Psychoanalytiker BLOS betont insbesondere die zeitliche Erstreckung dieser Prozesse und beschreibt verschiedene Phasen des Übergangs von der Präadoleszenz zur frühen, mittleren und späten Adoleszenz (BLOS 1983). Die Entwicklung von der kindlichen zur erwachsenen Persönlichkeit erfolgt also in mehreren Schritten und nicht in einer kurzfristigen und plötzlichen Verwandlung. ERIKSON hat die Zeit der Adoleszenz als Moratorium, d.h. als eine Wartezeit beschrieben. Nach der obigen Alters- und Phaseneinteilung beginnt dieses Moratorium mit ca. 10 Jahren und endet mit etwa 21 Jahren. Mit dem Ende der Adoleszenz ist das frühe Erwachsenenalter erreicht, das seit einiger Zeit als Post-Adoleszenz gefasst wird.

Post-Adoleszenz wird als eine Form der Nach-Jugendphase bestimmt. Diese Lebensphase ist zu Beginn der 90er Jahre des letzten Jahrhunderts in den Sozialisationsverlauf Heranwachsender hinzugekommen. Hintergrund hierfür ist der Trend, dass für breite Schichten der Jugend die ökonomische Unabhängigkeit durch die eigene Erwerbstätigkeit erst lebensgeschichtlich spät erreicht wird. Konsumorientierte, kulturelle und auch politische Handlungsbereiche dagegen sind den Jugendlichen – im Vergleich mit der Lebenskonstellation, die vor einer oder zwei Generationen strukturtypisch war – schon sehr früh geöffnet. Dazu gehört auch die Aufnahme von partnerschaftlich-sexuellen Beziehungen. Galt dies zuerst für Studenten und arbeitslose Jungakademiker, sind die Konstellationen der Post-Adoleszenz mittlerweile zu einem massenhaften Phänomen geworden. Ob die Post-Adoleszenz aber wirklich zu einer eigenständigen und für alle Jugendliche über 18 Jahre geltende Lebensform werden wird, ist noch nicht zu übersehen (vgl. HURRELMANN 1995, S. 287ff).

6.3 Typologien von Jugend – Generationsspezifische Sozialisation

In der Medienöffentlichkeit ist es schon seit längerem populär, jugendliche Verhaltensweisen mit dem Deutungsmuster Generation zu belegen. Aber auch in der Literatur zur Sozialisation in der Jugendphase wird oftmals der Versuch gemacht, bestimmte generationstypische Tendenzen zu einem Jugendtyp zusammenzufassen. Dies wird zwar oft als tückisch und unzulänglich qualifiziert (vgl. FERCHHOFF 1999, S. 85 ff), ist aber durchaus zweckmäßig, um sich über allgemeine Probleme von Jugendlichen zu verständigen. Jugendgenerationen werden durch die Fokussierung sozialer, entwicklungspsychologischer oder kultureller Eigenarten analysiert. Unter einer Generation wird dann die Summe aller ungefähr Gleichaltrigen eines Kulturkreises verstanden, die in einem definierten historischen Zeitraum über gemeinsame Vorstellungen und Werte verfügen (vgl. GRIESE 1987, S. 73). Gleichaltrige werden so zu Gleichartigen und setzen sich durch die Etablierung neuer kultureller Zugänge von anderen Generationen ab.

Eine Generation ist in diesem Verständnis durch bestimmte, einigermaßen gleicher Sozialisationsbedingungen gekennzeichnet. Dabei darf aber nicht von einer geschlossenen Figur von Einstellungen und Handlungsmustern ausgegangen werden, sondern allenfalls von in der Öffentlichkeit stark dominierenden und meinungsgebenden Teilgruppen der Jugend. Von einer Jugendgeneration sollte aber auch nur gesprochen werden, wenn sie etwas „Neues" hervorbringt und wenn spezifische Einstellungen, politische Orientierungen oder ein bestimmter Stil sich auch als gesellschaftlicher Gegensatz darstellen lässt.

Der „Großmeister" des Generationsbegriffs (ZINNECKER 2002, S. 68) ist der Philosoph und Soziologe Karl MANNHEIM (1928), der mit diesem Deutungsmuster versucht, den sozialen Wandel in der Geschichte zu erklären. Er wiederum verweist auf einen Vertreter der geisteswissenschaftlichen Pädagogik, Wilhelm DILTHEY, den er als Vater des historischen Generationsbegriffs ansah. Das einschlägige Zitat zu diesem Begriff bei DILTHEY lautet wie folgt:

> „Generation ist alsdann eine Bezeichnung für ein *Verhältnis der Gleichzeitigkeit von Individuen*; diejenigen, welche gewissermaßen nebeneinander emporwuchsen, d.h. Ein gemeinsames Kindesalter hatten, ein gemeinsames Jünglingsalter, deren Zeitraum männlicher Kraft teilweise zusammenfiel, bezeichnen wir als dieselbe Generation. Hieraus ergibt sich dann die Verknüpfung solcher Personen durch ein tieferes Verhältnis. Diejenigen, welche in den Jahren der Empfänglichkeit dieselben leitenden Einwirkungen erfahren, machen zusammen eine Generation aus. So gefaßt, bildet eine Generation einen enger gefaßten Kreis von Individuen, welche durch Abhängigkeit von denselben großen Tatsachen und

Veränderungen, wie sie in dem Zeitalter ihrer Empfänglichkeit auftreten, trotz der Verschiedenheit hinzutretender anderer Faktoren zu einem homogenen Ganzen verbunden sind" (DILTHEY 1957, S. 37).

Die Verknüpfung von Generation und Jugendentwicklung hat der in der Nachfolge DILTHEYS stehende Eduard SPRANGER geleistet. Zur Charakterisierung von Jugend hat er eine Typologie zusammengestellt. Sie ist zwar nicht streng generationsspezifisch angelegt, sie soll aber dennoch zum einen als Beispiel für eine systematisch-anthropologisch ausgerichtete Jugendtypik und zum anderen wegen ihrer Bedeutsamkeit für die Thematisierung der Eigenständigkeit des Jugendalters vorgestellt werden. Die Aussagen von SPRANGER sind zudem in einigen Teilen immer noch Bestand des Alltagswissens und der Vorstellungswelt über das Jugendalter. In der „Psychologie des Jugendalters" (SPRANGER 1924) hat er versucht, Jugendliche mittels einer Wert-Typologie zu beschreiben. SPRANGER unterscheidet hierbei nach Wertorientierungen

1. den Intellektuellen,
2. den Ökonomischen,
3. den Ästhetischen,
4. den Sozialen,
5. den Politischen und
6. den Religiösen.

Diese Darstellung von verschiedenen, ahistorischen, „zeitlosen" Typen hat lange – vor allem in der Gymnasiallehrerschaft bis weit in die 60er Jahre – für die Erwachsenen das gängige Bild des Jugendlichen bestimmt. Zu Recht wird SPRANGER aber kritisiert, dass es so etwas wie eine „Objektive Kultur" gar nicht gibt und seine Deutung der Jugend eine normative Theorie sei. Kultur ist immer gesellschaftlich und historisch überformt und deshalb lässt sich auch kein allgemeingültiges Jugendkonzept formulieren. SPRANGER sprach über die Jugend an sich und nicht über die Jugend in ihrer konkreten Wirklichkeit.

Das berühmteste Beispiel für eine wirklich generationsspezifische Jugendtypologie und gleichzeitig eine Zäsur der Jugendforschung in Deutschland ist die Analyse der Jugend der 50er Jahre durch den Soziologen Helmut SCHELSKY. Er war der erste, der Jugend nicht unter normativ-wünschbaren Ideologien, sondern im Rahmen eines Zusammenhangs von generationstypischen Verhaltensweisen mit den gegebenen gesellschaftlichen Verhältnisse untersucht hat. SCHELSKY hat Jugenduntersuchungen im Jahrzehnt vom Ende der 40er Jahre bis Mitte der 50er Jahre zu einem Gesamtbild der Nachkriegsjugend zusammengefasst (SCHELSKY

1957) und als „Skeptische Generation" identifiziert. Verkommene volksgemeinschaftliche Mythen, Zerstörung, Not, Hunger und Vertreibung waren die Basis für die Skepsis gegenüber Politik und Ideologien und einer eher pragmatischen Handlungseinstellung der politisch desillusionierten Wiederaufbau-Jugend in den 50er Jahren. Es war die Zeit der sogenannten unpolitisch-demokratischen Adenauer-Generation (ebenda, S. 451).

Mitte der 60er Jahre wurde ein neuer Typus benannt. Viggo Graf von BLÜCHER diagnostizierte die „Generation der Unbefangenen" (BLÜCHER 1966). Unbefangen lebte die Jugend in der Wohlstandsgesellschaft und arrangierte sich mit der immer stärker dominierenden kommerziellen Kultur- und Freizeitindustrie; sie wähnte sich politisch und geistig-moralisch ideologiefrei und passte sich unauffällig an. Mit der Frage „Eine neue Generation?" legte Walter JAIDE eine Befragung von 400 Jugendlichen vor (JAIDE 1963). Er teilte die Jugend in seiner Auswertung in Naive, Konservative, Desinteressierte, Distanzierte, Suchende, Entschiedene, „All-Round-Fälle" und atypische Fälle ein. Ganz im Sinne von Unbefangenheit war die Gruppe der Konservativen und Desinteressierten bei den Jugendlichen am größten. Die „Generation der Unbefangenen" bevorzugte zudem Tugenden wie Fleiß, Pünktlichkeit und Anstrengung (JAIDE 1988).

Als legendär gilt der Typ der „68er-Studenten-Bewegungs-Generation". Er ist gekennzeichnet durch eine scharfe Kritik am Konkurrenz- und Leistungsdruck der kapitalistischen, bürgerlichen Gesellschaft und überholten Lebens- und Wohnformen, durch Attacken gegen soziale Ungleichheit, Tabuisierung des Körpers und repressive Sexualmoral.

Der Typus der Protestjugend wurde Mitte der 70er Jahre abgelöst vom „Oralen Flipper", vom so genannten „Neuen Sozialisationstyp", gehandelt unter dem Kürzel NST, beschrieben als unpolitisch, privatistisch und selbstverliebt (ZIEHE 1978). Jugendliche der 70er Jahre galten als narzisstisch, unfähig, einen Anpassungskonflikt mit der Umwelt einzugehen, bzw. auszutragen. Mit dem Neuen Sozialisationstyp würde sich nichts mehr auflehnen, er ist in einer frühen kindlichen Entwicklungsphase, in der oralen Phase, stecken geblieben und will nur noch konsumieren, alles „In-Sich-Hineinstopfen".

Mit Beginn der 80er Jahre setzte sich die „Generation der Geschockten" (Jugendwerk der deutschen Shell 1997) als neue Jugendtypik durch. Jugendliche hatten mit Tatsachen zu tun, die ihre Lebensentwürfe sehr empfindlich berührten, was zu Verunsicherungen und Schockierungen führte. Solche Tatsachen waren

Jugendarbeitslosigkeit, Numerus Clausus, drohende Katastrophen durch Atomkraft und Nachrüstung.

In der Folgezeit ließ sich die Jugend nicht mehr eindeutig typisieren. Gegen Ende der 80er Jahre waren zumindest zwei besonders auffallende Ausrichtungen zu beobachten. Da gab es einmal die „überflüssige Generation", Jugendliche auf Abstellgleisen, in ungesicherten Arbeitsverhältnissen, Warteschleifen und Umschulungskursen. Zum anderen schob sich die „Schickimicki- oder Yuppie-Generation" hervor. Diese Generation setzte auf Karriere, Design und Stil. Sie kannte die Probleme von Konkurrenz und Arbeitsplatzsicherung, aber sie wollte unter diesen Problemen nicht auch noch ständig leiden.

Am Ende des 20. Jahrhunderts lässt sich mittlerweile kaum eine eindeutige generationsspezifische Sozialisationsweise identifizieren. Zur Beschreibung der Vielschichtigkeit von Jugend wurde das Bild der „Generation X" kreiert, wobei X eine unbekannte Variable kennzeichnen soll. Jugendforscher beschreiben die Jugend heute als unberechenbar und unkalkulierbar, als „gut getarnte Generation" und „schweigende Individualisten" (vgl. STOLZ 1996). Jugend ist zersplittert und ausgefasert (HORNSTEIN 1999, S. 23), jugendliche Verhaltensweisen, Orientierungen, Haltungen und Lebensstile sind in ihrer Pluralität kaum noch überschaubar.

Mit Beginn des 21. Jahrhunderts ist es populär geworden, von einer „Netzgeneration" oder „Generation @" zu sprechen. Der Freizeitforscher OPASCHOWSKI bezeichnet hiermit Kinder und Jugendliche, die in einer von elektronischen Medien geprägten Umwelt aufwachsen (OPASCHOWSKI 1999, S. 20) und dabei vor allem von der Etablierung des Internets als Informations- und Kommunikationsmedium beeinflusst werden. Ob mit einer thematischen Verschränkung von technologischer Innovation und der Internet-Nutzungsgewohnheiten von Kindern und Jugendlichen wirklich eine neue Generationsgestalt definiert werden kann, bleibt m.E. noch offen. Erst wenn sich spezifische Aneignungsweisen zu neuen dominierenden kulturellen Zugängen und Praktiken entwickeln, die sich deutlich von den Traditionen der älteren Generationen abgrenzen, kann erst von einer neuen Generation ausgegangen werden.

Häufig wird die heutige Jugend neben der Nutzung elektronischer Medien auch über einen veränderten Sozialcharakter beschrieben und dann als „Generation der Egotaktiker" bezeichnet (vgl. Deutsche Shell 2002). Diese Generationsbezeichnung wurde schon in den 90er Jahren für die Beschreibung jugendlicher

Verhaltensweisen benutzt und wurde in der letzten Shell-Jugendstudie wieder belebt. Heranwachsende fallen darüber auf, dass sie sich sehr stark auf die Gestaltung der eigenen Persönlichkeit konzentrieren. Sie zeigen dabei ein ständiges Suchverhalten, eine Art Umwelt-Monitoring, um sich keine Option für die weitere Entwicklung zu verschließen und keine Lebenschancen zu verpassen.

Das Eigene ist der Maßstab für das Selbst. Diese Grundeinstellung paart sich dabei mit einer äußerst pragmatischen Weltbewältigung. Jugendliche sind darauf aus, vorhandene Chancen wahrzunehmen und im richtigen Moment zuzugreifen. Zum Egotaktiker gehört Opportunismus und auch ein kleiner Hang zur Bequemlichkeit. Aktiv wird er aber vor allem dann, wenn es um die eigenen Interessen geht, was sich bis zu einer egoistischen Durchsetzung dieser Interessen steigern kann. Auf dieser Seite ist der Egotaktiker auch gleichzeitig Materialist. Vielleicht zeigt sich in diesem hier beschriebenen hohen Grad der Selbstzentriertheit gekoppelt mit einer situativen Anpassungsfähigkeit auch der Effekt der Anforderung an den „flexiblen Menschen" (vgl. Kapitel 9). Insofern ist der Egotaktiker der Prototyp des zukünftigen Verhaltensvirtuosen.

6.4 Theorien und Konzepte zur Sozialisation in der Jugendphase

Die wissenschaftliche Diskussion über das Thema ‚Jugend' und ‚Lebensphase Jugend' bezieht sich auf zahlreiche Theorien unterschiedlichster Ausrichtung. Im Folgenden sollen diejenigen theoretischen Konzeptionen herangezogen werden, die spezifisch jugendbezogene Ausarbeitungen beinhalten oder maßgeblich beeinflusst haben.

6.4.1 Die Bedeutung der Gleichaltrigengruppe aus struktur-funktionaler Sicht

Einer Sozialisationstheorie kommt auch die Aufgabe zu, die Persönlichkeitsentwicklung von Jugendlichen unter Berücksichtigung der spezifischen Gesellungsformen von Heranwachsenden zu zu untersuchen (GRUNDMANN 2004, S. 23). Auf der Basis der struktur-funktionalen Theorie von PARSONS (vgl. Abschnitt 3.3.1) entwickelte Shmuel N. EISENSTADT eines der stringentesten Konzepte zum Zusammenhang zwischen Sozialstruktur und der Entstehung der Altersgruppen von Jugendlichen (EISENSTADT 1966). Ihn interessierte die Frage, wie Altersgruppen in einer Gesellschaft entstehen und welche Funktion sie einmal hinsichtlich der gesellschaftlichen Integration von Jugendlichen und zum anderen zur Aufrechterhaltung der Stabilität der Gesellschaft haben. EISENSTADT geht davon aus, dass eine der wichtigsten Aufgaben einer jeden Gesellschaft und jedes Sozialsystems die Absicherung der eigenen Struktur, Normen und Werte ist (ebenda, S. 17).

162

Wichtige Voraussetzungen für die Meisterung dieser Aufgabe bestehen darin, dass die Heranwachsenden ihre Rollen in der Gesellschaft lernen, dass sie sich in gewissem Maße mit den Erwachsenen identifizieren und sie sich zu einem Vorbild für generelle Orientierungen machen (ebenda, S. 18). Dafür muss sich die nachwachsende Generation aber von den vertrauten Familienwerten trennen. Die Verhaltensmuster und Orientierungen, die Heranwachsende als Kinder in der Familie erwerben, sind für das Leben in der Gesellschaft (im Beruf, in der Wirtschaft usw.) nicht mehr ausreichend. Der Übergang zwischen der Familie und der Gesellschaft erfordert nun, dass

> „...das Individuum nach universalistischen Kriterien handeln lernt, dass heißt (, dass es lernt,) die Auswahl seiner Objekte, das Verhalten und Verhaltenserwartungen ihnen gegenüber nach generalisierten, universalistischen Standards auszurichten, ohne Bezug auf seine partikularistischen Eigenheiten" (ebenda, S. 39).

Probleme des Übergangs der Heranwachsenden von der Familie in die Gesellschaft könnten sich aber dadurch ergeben, dass zwischen der primären Sozialisation in der Familie und den gesellschaftlichen Bereichen wie Wirtschaft, Öffentlichkeit, Politik und Verwaltung unterschiedliche Strukturprinzipien herrschen (ebenda, S. 37). Die emotionalen, partikularistischen Beziehungsformen können die Heranwachsenden ja nicht einfach beiseite schieben. Emotionale Bedürfnisse bleiben bestehen oder werden in dieser Übergangssituation sogar für die Heranwachsenden besonders wichtig

Die Erleichterung des Übergangs schafft die eigenständige, zwischen Kindheit und Erwachsenenalter geschobene Statuspassage ‚Jugend'. Diese ist mit einer hohen Kontaktdichte unter Gleichaltrigen verbunden (vgl. HURRELMANN 1995, S. 58) und verspricht emotionale Sicherheit. Die Beziehungen zu Altersgenossen

> „haben auch eine inhärente Tendenz zur Solidarität (a) wegen einer gemeinsamen Definition von Lebensraum und Schicksal und (b) wegen gemeinsamer emotionaler Spannungen und Erfahrungen während der Zeit des Übergangs und emotionaler Belastungen" (EISENSTADT 1966, S. 40).

Die Aufgabe dieser altershomogenen Gruppen (Gleichaltrigengruppen oder auch „peers" genannt) ist hiernach Vermittlung zwischen Familie und Gesellschaft – sie sind die Verbindungskette von privaten und öffentlichen Bereichen.

Jugendliche als eigenständige soziale Gruppe stellen aber auch ein Risiko für die Stabilität und Funktion der Gesellschaft dar, weil in der Gleichaltrigengruppe so etwas wie „Sozialisation in eigener Regie" stattfindet. In der Sicht von

EISENSTADT sind die Gleichaltrigengruppen deshalb auch immer potentiell abweichend (EISENSTADT 1966, S. 318ff). Wenn sich in solchen „desintegrativen" Gruppen Wertorientierungen herausbilden, die sich von den Wertorientierungen der Erwachsenengesellschaft unterscheiden, dann werden über Abweichung und Kriminalität die herrschenden Normen der Gesellschaft in Frage gestellt. EISENSTADT begreift in seinen Analysen Abweichung aber nie als Element des sozialen Wandels, denn Strukturerhaltung und die dafür notwendigen Funktionen stehen im Vordergrund seines Interesses (vgl. SCHÄFERS 1998, S. 39).

Die theoretische Konzeption von EISENSTADT ist prominent von SCHELSKY (1957) aufgenommen und mit generationstheoretischen Ansätzen (siehe Abschnitt 6.3) erweitert worden. Die Lebensphase Jugend ist bei SCHELSKY dadurch bestimmt, dass eine Ablösung aus der Primärgruppe ‚Familie' hin zur Sekundärgruppe ‚Gesellschaft' erfolgt. Jugendliche, generationsspezifische Verhaltensweisen ergeben sich dann aus den jeweiligen gesellschaftlich bedingten Strukturkonflikten.

Die Gleichaltrigengruppe als bedeutungsvolle Instanz im Jugendalter wird in der Jugendforschung nach wie vor thematisiert. Erfahrungen in der Gleichaltrigengruppe können dazu führen, dass Jugendliche neue Erwartungen und Forderungen in die Familie hineintragen, die Gleichaltrigengruppe ist aber gleichzeitig auch Unterstützungs- und Orientierungsrahmen, wenn sich Jugendliche über belastende, häusliche Situationen austauschen (vgl. NOACK/HAUBOLD 2003). Untersuchungen zeigen, dass bei zunehmenden Schwierigkeiten der Jugendlichen in der Familie, die Gleichaltrigengruppe eine wichtige Rolle im Zusammenhang mit der psychosozialen Anpassung Jugendlicher zukommt (ebenda, S. 141).

Die sozialisatorische Bedeutung der Gleichaltrigengruppe – vor allem im gerade angesprochenen Verhältnis zur Familie – darf aber auch nicht überbewertet werden. Das Elternhaus bleibt für die Sozialisation im Jugendalter eine primäre Sozialisationsinstanz (vgl. ZINNECKER/SILBEREISEN 1998). Dies wird auch mit Untersuchungen zu informellen Lernkontexten in Gleichaltrigengruppen bestätigt (vgl. BECKERT-ZIEGLSCHMID 2006). Gleichaltrigengruppen haben sicherlich einen eigenständigen Einfluss, der Handlungsrahmen der Jugendlichen bleibt aber immer an den elterlichen Existenzbedingungen und Lebensstilen gebunden (vgl. Kapitel 3.3.3 – Sozialisation über Habitualisierung).

6.4.2 Sozialisation über Vorgaben –
Das Konzept der Entwicklungsaufgaben

Ein wichtiger Schritt in der Erörterung von Sozialisationsprozessen besteht darin, die Aufgaben und Probleme zu spezifizieren, die Menschen in verschiedenen Phasen ihrer Entwicklung bearbeiten müssen. Das allgemeine Konzept, das diesen Schritt thematisiert, ist jenes der altersspezifischen Entwicklungsaufgaben. Im Jugendalter sehen sich Heranwachsende in ihrer Biographie expliziten Anforderungen und Belastungen gegenüber, die für sie große Wichtigkeit haben. Für die Sozialisation von Jugendlichen ist dieser Gesichtspunkt in dem Konzept der „Entwicklungsaufgaben" von Robert James HAVIGHURST (1971) bearbeitet worden. Um als erwachsen zu gelten, muss der Jugendliche nicht nur älter werden, sondern er muss bestimmte geistige und soziale Aufgaben erledigen, die durch eine bestimmte Kombination von inner-biologischen (z. B. physische Reifung), sozio-kulturellen (z.B. kulturelle Erwartungen) und psychologischen (z.B. individuelle Vorstellungen) Einflüssen charakterisiert sind. Die Meisterung von solchen Entwicklungsaufgaben führt zum Glücklichsein und Erfolg, andererseits kommt es zu gesellschaftlicher Missbilligung und Abwertung des Individuums. Primär beziehen sich Entwicklungsaufgaben auf die spätere Zukunft als Erwachsener, d.h. mit den Aufgaben werden gleichzeitig bestimmte Erwartungen an die Jugendlichen verknüpft.

Entwicklungsaufgaben haben folgende zueinander in Verhältnis stehende Merkmale:

- Entwicklungsaufgaben sind von der umgebenden Kultur abhängig.
- Entwicklungsaufgaben haben eine zeitliche Dimension und werden subjektiv unterschiedlich wahrgenommen und geordnet. Es gibt Aufgaben, die bleiben für Individuen ein ganzes Leben bestehen und erstrecken sich über verschiedene Perioden der Lebensspanne, andere sind zeitlich begrenzt und durch Beginn und Abschluss gekennzeichnet.
- Entwicklungsaufgaben besitzen Interdependenz und werden unterschiedlich reflektiert. Die erfolgreiche Bewältigung einer Aufgabe schafft Selbstvertrauen und Zuversicht als Voraussetzung für die Bewältigung weiterer Aufgaben.
- Entwicklungsaufgaben haben eine historische Dimension. Die Aufgaben werden durch Gegenwartsprobleme und Zeitgeist beeinflusst.

Diese vier Merkmale beinhalten zwei Komponenten, die die Entwicklung des Individuums bestimmen und ununterbrochen in Veränderung begriffen sind:

Zum einen ist dies der tatsächliche Entwicklungsstand, zum anderen sind es die sozio-kulturellen Anforderungen. Im Modell der Entwicklungsaufgaben wird der aktive Part der Jugendlichen darin gesehen, dass sie ihren Entwicklungsstand, ihre Ziele und ihre Entwicklungsmöglichkeiten vor dem Hintergrund der sie umgebenden Kultur einschätzen. Aus dieser Einschätzung sollten sich dann Aktivitäten ergeben, die darauf gerichtet sind, die Entwicklungsziele auch zu erreichen. In Anlehnung an das Strukturmodell der Entwicklungsaufgaben nach DREHER/OERTER (1986, S. 111) soll die folgende Abbildung diesen Zusammenhang verdeutlichen.

Heranwachsende wählen aus der objektiven Struktur gemäß ihres momentanen Entwicklungsstandes Aspekte aus, mit denen sie Ziele für die Zukunft entwickeln können. In diesem Modell bestimmen und determinieren die Jugendlichen das Entwicklungsziel selbst, aber nicht völlig unabhängig von der gesellschaftlichen Umwelt, sondern mit wesentlichen Merkmalen dieser Umwelt strukturiert.

Wie sehen nun diese Entwicklungsaufgaben und Entwicklungsziele aus? Die Ausführungen von HAVIGHURST hierzu sind zahlreich rezipiert, erweitert und aktualisiert worden. Der folgende Katalog von Dingen, die Jugendliche können sollten, um erwachsen zu werden, ist in Anlehnung an OERTER (1987) und FERCHHOFF (1999) zusammengestellt:

*   Sich des eigenen Körpers bewusst werden. Heranwachsende sollten lernen, den Körper in Sport, Freizeit und bei der Arbeit sinnvoll zu nutzen.
*   Erwerb der weiblichen, bzw. männlichen Rolle. Jugendlichen müssen oder sollten ihre eigenen Lösungen für die Ausgestaltung der Geschlechtsrolle finden.
*   Erwerb neuer, manchmal romantischer Beziehungen zu Altersgenossen beiderlei Geschlechts.
*   Gewinnung emotionaler Unabhängigkeit von den Eltern und Hinwendung zu Peers. Die Bearbeitung dieser Entwicklungsaufgabe wird gerade von den Eltern zum Teil sehr widersprüchlich und auch schmerzlich erlebt. Sie möch-

ten die Familie zusammenhalten, sie möchten aber auch, dass ihre Kinder zu tüchtigen Erwachsenen werden. Das Hin –und Herschwanken führt oftmals zu Konflikten, beispielsweise bei Kleidung, bei der Dauer des Ausgehens usw.

- Vorbereitung auf die berufliche Karriere. Lernen im Jugendendalter zielt auf eine zukünftige berufliche Tätigkeit.
- Vorbereitung auf Beziehungen, auf Heirat und ein mögliches Familienleben. Diese Entwicklungsaufgabe bezieht sich auf den Erwerb von Kenntnissen und sozialen Fertigkeiten für die Partnerschaft und Familie.
- Gewinnung eines sozial verantwortungsvollen Verhaltens. Dabei geht es um das Gefühl für politische und gesellschaftliche Verantwortung und darum, sich für das Gemeinwohl zu engagieren.
- Aufbau eines Wertsystems und eines ethischen Bewusstseins über Auseinandersetzungen mit den bestehenden Werten und Orientierungen.
- Entwicklung von reflexivem Wissen über sich selbst, d. h. Aufbau eines relativ stabilen Selbstkonzepts.
- Aufnahme von intimen Beziehungen zum Partner, bzw. Partnerin.
- Entwicklung einer Zukunftsperspektive, Entwurf eines Lebensplanes.

Zahlreiche empirische Studien konnten nachweisen, dass diese Themen in der Jugendzeit tatsächlich im Mittelpunkt stehen (DREHER/DREHER 1985, FUCHS 1981 und 1985, DREHER/OERTER 1986) und dass die Bearbeitung in verschiedenen Etappen stattfindet. Nicht alle Jugendliche durchlaufen die Stationen der Aufgabenbewältigung in gleichem Tempo, manche sind relativ früh dabei, andere sind relativ spät an den Stationen. Eine dieser Studien wird zum Thema Entwicklungsaufgaben in der Jugendzeit sehr oft genannt, weil Aufgabengruppen herausgestellt werden und darüber sich die übergeordneten Ziele deutlicher abbilden. DEKOVIC/NOOM/MEEUS (1997) unterteilen:

1. Persönliche Aufgaben
- Selbständigkeit in Bezug auf wichtige Entscheidungen erwerben (Kleidung selbst wählen usw.).
- Erfolgreich mit Alltagssituationen zurechtkommen (ein Wochenende allein zu Hause bleiben, eigenes Geld benutzen u.ä.).
- Pubertät: Veränderungen des eigenen Körpers akzeptieren.
- Eigene Stärken und Schwächen bewußt erkennen.
- Wertmaßstäbe finden (eigene Lebenseinstellungen wählen, eigene Meinungen zu sozialen und politischen Fragen haben).

2. Beziehungsaufgaben
- Stabile Freundschaftsbeziehungen aufbauen.
- Eine intime Beziehung aufbauen.

3. Sozioinstitutionale Aufgaben
- Verantwortung für die Schulkarriere übernehmen.
- Sich auf das Berufsleben vorbereiten (Berufswahl).
- Finanziell unabhängig werden.
- Vorbereitung auf die Verantwortung für eine eigene Familie.

HAVIGHURST wie auch der Entwicklungspsychologe OERTER meinen, dass durch die Vielzahl von Ansprüchen und Herausforderungen an den Stationen, die mit Entwicklungsaufgaben zu tun haben, verständlich wird, dass Jugendliche im Vergleich zu Erwachsenen in einer viel größeren Unsicherheit und Störbarkeit stehen. Dennoch bewältigen die meisten Heranwachsenden die Ansprüche und Herausforderungen relativ gut. Dies liegt an der Strategie, die Aufgaben nicht alle gleichzeitig bewältigen zu wollen, sondern in der Einhaltung einer Reihenfolge.

> „Der Fokus des Interesses und der Beschäftigung liegt jeweils auf einer bestimmten Entwicklungsaufgabe, bzw. einer ausgewählten Thematik; ist diese Entwicklungsaufgabe bearbeitet, dann wenden sich die Jugendlichen einer weiteren zu" (HURRELMANN 1995, S. 63).

Klaus HURRELMANN bezieht sich hierbei auf den englischen Entwicklungstheoretiker James Coleman, der darauf hinweist, dass bei Heranwachsenden im Jugendalter die innere Auseinandersetzung mit Entwicklungsaufgaben zu ganz bestimmten biographischen Zeitpunkten stattfindet (ebenda).

Der Begriff „Entwicklungsaufgabe" – aus den 50er Jahren stammend – hat auch heute nichts von seiner Anziehungskraft verloren (vgl. REINDERS 2002). Es ist schon bemerkenswert, dass in Bezug auf die Mehrzahl der Entwicklungsaufgaben im Jugendalter in der jugendsoziologischen, entwicklungspsychologischen und sozialisationstheoretischen Diskussion relative Einmütigkeit besteht. Das liegt einmal daran, dass heutige Arbeiten sich in mehreren Punkten zu den Arbeiten von HAVIGHURST in Übereinstimmung befinden (z. B. DREHER/DREHER 1985) und zum anderen, weil die Konzeption der Entwicklungsaufgaben einen sehr plausiblen Hintergrund für die Beschreibung und Analyse von Prozessen der Persönlichkeitsentwicklung im Jugendalter bildet. Die Konzipierung der Jugendphase als einen Satz von Entwicklungsaufgaben verdeutlicht hierbei insbesondere die Interaktion zwischen äußeren Bedingungen und inneren Dispositionen.

„Es lassen sich damit auch sehr schön gesellschaftlich bedingte Erschwernisse und Verhinderungen einer gesunden und gedeihlichen Entwicklung von Jugendlichen aufzeigen, während die Jugendlichen zugleich noch immer als handelnde Subjekte begriffen werden, denn sie sind es, die die Aufgaben lösen (müssen)" (HAGEMANN-WHITE 1997, S. 70).

Es ist aber auch die Frage von FERCHHOFF berechtigt, ob mit diesem Modell, das ja fast dogmatisch eine Globalität von Entwicklungsnormen voraussetzt, die heutigen destandarisierten und entstrukturierten Tendenzen einer individualisierten Jugendphase erfasst werden können (FERCHHOFF 1999, S. 82). Vermutlich müsste ein Konzept der Entwicklungsaufgaben sich stärker der konkret personalen Aushandlung der Entwicklungsnormen zuwenden (REINDERS 2002, S. 33).

6.4.3 Das Konzept der Identität

Das Konzept „Identität" ist am eindrücklichsten von Erik Homburger ERIKSON ausgearbeitet worden. Er hat hierbei psychoanalytische Annahmen zur psychosexuellen Entwicklung (siehe Abschnitt 3.1.2) mit einer sozialisationstheoretischen Sozialpsychologie verknüpft. Der Kern seiner Theorie über die Jugend bezieht sich auf die Frage der Heranwachsenden „Wer bin ich, wer bin ich nicht?" (Abels 1993, S. 242). Ohne eine Beantwortung dieser Frage findet der Jugendliche weder zu einer sicheren Identität noch zu einer dauerhaften Integration in der Gemeinschaft. In diesem Zusammenhang ließen sich nach HAVIGHURST sicherlich auch zwei Entwicklungsaufgaben formulieren:
– Wissen, wer man ist und was man will!
– Klarheit über die eigenen Werte gewinnen!

Identität definiert ERIKSON als das bewusste oder unbewusste Erleben der „Ich-Kontinuität". Der Mensch lernt, dass er trotz erheblicher Veränderungen der gleiche bleibt, ob er sich nun in der Familie, in der Schule oder im Sportverein aufhält. Identität ergibt sich aus der Erfahrung

> „...der eigenen Gleichheit und Identität in der Zeit, und der damit verbundenen Wahrnehmung, dass auch andere diese Gleichheit und Kontinuität anerkennen" (ERIKSON 1973, S. 18).

Der Weg zu einer Identität ist ein Prozess von Wachstum und Krisen, ein Weg über mehrere Krisenphasen (vgl. Abschnitt 3.1.2). Das Ziel der Entwicklung ist die „gesunde", „reife" Persönlichkeit, die eine gewisse Einheitlichkeit zeigt, die Welt und sich selbst richtig erkennt und die Umwelt aktiv meistert (ebenda, S. 57).

Die Jugend ist nach ERIKSON die Entwicklungs- oder Lebensphase, in der die Suche nach Identität besonders ausgeprägt stattfindet, weil die kognitive Entwicklung zum ersten Mal so weit vorangeschritten ist, dass sich die Heranwachsenden gefühlsmäßig und intellektuell als einheitlich und selbständig begreifen und wahrnehmen können. Dieser Selbstdefiniton stehen die Rollenzuweisungen und Erwartungen der sozialen Umwelt gegenüber und zwischen diesen beiden Polen muss es den Jugendlichen gelingen, sich zu verorten. Die Sozialisation in der Lebensphase Jugend beschreibt ERIKSON als eine turbulente Zeit, als eine natürliche Periode der Wurzellosigkeit, wobei die ständige Suche nach Identität im Mittelpunkt steht. In dieser Phase sind einige – zum Teil wohlbekannte – Verhaltensakzente beobachtbar (ausführlich in ABELS 1993, S. 242 ff):

- Die Angst, nicht so recht zu wissen, wie und was man sein wird, führt zur Aufstellung von Wächtern einer wünschenswerten Identität: Jugendliche hängen sich an wechselnde Idole und Ideale.
- Jugendliche zweifeln häufig an der Richtigkeit eines eingeschlagenen Weges und unterliegen vielen Schwankungen und Verunsicherungen ihres Selbstgefühls.
- Das Gefühl von Diffusion kann zu Befürchtungen vor völliger Auflösung der Identität führen. Eine Reaktion auf diese Furcht ist eine oftmals übertriebene und rigide Abgrenzung gegen außen und anderes, von Erwachsenen häufig als Profilneurose bezeichnet. Eltern und Lehrer finden in solchen Situationen oftmals zu den Jugendlichen überhaupt keinen Kontakt mehr.
- Auf der Suche nach Identität wird die Identifikation mit Gleichaltrigen wichtig, weil Jugendliche in den peer-groups sich ihrer „Normalität" versichern können.
- In der Angst vor völliger Identitätsverwirrung kommt es oft zu fanatischen Wahrheitsansprüchen, Dogmatismus und Intoleranz. Dies zeigt sich zum Beispiel im Ausschluss aller derer, die anders auftreten, sei es in Kleidung Musikgeschmack, usw.
- Die Angst, nicht so richtig zu wissen, wer man ist, führt zuweilen zu einem moralischen Rigorismus. Jugendliche haben dann völlig feste Vorstellungen von richtig und falsch und von gut und böse – die jedoch von einem Tag zum nächsten wechseln können.

Diese aufgelisteten Verhaltensweisen sollten aber nach und nach im Verlauf der Sozialisation im Jugendalter verschwinden und dem Durcheinander in der Selbstdefinition sollte eine klare Orientierung im Einklang mit den gesellschaftlichen Erwartungen Platz machen. Wegen dieser Sichtweise von harmonischer

Entwicklung wird ERIKSON auch vielfach kritisiert, weil hiermit eine gelungene Sozialisation als einseitiger Anpassungsprozess dargestellt wird. Gültig bleibt aber – und darin sind sich auch die Kritiker einig –, dass ERIKSON mit seinen Analysen und seinen Grundbegriffen zur Identitätsentwicklung einen tiefen Einblick in die Entwicklungsprobleme und deren Bewältigungsschwierigkeiten bietet und damit ein breites Verständnis für die Sozialisation im Jugendalter eröffnet hat. Des weiteren hat ERIKSON mit seinem Konzept zur Identität nachfolgende Forschungen und Theorien zur Sozialisation im Jugendalter nachhaltig angeregt und beeinflusst. Auch dies ist ein wichtiges Kriterium zur Bewertung einer Theorie.

6.4.4 Individuation und Integration

Das zentrale Merkmal für die Sozialisation im Jugendalter ist für den Sozialwissenschaftler Klaus HURRELMANN das Zusammentreffen von Individuations- und Integrationsprozessen (vgl. HURRELMANN 1995, S. 72ff). Dieser „Zusammenprall" von psychisch-biologischen und sozial-ökologischen Anforderungen verlangt von den Heranwachsenden bestimmte Bewältigungsstrategien, ansonsten kann die Sozialisation enorme krisenhafte Formen annehmen. Einige Begriffe in dem letzten Satz weisen schon darauf hin, dass HURRELMANN verschiede theoretische Ansätze zur Hinführung auf sein Modell von Sozialisation im Jugendalter aufnimmt. Es erinnert an sozial-ökologische und interaktionistische Arbeiten, an das Identitätskonzept von ERIKSON und sicherlich auch an das Modell der Entwicklungsaufgaben nach HAVIGHURST. Dieser Versuch, einige psychologische und soziologische Ansätze zur Theorie des Jugendalters zusammenzuführen, erscheint plausibel und soll deshalb kurz dargestellt werden.

Mit Individuation ist hierbei die Entwicklung der individuellen, ganz einzigartigen Persönlichkeit mit den unverwechselbaren Merkmalen Eigenschaften eines Menschen gemeint. Dies ist gleichzusetzen mit dem Aufbau der personalen Identität, die aus den biographischen Erfahrungen eines Menschen besteht (hierzu siehe auch Abschnitt 3.3.2).

Integration beschreibt den sozialen Anpassungsprozess an gesellschaftliche Werte, Normen und Anforderungen. Dieser Prozess kann auch als Entwicklung der sozialen Identität, die von Gruppenkontexten und gesellschaftlichen Erwartungen abhängig ist, bezeichnet werden (siehe Abschnitt 3.3.2).

Jugend ist die Lebensphase, in der beide Prozesse – Individuation und Integration – das erste Mal bewusst und intensiv aufeinander bezogen werden können.

Eine „Entwicklungsaufgabe" im Jugendalter besteht nun darin, eine Synthese von Individuation und Integration zu erreichen. Gelingt dies, so lässt sich von einer gelungenen Sozialisation sprechen. Sie zeichnet sich aus durch die Fähigkeit zum autonomen Handeln und durch den Aufbau einer stabilen Ich-Identität. Das folgende Schaubild zum Spannungsverhältnis von Individuation und Integration soll diese gelungene Sozialisation noch einmal verdeutlichen (Quelle: HURRELMANN 1995, S. 75).

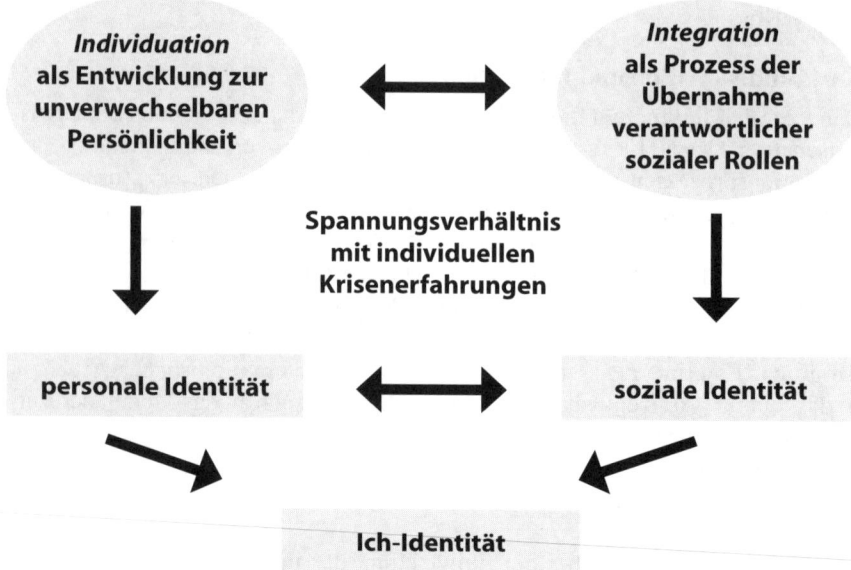

Im Jugendalter muss die Koordination dieses Spannungsverhältnisses das erste Mal von den Heranwachsenden in eigener Regie übernommen werden. Diese Aufgabe unterscheidet die Jugendphase von allen anderen Lebensphasen. Wie Jugendliche damit zu Recht kommen, hängt entscheidend davon ab, wie die Freiräume, Hilfen und Unterstützungen des sozialen Umfelds aussehen. Auch hiervon wird eine gelingende oder eine krisenhafte Sozialisation berührt.

6.4.5 Individualisierte Jugend

Gegenwärtig wird sehr häufig zur Erklärung und zum Wandel von Sozialisationsvorgängen im Jugendalter das Individualisierungstheorem (vgl. Abschnitt 3.3.4) herangezogen, das – knapp umrissen – den Einfluss der Veränderung

traditioneller Zusammenhänge und sinnstiftender Momente für die Persönlichkeitsentwicklung thematisiert. Individualisierung im Jugendalter bedeutet, dass die Heranwachsenden lebensgeschichtlich früh Entscheidungskompetenzen erhalten, die sonst den betreuenden Erwachsenen im unmittelbaren Lebensraum der Jugendlichen zugestanden wurden.
Es sind verschiedene übergreifende Aspekte zu nennen, die das Aufwachsen als Jugendlicher berühren:

- Jugendliche entwickeln hochindividuierte Ich-Identitäten, durch die hohe Ansprüche an das eigene Leben und an die Inhalte einer sie befriedigenden Berufstätigkeit entstehen.
- Altersnormen verlieren zunehmend an Bedeutung oder werden stärker abgelehnt. Damit einher geht eine entsprechende Schwächung von Vorstellungen zu einer „Normalbiographie".
- Durch Individulisierungsschübe findet eine veränderte Konfrontation mit bestimmten Entwicklungsaufgaben und deren Abfolge statt.
- Es gibt kein unproblematisiertes und selbstverständliches Hineinrutschen in den Erwachsenenstatus. Die Übergangsprozesse vom Jugendlichen zum Erwachsenen verlaufen zunehmend individuell.
- Der Zeitrahmen der Jugendphase, d.h. die Biographie auf Zeit und das probeweise Experimentieren, erweitert sich.
- Traditionelle Bindungen im Jugendalter nehmen ab – gemeint sind hier Nachbarschaft, Kirche, Handwerksbetriebe. Gleichzeitig werden neue Agenten sozialer Kontrolle wichtig: Ausbildungsinstitutionen, pädagogische Experten und die Medien- und Freizeitindustrie.

Hintergrund dieser Veränderungen im Jugendalter bildet die beobachtete Pluralität von Lebensstilen und Lebensentwürfen – Stichwort „Bastelbiographie" – , die wiederum die Frage aufwirft,

> „...ob es Identität im strengen Sinne von Authentizität, Konstanz und Einzigartigkeit überhaupt noch geben kann – oder sollte. Da alles möglich und gleich legitim ist, entfällt ein definiertes Ziel. Identität kann im wörtlichen Sinne des Wortes nicht festgestellt werden" (ABELS 1993, S. 545).

Trotz dieser Problematisierung und einer nicht abzustreitenden Unabgeschlossenheit der „modernen" Identität, bleibt die Suche nach Selbstentwürfen vermutlich ein zentraler Punkt der Lebensphase Jugend, nur treten jetzt individualistische Formen der Identitätsbildung hervor. Häufig ist in diesem Zusammenhang von einem Strukturwandel, einer Entstrukturierung oder Destandardisierung der Jugendphase zu lesen (vgl. HEITMEYER/OLK 1990, Popp 1996). Empirische Studien belegen, was damit gemeint ist, nämlich dass der Abschluss der Schulausbildung und die Aufnahme einer beruflichen Tätigkeit immer später erfolgen (die Jugendzeit dehnt sich aus), dass sich die Phase der ökonomischen Abhängigkeit von den Eltern verlängert und dass sich der Zeitpunkt der Teilhabe am Freizeit- und Konsumbereich nach vorne verschiebt (Olk 1993). Die ehemaligen Standards – z.B. war es in den 50er Jahren für einen Großteil der Jugend üblich, die Berufausbildung mit 18 Jahren abgeschlossen und mit ungefähr 22 Jahren eine „eigene Bude" zu haben – erscheinen aufgehoben, was das Leben als Jugendlicher offener und ungebundener werden lässt.

Sozialisation in der Jugendphase bedeutet heute, dass die eigene Lebensführung selbst überlegt und praktiziert wird. Dies wird auch mit dem Begriff „Biographisierung" beschrieben, was nichts anderes als die eigene Gestaltung der Biographie meint. Hierzu steht den Heranwachsenden eine Vielzahl von Wahlalternativen und Entscheidungsspielräumen zur Verfügung, seien es Zuordnungen zu bestimmten Jugendkulturen oder die Nutzung von bestimmten Konsumartikeln. Räume der Selbstsozialisation werden oder bleiben dadurch eröffnet, dass die Jugendlichen sehr viel länger als wie vor 30 bis 40 Jahren den Kontakt zu Gleichaltrigengruppen halten können. Sie können ausprobieren und experimentieren und sich mit der Berufswahl, der Lebensausrichtung und den biographischen Zukunftsentwürfen Zeit lassen. Dies ist deshalb auch möglich, weil Jugendliche von ihren Eltern schon sehr früh als eigenständige Personen mit autonomen Bedürfnissen und Interessen anerkannt werden. Hiermit wachsen aber auch gleichzeitig die Ansprüche an Jugendliche, eigene Lösungen für die Aufgaben und Probleme des Alltags zu finden – entsprechend hoch ist der Druck auf die autonome und selbständige Lebensorientierung.

Die gegenwärtigen Individualisierungsschübe ergeben für Jugendliche augenscheinlich eine umfangreiche Erweiterung von Optionsspielräumen und Freiheiten, was ihr Leben aber nicht zwingend einfacher werden lässt. Es ist jetzt schon mehrfach angeklungen: Individualisierte Jugend hat nämlich auch ihre „Risiken" und „Gefahren":

- Die größere Optionsvielfalt bringt Entscheidungszwänge mit sich. Jugendliche heute können nicht nur mehr selbst entscheiden als frühere Jugendgenerationen, sie müssen dieses auch tun. Die Unsicherheit in der Jugendphase und die Beantwortung der Frage „Wie will ich eigentlich werden?" werden dadurch erheblich erschwert.
- Ich-Identität ist nicht mehr durch einfachen Rückgriff auf vorgelebte Handlungspraktiken oder milieuspezifische Orientierungsmustern stabilisierbar.

- Ohne Bezug auf äußere Normen, Personenbindungen und Gruppenkontexte, müssen die Heranwachsenden eine Beziehung zu sich selbst, zur Psyche und zum Körper aufbauen.
- Durch die Freisetzung von Traditionen besteht zwar die Chance, einen eigenen Lebensstil aufzubauen, zugleich aber auch die Erwartung, einen persönlichen und einmaligen Weg zu finden.
- Jugendliche sehen sich darüber einem wachsenden Orginalitätsanspruch gegenüber und fühlen sich auf der ständigen Suche nach sich selbst als originelle Persönlichkeit.

Es ist leicht einsehbar, dass unter diesen Vorzeichen die lebensphasenspezifische Bewältigung von Entwicklungsaufgaben schwieriger wird. Konflikte und Enttäuschungen sind vorprogrammiert und es gibt Anzeichen dafür, dass Jugendliche mit den Anforderungen der Selbststeuerung überfordert sind. Sie leiden unter ungesundem Stress und präsentieren Merkmale sogenannter Managerkrankheiten (vgl. HURRELMANN 2000). Zum gegenwärtigen Zeitpunkt bleibt noch offen, welche dominierenden Bewältigungsformen Jugendliche in diesen neuen Lebenszusammenhängen entwickeln. Einzelne Bausteine und Teileelemente liegen in den Ergebnissen der aktuellen Jugendforschung schon vor. Eine umfassende Analyse der Sozialisation in der individualisierten Gesellschaft muss aber noch in zukünftigen Forschungsvorhaben und Studien erbracht werden.

7 Sozialisation und Geschlecht

Kein anderes Merkmal hat so grundsätzliche Auswirkungen auf die Sozialisation wie die Geschlechtszugehörigkeit. In allen Gesellschaften werden die Neugeborenen der einen oder der anderen Geschlechtsgruppe zugeordnet, sicherlich durch die biologische Gestalt, aber auch über die Verleihung eines an das Geschlecht gebundenen spezifischen Etiketts: Mädchen-Junge, männlich-weiblich, er-sie. Fundamental ist die Geschlechtszugehörigkeit auch deshalb, weil sie ähnlich wie die Hautfarbe lebenslang festgelegt ist.

Die Fragen, wie wird ein Mädchen zum Mädchen und ein Junge zum Jungen oder was ist ein „richtiges" Mädchen oder ein „richtiger" Junge, lassen sich nicht in einem Satz (oder gar wenigen Sätzen) aus der Alltagserfahrung beantworten und auch nicht mit unstrittigen sozialisationstheoretischen Aussagen. Der rasante gesellschaftliche Wandel berührt auch Ausrichtungen und Möglichkeiten der Entwicklung zur geschlechtlichen Identität. Der Veränderungsprozess, der alle westlichen Industriegesellschaften kennzeichnet, wird gegenwärtig als „gesellschaftlicher Pluralisierungs- und Individualisierungsprozess" analysiert.

Die historische Ausgangslage ist – idealtypisch angenommen – eine traditionale Fixierung auf bewährte Pfade des Verhaltens. Qua Tradition haben Mädchen und Jungen vorbestimmte „Geschlechter-Skripts" mit Leben zu füllen. Sie haben nichts zu tun mit Alternativen und Weggabelungen, an denen sie sich entscheiden müssen. Das vorherrschende geschlechtsrollentypische Bild steht nicht zur Disposition und wird imitiert und auch von den Erwachsenen rigide als Verhalten gefordert.

In einer individualisierten Lebenslage – auch wieder idealtypisch angenommen – haben die Heranwachsenden Variationsmöglichkeiten. Die „Geschlechter-Skripts" sind offener und breiter gefächert und der Aufbau einer geschlechtlichen Identität ist selbstreflexiver und weniger imitatorisch geworden. Die Dramatik des Geschlechtsrollenverhaltens ist entschärft, Jungen und Mädchen müssen sich nicht „typisch" verhalten.

Neuere Jugendforschungen weisen darauf hin, dass es nach wie vor Unterschiede zwischen Jungen- und Mädchenverhalten gibt, aber dass es nicht mehr die immer schon gewussten, traditionellen Unterschiede sind. Sinnvoller wäre es hier auch von Angleichungen auszugehen (Deutsche Shell 2000, S. 374). So begrüßenswert – gerade was Mädchen- und Jungenverhalten angeht – die Aufweichung von traditionellen Vorgaben und die Möglichkeit alternativen Handelns empfunden werden können, so sind sie für die heranwachsenden Kinder auch mit Problemen behaftet. Die „Bastelbiographie" ist das Schicksal heutiger Kinder und für ihre Frage „Was für ein Mädchen, was für ein Junge möchte ich werden", steht ihnen eine Menge „Sozialisationsmaterial" zur Verfügung. Die Auflösung bipolarer Sets von Geschlechterbildern gibt ihnen seit längerem kein eindeutiges Bild mehr von Frau/Weiblichkeit und Mann/Männlichkeit vor, Kinder sind gleichsam zu den eigenen Rezensenten ihrer Geschlechterrolle geworden. Modernisierungstendenzen können sicherlich Verunsicherungen schaffen, aber entwickeln sich daraus auch Veränderungen im Geschlechtsrollenverhalten?

Wer drei-, oder vierjährigen Kindern beim Spielen zusieht, kann vermutlich nach wie vor sehr schnell deutliche Unterschiede in ihrem Verhalten feststellen. Die Mädchen spielen mit ihren Puppen, schauen sich Bilderbücher an, malen. Jungen – natürlich typisch – sind die mutigen Raufbolde, spielen mit Autos, usw. usw. Auch wenn dieses schon tausendmal gesagt und geschrieben wurde und trivial wirkt – es stimmt nach wie vor. Erstaunlicherweise auch immer noch dann, wenn Eltern von sich behaupten, gerade keine traditionelle geschlechtstypische Erziehung zu praktizieren. Veränderungen des typischen Rollenverhaltens, d.h., eine Abkehr vom bipolaren Geschlechterbild, sind sicherlich auch zu beobachten, aber, so möchte ich behaupten, erst in den Anfängen und empirisch noch wenig belegt.

Wie aber kommen jene „Programme" – seien sie dramatisiert oder individualisiert entwickelt (HORSTKEMPER/ZIMMERMANN 1998) – zustande, nach denen Mädchen zu Mädchen und Jungen zu Jungen werden? Dies ist eine Fragestellung der Sozialisationstheorie und der Sozialisationsforschung, die unter dem Thema „Geschlechtsspezifische Sozialisation" bearbeitet wird. Es gibt verschiedene Ansätze, das Phänomen der geschlechtsrollentypischen Sozialisation zu erklären. In manchen wird versucht, biologische Begründungen vorzulegen, viele Ansätze sind psychologisch orientiert, andere eher soziologisch.

Unverkennbar ist hiermit Sozialisation als interaktiver Prozess, als ein Modell zu verstehen, in dem Persönlichkeitsentwicklung in der Beziehung zwischen Mensch und Umwelt stattfindet. Für meine Ausgangsfrage – wie werden Jungen zu Jungen und Mädchen zu Mädchen – bedeutet dies, dass geschlechtspezifische Sozialisation sich über geschlechtsbezogene Interaktionen innerhalb einer Gesellschaft aufbaut, in der bestimmte Bilder und Vorstellungen vom „Jungensein", bzw. „Mädchensein" vorherrschen, die sich die Kinder aneignen und subjektiv verorten, und zwar als Kultur der Zweigeschlechtlichkeit. Theorien, die diese Aneignungsprozesse plausibel erklären können, sind m. E. vor allem das sozial-kognitive Modellernen und der Konstruktivismus. Genaueres dazu folgt in den Abschnitten 7.5 und 7.6.

„Jungensein" und „Mädchensein" bilden ein symbolisches System, das den Alltag – gleichsam als Alltagstheorie – durchwirkt. Es sind Deutungsmuster, Zuschreibungen und Erwartungen, die für das einzelne Kind die Darstellung der Geschlechtszugehörigkeit ermöglichen. Die Kinder benutzen dieses System sehr früh, um sich ihrer Identität gewiss zu sein, denn man ist nicht nur Mädchen oder Junge, sondern muss als solches oder solchen auch von den anderen erkannt werden. Es ist immer wieder zu beobachten, wie sich schon Drei- oder Vierjährige aufregen, wenn sie tatsächlich einmal verkannt werden.

Das Prinzip der Zweigeschlechtlichkeit ist nicht erst wirksam, wenn Kinder kognitiv ihre Geschlechtszugehörigkeit erkannt haben, wie in Anlehnung an PIAGET oft behauptet wird. Hier folgern viele Vertreter der kognitiven Sozialisation in naiver Parallelität (HAGEMANN-WHITE 1984, S. 84). Kinder erwerben ihre Geschlechtsidentität eben nicht in gleicher Weise, wie sie das Prinzip physikalischer Konstanz begreifen, also nach der Kognitionstheorie etwa im sechsten oder siebten Lebensjahr. KOHLBERG (1974) hat dennoch nachweisen können, dass der Erwerb der Geschlechtsidentität sehr wohl ein Vorgang des stufenweisen Erwerbs kognitiver Rationalität ist. Im Abschnitt 7.4 wird der Ansatz KOHLBERGS zur Geschlechtersozialisation etwas ausführlicher erörtert.

Geschlechtsspezifische Sozialisation beginnt mit der Geburt, wenn nicht sogar schon eher; über Sprache und über den Körper wird der „heimliche Code dieses Regelsystems" (BILDEN 1991, S. 295) der Zweigeschlechtlichkeit Kindern nach erstem Erblicken des Tageslichts vermittelt. Mit der Zeit eignen sich die heranwachsenden Kinder immer mehr Kompetenz im Umgang mit den Symbolen von „Jungensein" und „Mädchensein" an. Jedes Kind ist auch auf diesen Code angewiesen – um sich selbst zu verstehen, um sich intersubjektiv zu verständigen und um sich mitteilbar zu machen. Kinder sind in ihrer Sozialisation sozusagen lebensnotwendig abhängig von dem Angebot von Symbolen, die eine Kultur zur Verfügung stellen kann. Niemand kann daran vorbei. Jedes Kind hängt wie mit unsichtbaren Fäden an dem erreichbaren Angebot der symbolischen Deutungsmuster vom gesellschaftlich definierten Jungen- und Mädchenverhalten. Als heimlicher Code bleiben diese aber unbewusst,

„... ja gesellschaftlich tabuisiert – worüber gerade seine Reproduktion abgesichert ist" (ebenda).

Die Mechanismen der Weitervermittlung dieses Codes können – zum Teil – recht plausibel mit dem Modell des nachdenklich lernenden Individuums (BANDURA 1979) verdeutlicht werden. Für die Klärung der Frage, wie die Codierung subjektiv aufgenommen und verarbeitet wird, für die Innenseite der Aneignung, sind darüber hinaus psychoanalytisch orientierte Denkweisen unverzichtbar, denn mit ihnen können tieferliegende Bedürfnisse und die Funktion und Wirkung des Unbewussten für die Herausbildung von „typischen" Jungen- und Mädchenverhalten verstehbar gemacht werden. Immerhin war Freud der erste Psychologe, der Antworten darauf suchte, wie Männlichkeit und Weiblichkeit entsteht.

7.1   Psychoanalytische Aspekte

Die Annahme von FREUD, dass die Entwicklung zu „Männern" und „Frauen" unvermeidlich mit dem Erkennen des anatomischen Geschlechtsunterschieds verknüpft sei, ist schon häufig und fundiert kritisiert worden (vgl. DINNERSTEIN 1979). Auch auf die Gefahr, die Konzeption des Ödipuskonkliks als Urkonflikt für Vergesellschaftungsprozesse zu dogmatisieren, wird vielfach hingewiesen (ROLFF/ZIMMERMANN 1997, S. 45). Unbestritten ist aber FREUDS Hinweis der ungeheuren Belastung.

> „... die der männlichen wie der weiblichen Persönlichkeit durch die Tatsache auferlegt wird, dass die wichtigste Person in der Säuglingszeit und der frühen Kindheit weiblichen Geschlechts ist" (DINNERSTEIN 1979, S. 13).

Die Psychoanalyse beantwortet die Frage, was „innerlich" dadurch geschehen ist, dass die Mutter eine Frau war. In Abschnitt gehe ich darauf ein. Bleibt man nun aber nicht orthodox im Freudschen Denken verhaftet, kann offen spekuliert werden, wie sich die geschlechtspezifische Sozialisation verändern würde, wäre die gesellschaftliche Rollenzuweisung eine andere, hätte beispielsweise der Mann größere Anteile im frühkindlichen Erziehungsgeschehen. Damit wird angedeutet, dass die Innenseite der Sozialisation nicht wie bei Freud gleichsam schicksalhaft festgelegt ist, sondern abhängig ist von gesellschaftlichen, sozialen Einflüssen. Ändern sich diese, ändert sich auch das Psychische.

Wie Menschen nun bestimmte erwünschte, gesellschaftlich definierte Verhaltensweisen reproduzieren – Jungen also „typisches" Jungenverhalten – lässt sich wiederum sehr stimmig über die Psychoanalyse mit der Theorie der Internalisierung, d.h. mit der Herausbildung des Über-Ich erklären. Diese so genannte

Theorie der psychischen Struktur möchte ich des besseren Verständnisses wegen kurz, damit natürlich auch zwangsläufig vergröbert, wiederholen (vgl. dazu Abschnitt 3.1.1).

Die psychische Struktur bildet sich aus drei Schichten: Es, Ich und Über-Ich. Das Es, ein „Kessel von brodelnder Erregungen" (FREUD 1982, S. 114), bildet den Triebpol, die Energie der Persönlichkeit. Seine Inhalte sind psychischer Ausdruck der Triebe, teils erblich und angeboren, teils verdrängt und erworben. Dass die Inhalte des Es angeboren sind, ist leicht nachvollziehbar, sind sie doch von der Natur der Triebe bestimmt. Dass sie aber auch erworben sein können, ist schon schwerer einsehbar. Erklärbar wird es dadurch, dass der psychische Ausdruck des Trieblebens auch von der Außenwelt beeinflusst wird. Der Sexualtrieb ist von den jeweiligen gesellschaftlichen Bedingungen zum Teil so geprägt, dass diese Bedingungen sich in der Natur des Trieblebens niederschlagen.

Das Es strebt zunächst einmal energievoll zur schrankenlosen Befriedigung des Triebs. Ungehemmte Triebe lassen aber kaum ein Zusammenleben zu. Hemmungslose, unkontrollierte Triebbefriedigung führt im Extrem zum Chaos, zu Zerstörung bis hin zum Tod. Deshalb muss eine Regel- und Kontrollinstanz die Persönlichkeit lenken. Diese Instanz ist die zweite psychische Schicht der Persönlichkeitsstruktur, das Ich, das zwischen dem Energieandrang des Triebpols, den FREUD auch Lustprinzip (die Libido) nennt und den Anforderungen der Außenwelt, die auf Überleben und Zusammenleben ausgerichtet sind. Diese Anforderungen nennt FREUD Realitätsprinzip. Das Ich vermittelt demnach zwischen Lustprinzip und Realitätsprinzip.

Die Anforderungen der Außenwelt, das Realitätsprinzip, kommen auf den Menschen zuerst im Kindheitsalter zu, und zwar als Gebote und Verbote, als Wert- und Moralvorstellungen der Eltern. Nun sind wir aber triebhafte Wesen, die sich nur ungern Verboten unterwerfen, und durch Zwänge wird das Selbstwertgefühl gekränkt. Andererseits können wir uns diesen Geboten und Verboten und Regelungen nicht entziehen. In dieser widersprüchlichen Situation taucht als Hilfe die dritte Schicht der Persönlichkeitsstruktur auf, das Über-Ich. Es bildet sich durch die Verinnerlichung der elterlichen Ansprüche und Forderungen. Die Funktion des Über-Ich ist sozusagen als Gewissen, als Selbstbeobachtung zu verstehen. Bedeutsam ist hierbei, dass Verhaltensregeln und Moralvorstellungen nicht nur über äußere Gewalt und Kontrolle akzeptiert und übernommen werden, sondern mit der inneren Verarbeitung des so genannten Realitätsprinzips. In wesentlichen Aspekten zählt das Über-Ich zu den unbewussten Anteilen des Ichs. Sie entstehen aus äußeren Autoritäten, die Angst hervorrufen, weil sie eigene Bedürfnisse bestrafen könnten. Das Besondere des Über-Ichs ist, dass durch Verinnerlichung, durch Internalisierung die vorher äußeren Autoritäten zu „inneren" Autoritäten werden. Wenn dennoch eigentlich verbotene Wünsche und Bedürfnisse nicht verborgen werden können, entstehen als emotionale Reaktion des Ichs Schuldgefühle. In der Sozialisation von Jungen zeigen sich in diesem Zusammenhang oftmals Abwehr und Verdrängungen von weiblichen Anteilen, worauf noch einzugehen ist (siehe Abschnitt 7.7).

Mit der gleichzeitigen Wirkung der drei psychischen Instanzen ist eine Dialektik angelegt, d.h. dass das Innenleben von Kindern in der Konfliktdynamik zwischen Es, Ich, Über-Ich zu sehen ist. Für Sozialisationsprozesse ist der Über-Ich-Bildung besondere Bedeutung zuzumessen, lässt sie doch die Internalisierung von kulturellen Elementen (über Einflüsse der Eltern, Erzieher, Lehrer und idealen Vorbildern) zu einem wichtigen Teil der Persönlichkeitsstruktur selbst werden. Es muss nicht weiter begründet werden, dass hierzu natürlich die kulturelle Tradition von Jungen- und Mädchenverhalten gehört.

Diese Sichtweise zur Verinnerlichung kultureller Normen ist in Theorien zur Geschlechtersozialisation immer wieder aufgenommen worden, prominent beispielsweise von Nancy CHODOROW (1994). Sie hat psychoanalytische Schriften aufgearbeitet und systematisch die Mutter-Tochter-Beziehung sowie die Mutter-Sohn-Beziehung herausgestellt. CHODOROW macht deutlich, dass die Mutter trotz reicher gesellschaftlicher Veränderungen nach wie vor primäre Versorgerin, Sozialisations-Agentin und inneres Objekt der Kinder darstellt (CHODOROW 1994, S. 122). Für die Sozialisation von Jungen (wie auch für Mädchen) ist nun wichtig, dass die Mutter vor allem unbewusst anders mit einem Sohn als mit einer Tochter umgeht. Als Grundlage für diese Einschätzung hat CHODOROW Beispiele aus der psychoanalytischen klinischen Arbeit ausgewählt, die Einsichten ermöglichen

> „... in die Subtilität der Unterschiede im Verhalten gegenüber Söhnen und Töchtern., der Wahrnehmung von Söhnen und Töchtern und der daraus resultierenden unterschiedlichen Entwicklungsverläufe" (ebenda, S. 131).

Durch die Abwesenheit von erwachsenen Männern (z.B. durch die Berufstätigkeit des Ehemannes) behandelt die Mutter häufig ihren Sohn (unbewusst) als Liebesobjekt oder Ersatzpartner. Sie mischt also – hervorgerufen durch die gesellschaftliche Isolation als Mutter – ihre Beziehung zum Sohn: Einmal sieht sie ihn als Kind, zum anderen als männliches Wesen.

„Genau diese Situation löst in unserer Gesellschaft den frühen Eintritt der Knaben in die ödipale Situation aus" (ebenda, S. 142).

Aufgrund der Andersgeschlechtlichkeit wird eine Mutter ihren Sohn unbewusst als ihr entgegengesetzt empfinden und ihn damit eine Separierung und Differenzierung zur Mutter erfahren lassen. Nach CHODOROW ist die geschlechtliche Sozialisation des Jungen ein Prozess der Abgrenzung und Distanzierung von der Mutter, damit auch eine unbewusste, von außen forcierte Herauslösung aus der ursprünglichen Symbiose mit ihr. Auf diese Zusammenhänge wird noch ausführlicher in Abschnitt 7.7 eingegangen.

Aber auch wenn sich das Geschlecht in den hier referierten psychoanalytischen Sichtweisen unter bestimmten gesellschaftlichen Bedingungen internalisierend und über die Kultur der Zweigeschlechtlichkeit sozial formt, werden wir doch als Mädchen oder Junge geboren, d.h., es gibt auch so etwas wie eine biologische Vorbestimmtheit. Die Frage, ob durch einen angelegten Geschlechtstypus nun auch die Verhaltensweisen und Charakterstrukturen vorbestimmt werden, wird schon seit langem in der Forschung diskutiert. Wer sich mit Sozialisationsaspekten hinsichtlich des Geschlechts beschäftigt, muss sich dieser Frage stellen.

7.2   Ist die Sozialisation vorbestimmt durch die Biologie?

Noch in den 60er Jahren gehörte zum Basiswissen der angehenden Lehrer und Lehrerinnen die Entwicklungstheorie von REMPLEIN (1966), in der klipp und klar männliche und weibliche Eigenschaften und Verhaltensweisen auf biologische Zustände zurückzuführen seien. So mag es heute niemand mehr vertreten. Es gibt zweifellos eine menschliche Konstante, die, unserer unterschiedlichen Naturausstattung. Aber die Anerkennung des elementaren Geschlechts darf nicht dazu verführen, dieses als unabhängige Variable für die Erklärung der unterschiedlichen Entwicklung von Mädchen und Jungen, von Frauen und Männern heranzuziehen. Carol HAGEMANN-WHITE (1984) hat in ihrer Bestandsaufnahme zur Forschung über Geschlechtsunterschiede aufgewiesen, dass Annahmen über biologische Ursachen für Geschlechtsunterschiede nicht belegt werden können. Auch Klaus-Jürgen TILLMANN kommt nach einer ausführlichen Sichtung kulturvergleichender, psychologischer und biologischer Forschung zu dem Ergebnis

> „..., dass es für die große Mehrzahl der nach herkömmlichen Stereotypen bestehenden Geschlechtsunterschiede weder einen empirischen Beleg noch Hinweise auf biologische Verankerungen gibt" (TILLMANN 1989, S. 54).

Lediglich zu einem Aspekt, zum Zusammenhang zwischen Hormonen – gemeint ist das Hormon Testosteron – und der Neigung zu aggressivem Verhalten sind hinreichend Forschungsbelege vorhanden, die eindeutige Ergebnisse aufweisen (vgl. ebenda S. 53, MIEDZIAN 1991, S. 44 f). Sechs- bis siebenmal soviel mehr besitzen Männer von diesem Hormon als Frauen. Dennoch kann hiermit nicht behauptet werden, dass aggressives männliches Verhalten ein typisches „natürliches" Verhalten sei. Wie stark sich aggressives Verhalten zeigt, hängt davon ab, wie Aggressionsformen- und verhalten gesellschaftlich bewertet und tabuiert werden.

> „Das Verhalten von Mädchen und Jungen in bezug auf Aggression, Gehorsam/Trotz und Angst wird nachhaltig beeinflusst durch die Machtverhältnisse und den Machtmissbrauch in der sie umgebenden erwachsenen Gesellschaft" (HAGEMANN-WHITE 1984, S. 45).

Aggressives Verhalten ist bei Männern zwar körperlich stärker disponiert, aber dieses Verhalten ist kulturell überformt und deshalb kann von einem angelegten Geschlechtscharakter nicht ausgegangen werden (TILLMANN 1989, S. 54, vgl. auch Keller 1979, S. 124 ff). Auch neuere Testosteron-Forschungen belegen dies (vgl. NIESCHLAG/BHERE 1991). Die Psychologin und Kriminologin Ann Campbell bestätigt ebenfalls in ihren Analysen zur Aggressionsforschung, dass der Unterschied zwischen Männern und Frauen nicht in den Hormonen liegt. Sie hat aggressive Männer und aggressive Frauen verglichen und festgestellt, dass Männer und Frauen Aggression unterschiedlich begreifen und interpretieren (1995, S. 103 ff).

Weit weniger vorsichtig beurteilen neuerdings Gehirnforscher biologische Unterschiede der Geschlechter. Vor allem amerikanische Wissenschaftlerinnen suchen jetzt im Gehirn nach den Ursachen des Unterschieds von Frauen und Männern. Sie berufen sich dabei auf neurobiologische und neuropsychologische Forschungen, die darauf hindeuten sollen, dass beispielsweise im weiblichen Gehirn die Vernetzung, die Verbindung zwischen rechter Gehirnhälfte (emotionaler, kreativer Gehirnbereich) und linker Gehirnhälfte (rationaler, logischer Gehirnbereich) sehr viel intensiver sein soll als im männlichen. Die Genetikerin Anne MOIR und ihr Mitarbeiter David JESSEL beschreiben in diesem Zusammenhang den „wahren" Unterschied folgendermaßen:

> „Der Mann hält seine Gefühlsregungen an ihrem Platz; und dieser Platz ist auf der rechten Seite des Hirns, wohingegen die Fähigkeit, diese Gefühle sprachlich zu artikulieren, auf der anderen Hirnseite beheimatet ist. Weil die beiden Hälften seines Gehirns durch eine geringere Zahl von Nervenfasern miteinander verbunden sind als die der Frau, ist der Infor-

mationsfluss zwischen der einen Seite des Hirns und der anderen spärlicher. Es ist dann oft schwieriger für einen Mann, seine Gefühle auszudrücken, weil die Informationen es schwerer haben, zur linken – verbalen – Seite seines Hirns durchzudringen. Dass die Frauen möglicherweise weniger dazu befähigt sind als der Mann, Vernunft und Gefühle voneinander zu trennen, liegt wahrscheinlich schlicht an der Art und Weise, in der ihr Hirn konstruiert ist. Das weibliche Hirn verfügt über emotionale Kapazitäten in beiden Hemisphären; hinzu kommt der leichtere Informationsfluss zwischen den beiden Hirnhälften. Die emotionale Seite ist stärker mit der verbalen Seite verknüpft. Eine Frau kann ihre Gefühle deshalb in Worte fassen, weil das, was sie fühlt, besser und effektiver auf die verbale Seite ihres Hirns geleitet wird" (MOIR/JESSEL 1990, S. 68).

Aber ist es wirklich biologisch bedingt, dass Männer ihre Gefühle schlechter ausdrücken können – oder rührt es eher daher, dass Jungen in der Kindheit emotional nicht genügend gefördert werden? Eine biologische Tatsache ist es nämlich auch, dass Kinder nicht mit einem fertigen Gehirn auf die Welt kommen, sondern dass sich dieses erst entwickelt. Das Gehirn ist nicht fix und fertig genetisch vorprogrammiert. Das heißt, auch die Idee, Geschlechterunterschiede über die unterschiedliche Kommunikation der Gehirnhemisphären zu erklären, kann nicht plausibel genug hier herangezogen werden.

Auch die Hoffnung, aus der Evolutionsbiologie Hilfestellung für die Begründung einer Naturalisierung kulturell unterstellter geschlechtstypischer Verhaltensweisen zu erhalten, muss nach den Analysen von LEONHARD (1996) aufgegeben werden. Die Evolutionsbiologie gibt keine stichhaltigen Auskünfte über mögliche biologisch-genetische Faktoren der unterschiedlichen Verhaltensweisen, Fähigkeiten und Eigenschaften. Auch tiervergleichende Betrachtungen, Annahmen zu kulturübergreifenden Universalien, die aus der humanethologischen Forschung rekrutiert werden, oder Rekonstruktionen der Frühgeschichte der Menschheit ergeben keine eindeutigen Hinweise über die biologische Natur von Frauen und Männern. Annahmen bleiben spekulativ und für jedes Beispiel kann ein Gegenbeispiel herangezogen werden (ebenda, S. 117 ff). Nach LEONHARD ist es nach seiner Durchsicht von evolutionsbiologischen und soziobiologischen Theorien und Forschungen geradezu naiv, von der Möglichkeit einer unmittelbaren Verhaltenssteuerung durch Gene auszugehen. Es ist eine falsche Suchbewegung der Humanbiologie, nach determinierenden Faktoren im menschlichen Verhalten zu forschen. Wichtiger wäre es, die Ursachen der Befreiung des Verhaltens von angeborenen Programmen aufzuklären (ebenda, S. 121).

Wie sich Mädchen zu Mädchen und Jungen zu Jungen entwickeln ist also nicht ausschließlich biologisch begründbar und Skepsis gegenüber biologischer Theoriebildung und ihrer Instrumentalisierung ist durchaus angebracht (vgl. SCHULTHEIS/FUHR 2006, S. 54 f). Gleichwohl könnten Erkenntnisse der Evolutionsbiologie und der modernen Soziobiologie die Diskussion um die geschlechtstypische Sozialisation durchaus gewinnbringend befruchten (vgl. SCHEUNPFLUG 2000). Die überzeugendere Argumentation geht aber bisher in die Richtung, dass Kinder ein Bewußtsein der ihnen vermittelten Normen und Erwartungen und auch ein Bewusstsein ihrer Erfahrungen, wie sich Mädchen und Jungen verhalten im Zuge der Aneignung der Kultur der Zweigeschlechtlichkeit entwickeln. Über die gesellschaftlich produzierten Geschlechterrollen scheint sich ein „geschlechtstypisches Verhalten" durchzusetzen. Wie sich ein solches Verhalten bei Mädchen und Jungen entwickelt, ist aber mit einer Theorie allein nicht anzugehen, denn es gibt keine zureichende Erklärung innerhalb einer einzigen theoretischen Schule (vgl. auch HAGEMANN-WHITE 1984, S. 74 ff). Deshalb erscheint es nützlich, elektizistisch vorzugehen. Vor diesem Hintergrund möchte ich im nächsten Kapitel einen theoretischen Ansatz vorstellen, der von der biologischen Grundtatsache der Unterteilung in Jungen/Mädchen, Männer/Frauen ausgeht, aber sodann die sozialen Implikationen in das Blickfeld rückt. Es ist ein Ansatz, der dem symbolischen Interaktionismus zugeordnet wird.

7.3   Geschlechtsrollentypische Sozialisation als rituelles Arrangement

Nach der Geburt werden Kinder nach ihren biologischen Geschlechtsmerkmalen sofort in eine Geschlechtsklasse eingeordnet.. Die Erwachsenen sehen den nackten Kinderkörper und sortieren in Junge oder Mädchen. Dies sei eine Zuordnungspraxis, die ähnlich auch bei Haustieren durchgeführt werde (GOFFMAN 1994, S. 107). Jungen und Mädchen werden von Anfang an unterschiedlich behandelt, machen verschiedene Erfahrungen und sind unterschiedlichen Erwartungen ausgesetzt.

> „Als Folge davon lagert sich eine geschlechtsklassenspezifische Weise der äußeren Erscheinung, des Handelns und Fühlens objektiv über das biologische Muster, die dieses ausbaut, missachtet oder durchkreuzt" (ebenda, S. 109).

Erving GOFFMAN – neben George Herbert MEAD der „Vater" des Symbolischen Interaktionismus – behauptet, dass die körperlichen Unterschiede zwischen den Geschlechtern eigentlich keine große Bedeutung für die menschlichen Fähigkeiten und für die Bewältigung von Alltagsaufgaben hätten und fragt deshalb: Wie kommt es zu dieser geschlechtsklassenspezifischen Überlagerung der biologischen Muster? Oder anders: Wie wurden biologische Unterschiede, ohne biologische Zwänge, derart sozial erweitert (vgl. ebenda, S. 139)?

In der Antwort geht es um institutionelle Reflexivität. GOFFMAN beobachtet und beschreibt alltägliche face-to-face-Interaktionen zwischen Frauen und Männern und stellt in jeder Zusammenkunft „interpersonale Rituale" fest. In allen Interaktionen bemerkt er, dass die unterschiedlichen Verhaltenweisen das rechtfertigen, worauf sie sich stützen. In unterschiedlichen sozialen Situationen würden sich Frauen und Männer ihre angeblich unterschiedliche „Natur" wirkungsvoll vorexerzieren (ebenda, S. 143). GOFFMAN spricht von „ritual idioms", die in Darstellungen wie auch Entzifferungen ständig erneuert werden. Kulturelle Ressourcen sind hierbei – historisch sedimentiert, aber auch sich stetig verändernd – auf männliche und weibliche Repertoires verteilt. Da Männer größer und stärker als Frauen sind, können sie diesen beispielsweise beim Tragen von schweren Gegenständen entgegenkommen. Frauen nehmen diese Gelegenheit wahr und zollen den Männern Anerkennung oder sogar Dankbarkeit. Ein Beispiel nach GOFFMAN, wie es soziale Praktiken Männern und Frauen ermöglichen, die Bestätigung des sozialen Geschlechts zu inszenieren (ebenda, S. 141). Der scheinbar unbedeutende Mikrokosmos des Alltags bietet ihm vielfältigen Anlass solche und ähnliche Beispiele – sei es der Umgang mit der Toilette, das Flirten oder die Auswahl von Kleidung – mit zum Teil kuriosen Details zu beschreiben, um damit seine Behauptung zu stützen, dass eine Geschlechtskategorisierung ein Arrangement in sozialen Situationen und damit ein rein kulturelles Phänomen ist. Dies ist auch der Verdienst Goffmans, damit Belege für die Nicht-Zwangsläufigkeit oder Nicht-Natürlichkeit von Geschlechterverhältnissen zu liefern (vgl. TZANKOFF 1995, S. 51). Insofern ist dieser interaktionistische Ansatz für die Klärung von Sozialisationsvorgängen wichtig, aber nicht ausreichend. Vor allem fehlt der Bezug auf subjektive Voraussetzungen der Geschlechterkategorisierungen, wie zum Beispiel schlichterdings kognitive Kompetenzen. Deshalb möchte ich im folgenden die geschlechtsrollentypische Sozialisation vor dem Hintergrund eines kognitiven Ansatzes, der Theorie des (sozial-kognitiven) Modellernens, der konstruktivistischen Sichtweise, des Aneignungskonzepts sowie psychoanalytischer Denkweisen erörtern. Diese Theorien helfen m.E., die zentralen wie auch unterschiedlichen Aspekte geschlechtsrollentypischer Sozialisation verständlich zu machen.

7.4 Geschlechtrollentypische Sozialisation als rationaler Vorgang

Die einflussreichste Theorie, die die Geschlechtsrollenentwicklung als kognitiven Vorgang zu erklären versucht, ist unbestritten die von Lawrence KOHL-

BERG (1974). Zentraler Hintergrund ist die Annahme, dass es eine Parallelität von kognitiver Entwicklung und Geschlechtsrollenentwicklung gibt. Mit dem Fortschreiten des Ausbaus der kognitiven Fähigkeiten werden auch Änderungen zu Vorstellungen der geschlechtlichen Identität möglich.

KOHLBERG behauptet, dass die Unterschiede zwischen Kindern und Erwachsenen zu physikalischen Konzepten von beispielsweise anatomischen Unterschieden, Geburt oder sexuellen Beziehungen, nicht durch Unwissen oder unzureichende Unterweisung, sondern durch qualitative Unterschiede zwischen den Strukturen des kindlichen Denkens und des Denkens Erwachsener entstehen. Solche qualitativen Unterschiede begründet KOHLBERG damit, dass die Geschlechtsrollenkonzepte des Kindes das Ergebnis der aktiven Strukturierung der eigenen Erfahrungen seines Körpers und seiner sozialen Umwelt sind. Er nimmt an

„..., dass die fundamentalen sexuellen Attitüden nicht direkt durch biologische Instinkte oder willkürliche kulturelle Normen, sondern durch die kognitive Organisation der sozialen Welt des Kindes in den Dimensionen der Geschlechtsrollen strukturiert werden" (KOHLBERG 1974, S. 334).

Aus den kindlichen Aktivitäten werden im Laufe der Entwicklung „normale" Erwachsenen-Geschlechtsrollenattitüden, die als Restrukturierung früherer Attitüden und nicht als Produkte des direkten Lernens einer beliebigen kulturellen Identität aufgefasst werden.

Auf dem Weg zu einer stabilen Geschlechtsidentität sind verschiedene Etappen zu durchlaufen. Der Beginn liegt beim Hören verbaler Bezeichnungen wie „Junge" oder „Mädchen". Das verbale Lernen der eigenen Geschlechtsidentität setzt etwa im Alter von 2 Jahren ein. Allerdings ist zu diesem Zeitpunkt eine richtige Selbstbezeichnung noch keine Selbstklassifikation in eine allgemeine physische Kategorie (z.B.: jedermann ist Junge oder Mädchen, jedermann ist „Peter" oder „nicht Peter"). Ab dem 3. Lebensjahr kennt das Kind seine eigene Geschlechtsbezeichnung und verallgemeinert sie aufgrund einer Gruppierung physischer Merkmale unsystematisch auf andere. Mit 4 Jahren wird das Geschlecht nach allgemeinen physischen Kriterien bezeichnet, vor allem nach Kleidung und Frisur. Alle diese Ergebnisse zeigen,

„....dass Kinder die Selbstbezeichnung ihres Geschlechts früh (mit 2-3 Jahren) lernen, und dass sie in den nächsten Jahren lernen, andere aufgrund konventioneller Anhaltspunkte richtig zu bezeichnen" (ebenda, S. 352 f).

Zur Entwicklung einer stabilen Geschlechtsidentität spielt aber noch mehr mit, denn – wie KOHLBERG weiter ausführt – ist der Gebrauch der Geschlechtskonzepte beim Kleinkind noch relativ verwirrt (ebenda, S. 353). Die Geschlechtsidentität des Kindes kann nämlich nur dann einen stabilen Organisationsfaktor der psychosexuellen Attitüden des Kindes abgeben, wenn es von deren Unveränderbarkeit kategorisch überzeugt ist. KOHLBERG belegte in Untersuchungen, dass das Kleinkind nicht vor dem Alter von 5-6 Jahren hinsichtlich der Konstanz seiner Geschlechtsidentität überzeugt ist (ebenda, S. 354 f). Die veränderte Reaktion auf Fragen in Bezug auf die zukünftige Identität spiegelt primär eine kognitive Stabilisierung der Geschlechtsrollenkategorien und nicht eine veränderte Rollen-Präferenz wider. Unter dem Gesichtspunkt der kognitiven Entwicklung ist die Stabilisierung der Geschlechtsidentitätskonzepte nur ein Aspekt der allgemeinen Stabilisierung der Konstanzen physischer Objekte (bei 3-7jährigen). Die Entstehung einer konstanten Geschlechtsidentität ist demnach ein Teil des allgemeinen begrifflichen Wachstumsprozesses.

In psychoanalytischen Vorstellungen zur geschlechtsspezifischen Sozialisation wird angenommen, dass die Identifikation mit einer Geschlechtsrolle aus einer Identifikation mit einem familialen Vorbild resultiert. Identität ist damit plötzliche, totale und permanente Inkorporation des Eltern-Images. In kognitionspsychologischen Vorstellungen wird dagegen davon ausgegangen, dass – neben Mechanismen wie z.B. die Neigung, äußere Objekte und Stimuli zu erforschen oder Bewertungen vorzunehmen (ebenda, S. 378 ff) – ein weiterer Mechanismus, in den Ausführungen KOHLBERGS ist es der fünfte, Geschlechtsrollenkonzepte in maskuline und feminine Wertungen und Attitüden übersetzt. Hierbei ist KOHLBERG, ähnlich wie psychoanalytische Denker, der Meinung, dass das Ich eine wesentliche Rolle in der Entwicklung hat. Kinder müssen, bevor sie eine Person imitieren, eine Vorstellung von ihr haben, und zwar eine Vorstellung, die dem Ich des Kindes ähnelt. Diese Vorstellung und deren Merkmale werden dann wegen der Ähnlichkeit imitiert. Um diese zu erkennen, muss eine gewisse Beziehung zwischen Kind und Imitationsfigur bestehen. KOHLBERG bezweifelt allerdings, dass Persönlichkeitsmerkmale wie Moralität, Maskulinität oder Femininität direkt aus der Identifikation mit den Eltern herrühren, da noch viele entwicklungsbedingte und kulturelle Faktoren auf das Kind einwirken.

> „Unsere Konzeption des Identifikationsbegriffes liegt irgendwo in der Mitte zwischen der vom sozialen Lernen ausgehenden Auffassung der Identifikation als einer situationsbedingten Vorbildübernahme oder Imitation und der psychoanalytischen Auffassung der Identifikation als einer plötzlichen, totalen und permanenten Inkorporation der Eltern-Imagines" (KOHLBERG 1974, S. 399).

Identifikation ist nun nach KOHLBERG, wie schon erwähnt, eher als fünfter Mechanismus zu sehen. Wie sieht hiernach die Entwicklung nun aus? Dass die Identifikation in den Phasen von Adaption an entwicklungsbedingte Rollenaufgaben zerfällt, setzt voraus, dass die Identität mehr oder weniger bewusst geleitet wird. Identität setzt also im Gegensatz zur Imitation schon eine Vorstellung des Prozesses voraus, durch den identifiziert wird. Die kognitive Entwicklung des Kindes führt zur Veränderung seines Ich-Konzeptes und des Konzepts über die andere Person. Dadurch wiederum finden Veränderungen im Prozess der Identifikation statt. Für die Jungensozialisation ist u.a. bedeutsam, dass zwischen den Geschlechtsrollenattitüden und Attitüden zur Identifikation mit dem gleichgeschlechtlichen Elternteil eine enge Beziehung besteht. Es wurden in empirischen Untersuchungen mit Jungen nur wenig Bezug zwischen der Vorliebe für männliche Ansprechpartner und der Tendenz, den Vater zu imitieren oder sich ihm ähnlich zur finden und der Vorliebe für männliche Ansprechpartner und der Liebe zum Vater oder einer liebevollen Einschätzung dessen festgestellt. In der kognitiven Entwicklungstheorie wird davon ausgegangen, dass Jungen erst maskulin geschlechtstypisiert sein müssen (z.B. um Ähnlichkeiten zu erkennen), um sich dann mit dem Vater zu identifizieren.

Jungen achten ihren Vater aufgrund der Ähnlichkeit, aber erst nachdem sie eine eigene Geschlechtsidentität und maskuline Wertungen entwickelt haben. Voraussetzung ist hiernach die kognitive Kategorisierung der sozialen Umwelt in männlich und weiblich und die Zuordnung zu einer bestimmten Geschlechtergruppe (wir Jungen – die Mädchen, wie natürlich auch umgekehrt: wir Mädchen – die Jungen). KOHLBERG zitiert Puppenversuche, in denen die Jungen zunächst ihrem Geschlecht entsprechend Vorlieben von Aktivitäten und Neigungen entwickeln, bevor sie den Vater imitieren und dass sie fremde Männer sogar früher oder zeitgleich zum Vater imitieren. Deshalb spricht er hier noch nicht von Identifikation, sondern von Geschlechtstypisierung. Die Entwicklung zur „Mann-Identifikation" erfordert ja eine fortgeschrittene kognitive Leistung, die erst später geleistet werden kann (vgl. KOHLBERG 1974, S. 409, zusammenfassend S. 417 ff).

Die natürliche Entwicklung des kindlichen Körpers und die Entwicklung der Rollenkonzepte, die die Geschlechtsrollenattitüden und Identifikationen festlegen, werden als Ergebnis relativ universeller Aspekte der Kindheitserfahrungen angesehen. Durch die soziale Umgebung und durch eigene Beobachtungen bilden die Kinder sich ein Bild von männlichen und weiblichen Rollen und können sie unterscheiden. Individuelle Unterschiede zwischen Geschlechtsrollenattitüden von Kindern geben verschiedene Konzepte der Kinder wieder, die durch verschiedene Altersstufen, Intelligenzquotienten und Erfahrungen gebildet wurden. Die größten Unterschiede birgt der Altersunterschied. KOHLBERG deutet die Unterschiede als Auswirkungen der kognitiven Erfahrungen auf die Geschlechtsrollenkonzepte und Geschlechtsrollenattitüden.

> „Für gewöhnlich wird die altersbedingte Variation bei sozialen Attitüden als Produkt von direktem Training, Verstärkung oder Sozialisationsdruck aufgefasst, dem die Kinder auf verschiedenen Altersstufen ausgesetzt sind. Zwar erkennen wir die Existenz solcher Kräfte an, doch wir glauben gleichwohl, dass die Alterstrends der Geschlechts-Rollenentwicklung weitgehend die allgemeinen Auswirkungen kognitiver Erfahrung auf Geschlechtsrollen-Konzepte und -Attitüden reflektieren" (ebenda, S. 446).

Die soziale Umwelt beeinflusst sowohl die psychosexuelle Entwicklung des Kindes, als auch seine kognitive Entwicklung. Forschungsergebnisse zeigen, dass ein höherer sozio-ökonomischer Status, der die Entwicklung sozialer Konzepte begünstigt, auch die altersbedingte Entwicklung von Geschlechtsrollenattitüden stimuliert.

Allerdings trägt nicht nur kognitive Erfahrung zur Stimulierung oder Retardierung der Entwicklung von Geschlechtsrollenattitüden bei, sondern auch das emotionale Klima im Umfeld des Kindes. Ein warmes, liebevolles Familienklima fördert also eher die soziale Entwicklung, ein angstvolles, kaltes behindert sie. Die Variabel des Familienklimas ist zwar nicht kognitiv, aber begünstigt oder stört die intellektuellen und sozio-emotionalen Variablen der Altersentwicklung. Diese Vorstellung setzt voraus, dass die Bildung der Geschlechtsrollenattitüden des Kindes von der kognitiven Organisation seiner gesamten sozialen Welt ausgeht, und dass die Motive hierfür u.a. Kompetenz und Selbstachtung sind (ebenda, S. 447).

Das kognitionspsychologische Modell der geschlechtspezifischen Sozialisation orientiert sich in großen Teilen an der Entwicklung von Jungen, weil die Veränderungen klarer und eindeutiger ermittelt wurden. Die entwicklungsbedingten Identifikationsmechanismen bei Mädchen sind – so KOHLBERG (ebenda, S. 399) – wesentlich komplexer und zweideutiger. Diese Annahmen liegen vermutlich darin begründet, dass zur Zeit der KOHLBERGschen Untersuchungen die männliche Rolle positiver bewertet wurde, was mit einer Abwertung der weiblichen Rolle und damit einer schwächeren Selbstbewertung der Mädchen einherging. Frauenabwertung war in diesem Zusammenhang immer mit männlicher Dominanz verknüpft.

Auch wenn heute angenommen werden kann, dass die Vorstellungen einer männlichen Überlegenheit nicht mehr so selbstverständlich vermittelt werden, ist nach wie vor zu beobachten, dass bei Jungen immer noch eine männliche Überlegenheitssymbolik wahrnehmungsstrukturierend wirkt. Für BÖHNISCH/ WINTER ist dies ein Hinweis, dass es Prozesse der Entwicklung der Geschlechtsidentität gibt,

> „...die unterhalb der „Schicht" kognitiver Rationalitätsentwicklung zu liegen scheinen und deshalb mit dem kognitionspsychologischen Modell nicht hinreichend erfassbar sind" (BÖHNISCH/WINTER 1993, S. 51).

Mit kognitionspsychologischen Annahmen kann auf der anderen Seite jedoch recht plausibel begründet werden, wie beispielsweise ständige Überforderungen der Jungen entstehen können (vgl. auch ebenda, S. 47 ff). Sie erfahren ja durch die männlich dominierte soziale Umwelt eine positive Bewertung der eigenen Geschlechtsrollen. Damit bekommen sie aber auch den Auftrag, „groß und stark" und „besser" als Mädchen zu sein. Wenn Jungen aber so nicht sind oder gar so nicht sein wollen, ist dieser Auftrag eher belastend denn identitätsfördernd. Wie sich dies auf die Befindlichkeit und das Verhalten von Jungen auswirkt, kann mit dem kognitionspsychologischen Modell wiederum nicht erklärt werden. Auch wird häufig kritisiert, dass in der Darstellung des Zusammenhangs allgemeiner kognitiver Entwicklungen und der Entwicklung der Geschlechtsrollenkonzepte soziale Einflüsse zu wenig Beachtung finden (vgl. ALFERMANN, 1996, S. 70 ff). Vielleicht hilft die sozial-kognitive Lerntheorie von BANDURA weiter.

7.5   Geschlechtsrollentypische Sozialisation als Modellernen

Aus dem Behaviorismus stammende lerntheoretische Ansätze fragen im Bereich geschlechtsspezifischer Sozialisation nach den Mechanismen der Weitervermittlung von Geschlechterrollen. Geschlechtsspezifische Verhaltensweisen werden im lerntheoretischen Verständnis wie alle anderen individuellen Verhaltensweisen mit bestimmten Lerngesetzen erläutert. Dazu gehören das Lernen durch Verstärkung und das Lernen am Modell (vgl. Abschnitt 3.1.3 und 3.1.4).

Eine Deutung geschlechtsspezifischer Sozialisation über Lernen durch Verstärkung kann jedoch wenig überzeugen. Hierbei müsste angenommen werden, dass bei Mädchen und Jungen bestimmte Verhaltensweisen – z.B. Aggressivität – unterschiedlich belohnt bzw. bestraft werden. Untersuchungen haben nun gezeigt, dass Eltern tatsächlich geschlechtstypische Aktivitäten fördern, z.B. über die Auswahl von Spielzeug und Kleidung. Väter intervenieren – ein weiteres Beispiel –, wenn ihre Söhne zu starke „weibliche" Interessen an den Tag legen (vgl. HILGERS 1994, S. 38).

Zu solchen Studien, die diese Unterschiede referieren, können aber auch Gegenbeispiele – oft auch innerhalb derselben Studie – zitiert werden. Es gibt Untersuchungen, die belegen, dass Eltern eine generelle Erziehungseinstellung bezüglich Aggressivität zeigen, d.h. Mädchen und Jungen relativ gleich behandeln (vgl. TILLMANN 1989, S. 78).

TILLMANN (ebenda) fasst in seiner Übersicht zur empirischen Forschungslage zusammen, dass das Lernen über Verstärkung geschlechtsspezifische Verhaltensweisen nur spekulativ deuten kann. Das Lernen am Modell hingegen liefert schon eher plausible Erklärungen. Die Feststellung, dass komplexe Geschlechterrollen durch Identifikation und Imitation erworben werden können, ist auch unmittelbar einsichtig. Niemand wird bestreiten, dass Kinder bestimmte Modelle beobachten und nachahmen, seien es die Eltern, die Geschwister oder Freunde aus dem Kindergarten oder der Schule. Der Lerntheoretiker BANDURA (1975) bestimmt hiermit einen natürlichen Entwicklungsprozess. Menschen erlernen die meisten Verhaltensweisen durch die Beobachtung von Modellen.

Auch die geschlechtsspezifische Stilisierung der Heranwachsenden geschieht zweifellos an bestimmten Modellen, die oftmals über Massenmedien kreiert und verbreitet werden. Ob nun Jungen und Mädchen aber tatsächlich bei ihren Modellen immer das gleichgeschlechtliche nachahmen, müsste nach den Grundsätzen der lerntheoretischen Theoriebildung in der empirischen Wirklichkeit nachgeprüft werden. Forschungen hierzu sind älteren Datums und weisen eher in eine andere Richtung: Heranwachsende ahmen keineswegs systematisch das gleichgeschlechtliche Modell nach (vgl. TILLMANN 1989, S. 80). In der feministischen Literatur wurde trotzdem immer sehr schnell mechanistisch interpretiert. Zwei bekannte Titel sind hier insbesondere zu nennen: „Was geschieht mit kleinen Mädchen" (BELOTTI 1977) und „Wir werden nicht als Mädchen geboren – wir werden dazu gemacht" (SCHEU 1980). In diesen Arbeiten wird eher nach der von BANDURA kritisierten „klassischen" Lerntheorie verfahren: Kinder lernen ihre Geschlechterrolle über Belohnung, bzw. Bestrafung (vgl. HILGERS 1994, S. 58).

Aber auch Banduras Theorie hat ihre Erklärungsgrenzen. Mit der sozial-kognitiven Lerntheorie kann beschrieben werden, wie Jugendliche mit Modellen umgehen und wie die Mechanismen der Vermittlung aussehen. Es können also die Lernsequenzen veranschaulicht werden. Gesellschaftlich strukturelle Reflexionen bleiben aber außerhalb des Theorierahmens. Unbeachtet bleiben auch Entwicklungsmomente, d.h. die schlichte Frage, wie kommt es, dass Kinder und

Jugendliche sich bestimmte Modelle aussuchen und was sind Entscheidungskriterien. Dahinter steht die Forderung, ein stärkeres Verständnis eines Subjekts, das aktiv, selbstreflexiv und intentional handelt, aufzunehmen. In diesem Zusammenhang könnte die sozial-kognitive Lerntheorie von BANDURA an einigen Stellen mit konstruktivistischen Sichtweisen ergänzt werden. Im folgenden Abschnitt gehe ich auf die theoretische Zugangsweise des Konstruktivismus näher ein.

7.6   Geschlechtsrollentypische Sozialisation als Konstruktionsprozess

Es sind vor allem sozialpsychologische und soziologische Arbeiten, die seit einiger Zeit die aktive Beteiligung des Subjekts an der Übernahme und Ausgestaltung der eigenen Geschlechtsrollen(identität), die Einflüsse alltäglicher direkter Interaktionen und situativer Bedingungen auf diesen relativ offenen, mit dem Jugendalter keineswegs abgeschlossenen „Konstruktions-Prozess" konzeptualisieren.

Während die sozialpsychologische Forschung bereits einiges an empirischen Befunden vorweisen kann, befinden sich soziologische Analysen zu diesem Thema noch im Stadium theoretischer Ausarbeitung, sieht man von wenigen Fallstudien ab.

TRAUTNER (1992) wie auch SERBIN u.a. (1993) konnten zeigen, wie sich Geschlechtsrollenorientierungen im Zusammenspiel von kognitiven Konstrukten und familialen Kontexten entwickeln. ALFERMANN (1996) verweist darauf, dass

„...insbesondere soziale Erwartungen durch Interaktionspartner und Sozialisationsagenten eine bedeutende Rolle für die Geschlechtsrollenentwicklung im Jugend und Erwachsenenalter spielen" (ALFERMANN 1996).

Arbeiten auf der Basis der Geschlechterschema-Theorie (BEM 1981, 1983, 1985) belegen, dass derartige Schemata – kognitive Strukturen, die Wahrnehmungen, Motivationen, Erwartungen nach geschlechtstypischen Kriterien steuern – hinsichtlich inhaltlicher Ausgestaltung und Handlungsrelevanz variieren – je nach sozialer Umgebung, je nach Erwartungen und Handlungen der Interaktionspartner (vgl. BEM 1983; LIBEN/SIGNORELLA 1987; EAGLY 1987; CROSS/MARKUS 1993). An alltäglichen Interaktionsprozessen setzt das Modell eines „Erwartungs-Verhaltens-Zirkels" (GEIS 1993) an. Nach diesem Konzept stabilisieren sich – auf der Grundlage von Geschlechterschemata – geschlechtstypische Erwartungen und geschlechtstypisches Handeln wechselseitig und reproduzieren damit Geschlechterdifferenzen. Der Kreisprozess ist allerdings in der Realität nicht vollständig geschlossen, sowohl der Wandel von Geschlechterschemata wie auch Lernerfahrungen und situative Erfordernisse können ihn unterbrechen bzw. modifizieren und damit Geschlechtsrollenorientierungen verändern.

Die hier nur knapp skizzierten sozialpsychologischen Modelle zum Erwerb, zur Entwicklung und Veränderung von Geschlechtsrollenorientierungen stellen m. E. einen erheblichen Fortschritt gegenüber den früher dominierenden lerntheoretischen Konzepten dar. Sie werden von den bisher vorliegenden empirischen Studien gestützt. Kritisch hinzuweisen ist allerdings auf die Forschungslücke, die bei experimentellen und quasi experimentellen Designs zwangsläufig bleibt: Derartige Versuchsanordnungen können immer nur die Resultate des Konstruktionsprozesses von Geschlecht erfassen, der Konstruktionsprozess selbst bleibt eine „black box". Die Interaktionen wie auch die Lerngeschichten der Subjekte, in denen sich die diesbezüglichen Orientierungen aufbauen und verändern, werden auf diese Weise nicht erfasst.

In kritischer Auseinandersetzung mit der klassischen Geschlechter- und Sozialisationsforschung und unter Rückgriff auf ethnomethodologische und phänomenologische Studien (GARFINKEL 1967, GOFFMAN 1977) wird seit einigen Jahren in der Soziologie „Zweigeschlechtlichkeit" als kulturelles System konzipiert und analysiert und die Eigentätigkeit in der Aneignung weiblicher und männlicher Geschlechtsidentität untersucht (HAGEMANN-WHITE 1995).

Bereits 1978 verwiesen KESSLER/MCKENNA in „Gender" darauf, dass im Alltag wie in der Wissenschaft diejenigen Prozesse als Faktum vorausgesetzt würden, die ihren Gegenstand doch immer erst hervorbringen: Geschlecht als soziale Realität. Tatsächlich besteht jedoch die Eindeutigkeit geschlechtlicher Unterscheidungen

> „...nur als Effekt von Konstruktionsleistungen, die auf dem Hintergrund gesellschaftlicher Relevanzen erbracht werden" (HIRSCHAUER 1989, S. 116 f).

In der Formel des „doing gender" resümieren WEST/ZIMMERMANN (1991) ihre analytische Differenzierung von „sex" (als biologischem Geschlecht), „sex category" (als sozialer Geschlechtszuordnung) sowie „gender" (als sozialem Geschlecht) und fassen letzteres als ein Handeln, das ohne „natürliche" Vorgaben sich aus der vorgängigen Zuordnung ergibt und in seiner jeweiligen Ausformung in Interaktionsprozessen hergestellt und bestätigt wird.

In dieser – sozialkonstruktivistischen – Perspektive ist die Dichotomie von „männlich" und „weiblich" keine natürliche, sondern eine kulturell hervorgebrachte und normativ regulierende Klassifikation. Das „kulturelle System der Zweigeschlechtlichkeit" (HAGEMANN-WHITE 1984) umfasst einen Komplex von normativen Mustern, polaren Bedeutungen, von Chiffren und Typologien und gliedert grundlegend Gesellschaft, Interaktionen und individuelle Psychodynamik. (vgl. BILDEN 1991). Diese dominante symbolische Ordnung bildet den kategorialen Rahmen, stellt die Vorgaben alltagsweltlichen Denkens und Handelns.

HAGEMANN-WHITE (1984;1988) skizziert auf dieser Basis eine Theorie der Geschlechtersozialisation und untersucht diejenigen Strukturen, Prozesse und Mechanismen, mittels derer das Symbolsystem der Zweigeschlechtlichkeit angeeignet und zugleich fortgeschrieben wird. Die Identifikation mit einem Geschlecht, den Erwerb eines geschlechtsbezogenen Selbstkonzepts, konzipiert sie als Prozess der Selbstsozialisation, in den Kindern

> „...die ,verborgenen', von Erwachsenen gerade nicht bewusst vermittelten Signale und Zeichen für Geschlechtszugehörigkeit erlernen" (HAGEMANN-WHITE 1988, S. 233).

Kinder erkennen bereits sehr früh „Geschlecht" als fundamentales Ordnungsprinzip, die zweigeschlechtliche Codierung der Welt und verorten und präsentieren sich nach dieser Maßgabe. Die Einordnung und Selbstdarstellung als „männlich" oder „weiblich" in sozialisatorischer Interaktion bleibt nicht auf die Kindheit beschränkt, sondern setzt sich situations- und kontextspezifisch in Modifikationen oder Verfestigungen bis ins Erwachendenalter fort.

Schon GARFINKEL (1967) und KESSLER/MCKENNA (1978) wiesen auf die Bedeutung der Interaktionspartner in diesem Sozialisationsprozess hin. Typisierungen und Zuschreibungen bewirkten wechselseitige Bestätigungen, aber auch Korrekturen des geschlechtsbezogenen Selbstkonzeptes und entsprechenden geschlechtstypischen (oder -untypischen) Handelns. All dies geschieht nach Maßgabe der dominierenden kulturellen Geschlechterordnung, die hierdurch ihrerseits immer neue Legitimation und Absicherung erfährt. Zweigeschlechtlichkeit als kulturelles Kernelement und die alltägliche Konstruktion von Geschlecht in Interaktionen bedingen sich wechselseitig, was auch die hohe Veränderungsresistenz sowohl des Symbolsystems wie der Selbstdefinitionen und Zuschreibungen plausibel macht.

Ausgearbeitet wurden in den vergangenen Jahren differenzierte Analyseperspektiven,

„...in denen Geschlechterdifferenzen prinzipiell als eine soziale Konstruktion gefasst sind, deren Regeln im Prozess der Sozialisation erworben, in lebenslanger Teilnahme bestätigt, verfestigt und modifiziert werden"(GILDEMEISTER 1992, S. 235).

Erstaunlicherweise gibt es allerdings bislang kaum empirische Untersuchungen auf dieser konzeptionellen Basis. Verwiesen werden kann auf die Fallstudie von Hirschauer (1989), der in qualitativen Interviews mit Betroffenen und Beteiligten den Prozess des Geschlechtswandels nachzeichnet und daraus eine Mikrosoziologie der Geschlechterkonstruktion entwickelt. Zu nennen wäre die Arbeit von Meuser (1995), die in wissenssoziologischer Perspektive geschlechtsbezogene Deutungsmuster und Orientierungen der Mitglieder verschiedener Männergruppen untersucht und deren Frauenbilder als Resultat kognitiver Praxis typologisch zu erfassen sucht. Empirische Analysen zur Konstruktion von Geschlecht in verschiedenen Berufs- und Professionsfelder befinden sich noch in den Anfängen (vgl. WETTERER 1995; HAGEMANN-WHITE 1993). Die theoretischen Bezüge hierzu stammen aus professionssoziologischen Konzepten und dem skizzierten Ansatz zur sozialen Konstruktion von Geschlecht. Hiermit sollen einerseits die widersprüchlichen Zusammenhänge von Qualifikation und Statusdistribution aufgeschlüsselt werden, andererseits Fragen geklärt werden, die das Wie und Warum der Reproduktion sozialer, berufsbedingter Ungleichheit im Zusammenhang mit der Kategorie Geschlecht berühren (vgl. WETTERER 1995, S. 12 f). Mit diesen Theoriebezügen wird versucht, den Herstellungsmodus der Geschlechterdifferenz oder des sozialen Systems der Zweigeschlechtlichkeit nachzuzeichnen. Empirisch geschieht dies allerdings nur über Sekundäranalysen (vgl. WETTERER 1995, ROLOFF/METZ-GÖCKEL 1995). Eine weitergehende methodische Annäherung versucht Eva BREITENBACH. In einer fallkonstruktiven Untersuchung von Mädchenfreundschaften in Gleichaltrigengruppen erkundet sie, wie Freundschaften im Wechselspiel von „jugendlich sein" und „weiblich" bzw. „männlich" in unterschiedlichen Altersstufen ausgestaltet werden (BREITENBACH 2000). Mit der Darstellung dieser Konstruktionsprozesse wird der empirische Blick zusätzlich zum Geschlecht auf die Jugend erweitert (HAGEMANN-WHITE 2002, S. 155).

Vor dem Hintergrund der bisherigen Ausführungen lässt sich zusammenfassend behaupten, dass wir unsere Vorstellungen über „Mannsein"/„Frausein" im alltäglichen Konstruktionsprozess schaffen. Es ist nicht das biologische Geschlecht, nach dem sich unsere Vorstellungen über das Geschlecht und gleichsam unsere Geschlechtsidentität ausrichtet, sondern die tätigen und soziale Realität interpretierenden Subjekte konstruieren im Interaktionsprozess weibliche und männliche Identität. Die Wirklichkeit der geschlechtspezifischen Sozialisation ist demnach ein subjektives Konstrukt und nicht eine unabhängig vom Subjekt bestehende an biologischen Vorgaben gebundene Realität. So wie der Steuermann im Unterseeboot und der Beobachter am Strand (siehe Beispiel im Kapitel 3) ihre Wirklichkeiten und ihre Landkarten konstruiert haben, konstruieren wir unsere Landkarten zur geschlechtlichen Identität aber – und dies ist jetzt vor dem Hintergrund der sozialkonstruktivistischen Theorie zu ergänzen – immer in Form einer Interaktionsarbeit als „doing gender", in Form einer sozialen Konstruktion in einem historisch gewachsenen kulturellen Kontext. Das heißt auch, dass nicht die Geschlechterdifferenz im Vordergrund steht, sondern die Konstruktion der Differenz. Mit welchen Vorgaben, Attribuierungen und sozialstrukturellen Präformierungen Heranwachsende heute in ihrem geschlechtlichen Konstruktionsprozess zu tun haben, soll im folgenden am Beispiel der Jungensozialisation verdeutlicht werden.

7.7 Jungen – die Modernisierungsverlierer?

Erst seit wenigen Jahren werden Jungen als eigenständiges Thema in erziehungswissenschaftlichen und sozialwissenschaftlichen Arbeiten behandelt. In den Aufmerksamkeitsfokus geraten Jungen dabei mit ihren Problemen auf der Suche nach männlicher Identität – seien es Beziehungen zum anderen Geschlecht, Sexualität, Gewalt oder Leistungsstress. Geprägt vom feministischen Diskurs und der Kritik von Frauen an Männlichkeitsvorstellungen wurde männliche Sozialisation vor allem als Problem diagnostiziert und mit Schlagworten oder Überschriften wie „Dominanzansprüche", „Fehlende Väter" oder „Kleine Helden in Not" besetzt. Hierbei hat sich aber auch herausgestellt, dass das Wissen über Jungen ausgesprochen lückenhaft ist, was sich in alltagstheoretischen Sichtweisen wie „Jungen leben mit dem Zwang zur ständigen Überlegenheit", „Jungen sind von der Angst gefangen, als weiblich zu gelten" oder „Männlichkeit bedeutet für Jungen, keine Probleme zu haben" widerspiegelt.

Mittlerweile gibt es verschiedentlich Diagnosenangebote, Beobachtungen und Theorieansätze zu Problemen der Persönlichkeitsentwicklung von Jungen (vgl. BÖHNISCH 2004). Empirische Befunde sind bislang aber nur vereinzelt und dies lediglich im Rahmen von Jugendstudien oder Schulforschungen, die Geschlechterunterschiede thematisieren, zu verzeichnen. Gerade in den letzten Jahren sind Jungen aber verstärkt – insbesondere aufgrund der Ergebnisse der PISA-Studien – in den Blickwinkel der Öffentlichkeit geraten. Eine Titelgeschichte im Spiegel lautete diesbezüglich: „Schlaue Mädchen – Dumme Jungen. Sieger und Verlierer in der Schule" (Mai 2004). Bereits ein Jahr zuvor titelte die Zeitschrift GEO: „Jungs – Werden sie die Sorgenkinder unserer Gesellschaft?". Leicht können diese medialen Schlagzeilen mit einer Negativliste untermauert werden, denn wesentlich mehr Mädchen als Jungen streben höhere Bildungsabschlüsse an, die Sitzenbleiberquote in allen Schulformen bei Jungen ist höher als bei Mädchen, wesentlich mehr Jungen verlassen die Schule ohne qualifizierten Abschluss, sehr viel mehr Jungen als Mädchen besuchen Sonderschulen für Lernbehinderte oder für Erziehungsschwierige, Jungen leiden häufiger als Mädchen an Sprachentwicklungsstörungen, dreiviertel der Suizide im Alter von zehn bis zwanzig Jahren sind Jungen und es gibt eine hohe Anzahl männlicher Straftäter im Jugendalter (vgl. SCHULTHEIS/FUHR 2006, S. 12ff.). In der Tageszeitung „taz" hieß eine Schlagzeile in diesem Zusammenhang „Jungs, die neuen Benachteiligten" (taz, 4.1.2006).

Im populärwissenschaftlichen Kontext gibt es zu Problemen mit Jungen zwar diverse pädagogische Ratgeber mit Titel wie „Arme Jungs: Was Eltern, die Söhne haben, wissen sollten", „Jungen sind einfach anders. Warum Söhne eine besondere Erziehung brauchen" oder „Lauter starke Jungen". In diesen wird jedoch in der Regel mit Erlebnissen, Annahmen oder Tipps von Therapeuten argumentiert. Eine umfassende, nicht auf einzelne Aspekte fokussierte, erfahrungswissenschaftlich untermauerte Argumentation ist bislang jedoch weder im populärwissenschaftlichen noch im wissenschaftlichen Diskurs zu verzeichnen. Auch die durchaus nachvollziehbaren und nahe liegenden Diagnosen von Modernisierungstheoretikern, dass infolge von Individualisierungs- und Pluralisierungsprozessen nicht mehr von „der" männlichen Sozialisation oder „dem" Jungen ausgegangen werden kann, sondern Differenzierungen notwendig seien, werden in der Sozialisationsforschung zwar rege erörtert, es fehlen aber ausgiebige empirische Überprüfungen.

Unbestritten in der Diskussion um geschlechtypisches Verhalten ist bislang die Annahme, dass schon im Mutterleib das Heranwachsen des Kindes gesellschaftlichen Einflüssen unterliegt. Über Ultraschallbilder lässt sich während der Schwangerschaft das Geschlecht des Embryos feststellen und damit wird die Auseinandersetzung der Eltern, insbesondere der Mutter, mit Geschlechterfragen schon weit in die Zeit vor der Geburt verlegt. Es kann sein, dass dadurch Phantasien und Überlegungen zum Geschlecht des Kindes von größerer Bedeutung werden als die Vorstellungen zu der übrigen Entwicklung. Das beginnt schon mit der Zufriedenheit der Mutter über das Wissen, dass ihr Kind ein Junge, bzw. ein Mädchen wird. Anja MEULENBELT zitiert amerikanische Untersuchungen, in denen schwangere Frauen vor der Geburt gefragt wurden, ob sie sich lieber einen Jungen oder ein Mädchen wünschen würden. Einem Viertel der Befragten war es egal, ein Viertel wollte lieber ein Mädchen und die Hälfte der Schwangeren wünschte sich einen Jungen. Nach der Geburt einer Tochter waren sodann 44% enttäuscht und 56% zufrieden. Die Mütter von Jungen waren zu 93% glücklich und nur 3% waren enttäuscht (vgl. MEULENBELT 1988, S. 105). Es liegt die Vorstellung nahe, dass solche Befindlichkeiten die Beziehung zwischen Müttern und Töchtern, bzw. Müttern und Söhnen nachhaltig beeinflussen können. Die Beobachtung von Ursula SCHEU ist beispielsweise, dass männliche Säuglinge von Müttern häufiger auf den Arm genommen werden (SCHEU 1977, S. 67). Sehr gerne wird in diesem Zusammenhang auch die Studie von Moss aus den siebziger Jahren genannt, in der nach Beobachtungen von Mutter-Kind-Interaktionen festgestellt wurde, dass Jungen häufiger quengeln und häufiger auf den Arm genommen werden (MOSS 1974). Die verschiedenen „Baby-X-Studien" zeigen deutlich, wie auch bei einem lediglich angenommenen Geschlecht von unbekannten Säuglingen, Erwachsene unterschiedlich interagierten, ganz davon abhängig, ob ihnen der Säugling als Junge oder als Mädchen vorgestellt wurde (BILDEN 1991, S. 28).

Schlussfolgerungen aus den genannten Studien sind natürlich sehr vorsichtig zu ziehen, denn es ist empirisch nicht nachweisbar, ob tatsächlich ein solches Elternverhalten die Hauptursache für die Entwicklungsverläufe von Kindern ist. Unbestritten ist aber, dass soziales Handeln geschlechtsbezogen ist (vgl. ebenda), insofern scheint es plausibel zu sein, dass im Umgang mit Säuglingen geschlechtsbezogene Zuschreibungen und Erwartungen nicht nur eingehen, sondern auch geschlechtstypisches Verhalten der Töchter und Söhne ausrichtet – und das sehr frühzeitig, zum Teil schon vor der Geburt.

Für die Erklärung, warum Mütter nach der Geburt eines Sohnes durchweg zufrieden mit dem Geschlecht ihres Kindes waren, gibt die Psychoanalytikerin Christiane OLIVIER den Hinweis, dass Kinder und Mütter unbestritten gegenseitig Sexualobjekte präsentieren und ein wirkliches Sexualobjekt nur gegengeschlechtlich sein kann. Da ist zuerst einmal Sigmund FREUD selbst zu zitieren:

> „Der Verkehr des Kindes mit seiner Pflegeperson ist für dasselbe eine unaufhörlich fließende Quelle sexueller Erregung und Befriedigung von erogenen Zonen aus, zumal letztere – in der Regel doch die Mutter – das Kind selbst mit Gefühlen bedenkt, die aus ihrem Sexualleben stammen" (FREUD 1982, S. 124).

Auf sexueller Ebene gab es für FREUD in der Beziehung von der Mutter zur Tochter und zum Sohn keinen Unterschied. Hier mahnt nun Christiane OLIVIER an:

> „Wenn man indessen im Blick behält, dass das Kind (in der Mehrheit der Fälle) von einer Frau erzogen wird, die nur im Geschlecht des Mannes

ihre Ergänzung finden kann, dann leuchtet sofort ein, dass ihr Sohn, nicht ihre Tochter, für sie ein ‚Sexualobjekt' ist" (1995, S. 154).

Wenn man dieser Auffassung, dass das Geschlecht des Säuglings für das Begehren im Blick des Erwachsenen – in diesem Fall der Mutter – in keinem Fall gleichgültig ist, folgt, dann ist es mehr als plausibel, dass die Geburt eines Sohnes Zufriedenheit bei der Mutter hervorruft, ob sie es will oder nicht, ob sie es weiß oder nicht.

Aber mehr noch: In ihrer Phantasie macht sich die Frau über ihren Sohn unabhängig von Männern.

> „Es ist die einzigartige Gelegenheit für die Frau, sich nicht nur in männlicher Gestalt zu sehen, sondern zugleich zu wissen, dass sie diesen kleinen Mann hervorgebracht hat und dass alles an ihm in ihrer Hand liegt und ihr noch gehört... Für kurze Zeit kann sie sich der Phantasie der Bisexualität hingeben" (AMENDT 1993, S. 26).

Es gibt demnach eine ganz besondere Beziehung zwischen Müttern und Söhnen und nach wie vor ist die Mutter die Hauptbezugsperson in den Anfängen der Sozialisation von Jungen. Für den Jungen bedeutet es zuerst einmal, dass er die emotionale Sicherheit für das Bestehen in dieser Welt, was die Psychoanalyse Urvertrauen nennt, von einer Frau bekommt – und Frauen begleiten ihn in der Hauptsache auch im weiteren Sozialisationsverlauf, zumindest bis zum zehnten Lebensjahr. Die Familie, das nähere Wohnumfeld, der Kindergarten und die Grundschule sind Bereiche, die von Frauen dominiert sind. Jungen wachsen sozusagen in einem „Spinnennetz der Frau" auf, wie es Christiane OLIVIER beschreibt (1988, S. 135 ff).

Für Mädchen bedeutet dies, dass sie in der Regel mit dem direkten Vorbild von gleichgeschlechtlichen Erwachsenen zu tun haben. Die so wichtige Sozialisationsbedingung des identifizierenden Erlebens und Sehens verblasst für die Jungen, sie treffen eher wenig in direkten Kontakt auf Männer (HOLLSTEIN 1990, S. 59 ff). Seit einiger Zeit wird in diesem Zusammenhang eine provozierende und eher ungewöhnliche Behauptung diskutiert: Bis zum Ende der Grundschulzeit sind Mädchen im Vorteil; in dieser Phase – eine sehr bedeutsame Zeit der Entwicklung der Geschlechtsidentität –, die durch die überwiegende Präsenz von Frauen in der Realität von Erziehen und Aufwachsen gekennzeichnet ist, entwickeln Mädchen eine stabilere Persönlichkeit als Jungen, welche eher von innen her „unfertig" erscheinen (vgl. WAHL 1990), unausgeglichener und in ihrer Geschlechtsidentität unsicherer und vor allem auch unbeweglicher sind als

Mädchen (HAGEMANN-WHITE 1984, S. 93, BECKER-SCHMIDT 1995, S. 240). Kurz: Jungen haben Defizite.

Vieles, was typisches und so häufig problematisches Jungenverhalten ausmacht, beginnt in den ersten Lebensjahren. Es lohnt sich m.e. auch deshalb, die Begründungen für die oben genannte Behauptung zur Jungensozialisation etwas ausführlicher zu erörtern.

Am Anfang des Lebens eines Jungen steht die Mutter – das ist nach wie vor die Regel. Mit ihr hat er den ersten körperlichen Kontakt und mit ihr entdeckt er, welche Gefühle er anmelden darf und welche nicht. Über seine Mutter lernt der Junge im wesentlichen Lebens-, Welt- und Gesellschaftserfahrungen, sie wird – mit einem Wort – zum wichtigsten Identifikationsobjekt (HOLLSTEIN 1990, S. 61).

> „Der kleine Junge hält sich mit ... seiner Mutter in einem Dorado von Geborgenheit, Sicherheit, Nähe und Wärme auf. Seine Mutter ist die Welt für ihn; er ist vital abhängig von ihr" (ebenda, S. 62).

Wie schon erwähnt, wächst der Junge in weiblich dominierten Räumen auf und deshalb sind die Identifikationsbereiche ebenfalls weiblich. Er erfährt, wie Frauen sind, was sie alltäglich machen und wie sie fühlen, mit anderen Worten: er nimmt „weibliche", „mütterliche" Anteile in sich auf (BÖHNISCH/WINTER 1993, S. 66), der Junge wird seiner Mutter ähnlich. Er übernimmt weibliche Normen und Vorstellungen und integriert diese in das eigene Ich-Ideal. Natürlich kommt es hierbei auch zur Übernahme der weiblichen Bewertungen von männlichen Eigenschaften.

Diese grundsätzliche Konstellation verdichtet sich über die Enge der Kleinfamilie und den Folgen der bekannten Vaterabwesenheit, die Alexander Mitscherlich schon in den 60er Jahren beklagt (1963). Zugespitzt formuliert es Christiane OLIVIER:

> „Die Abwesenheit des Vaters wird durch die ständige Anwesenheit der Mutter doppelt wirksam" (OLIVIER 1988, S. 207).

Auch wenn in der letzten Zeit viel über so genannte Neue Väter und über ein verstärktes Engagement von Männern bei der Erziehung ihrer Kinder zu lesen und zu hören ist, bleiben diese dennoch Einzelfälle – jedenfalls gibt es nicht einen empirischen Beleg für eine größere Anzahl. Die wenigen Väter, die versuchen, mehr Erziehungs- und Betreuungsverantwortung zu übernehmen, müssen schon sehr eigensinnig sein und haben zudem noch mit vielen Schwierigkeiten zu kämpfen, sei es die gesellschaftliche Anerkennung oder beispielsweise das Sorgerechtsproblem bei Scheidungen auch wenn hier nach den neuen Scheidungsgesetzen Veränderungen anstehen. Es sind auch nicht wenige Frauen, die es gar nicht zulassen, dass Männer mit erziehen, ist die Kinderbetreuung doch ihr zu verteidigender gesellschaftlicher Verantwortungsbereich, der für viele Frauen immer noch einer natürlichen oder sogar angeborenen Berufung entspricht.

Die Verdichtung der Mutter-Sohn-Beziehung durch die ständige Anwesenheit der Mutter vergrößert sich des weiteren noch dadurch, dass Kinder heute nicht nur zur affektiven Stabilisierung dienen, wie es Thomas ZIEHE in den 70er Jahren analysierte (1978, z.B. S. 166 ff), sondern eingestandenermaßen als Lebensform verbunden mit dem Wunsch nach Selbst- und Sinnerfahrung gewünscht werden (BECK-GERNSHEIM 1985).

Dies gilt auch im Zuge der zunehmenden Erwerbstätigkeit der Mütter, denn die überwiegende Mehrheit der Frauen bleibt in den ersten Lebensjahren der Kinder zu Hause oder nimmt in der Kindergarten- und Grundschulzeit Teilzeittätigkeiten an. So bekommt die Mutter ein Monopol auf Zuwendung und Fürsorge.

Doch bald tauchen Probleme auf: im Krabbelalter beginnt der Junge, seine Binnenwelt zu erkunden, d.h. er löst sich von seiner Mutter. In seinen Autonomiebestrebungen muss die Mutter aber immer im Hintergrund sein, zu der er jederzeit zurückkommen kann. Nur in einer solchen versicherten Situation kann der Junge – und dieses gilt natürlich auch für ein Mädchen– versuchen und kann es ihm auch nur gelingen, „auf eigenen Beinen zu stehen", im wörtlichen wie auch im übertragenem Sinn. Im zweiten Lebensjahr weiß er schon sehr gut, dass er ein anderes Geschlecht als seine Mutter hat und von der eher gering schätzenden Bewertung von Frauen (vgl. WAHL 1990). Die Frau ist für den Jungen nicht das attraktive Geschlecht, doch für den ruhenden Pol in dieser Sozialisationsphase bleibt ihm keine andere Wahl, denn nach wie vor ist der Vater entfernt, räumlich, geistig und emotional. Der Junge

> „... schwankt zwischen Flucht, Abwehr und Wieder-Zurück-Wollen. Und dass heißt, dass dieses Zurückwollen schon besetzt ist mit Verlegenheit und Scham" (ebenda, S. 15).

Es kann sein, dass sich über diese ambivalente Situation auch ein typisches Jungenverhalten, das „Sich-Aufspielen" herausbildet. Häufig wollen Jungen schon sehr früh herausstellen, dass sie anders sind als ihre Mutter, eben keine Frau.

Mädchen können sich für die Vorstellung von Weiblichkeit in allen Facetten mit ihrer Mutter identifizieren. Alles, was sie von ihr übernommen haben, können sie in ihrem Verhaltensrepertoire weiterentwickeln.

Der Junge kann für seine Entwicklung von Männlichkeit dagegen die Vorstellung der Weiblichkeit seiner Mutter nicht aufrechterhalten, er muss sie zugunsten von männlichen Werten und Lebensbildern opfern. Nur so kann er sich den gesellschaftlich definierten sozialisatorischen Entwicklungsaufgaben zum „richtigen" Jungen stellen. Das Opfer besteht darin, dass er wesentliche menschliche Eigenschaften und Gefühle wie beispielsweise Körperlichkeit, Sinnlichkeit und Einfühlung, die er über die Mutter erlebt und erfahren hat, als „typische" weibliche Eigenschaften abwehrt und verdrängt. Anders ausgedrückt: Er steht nicht zu ihnen.

Der Junge stellt sich Verhaltensweisen und Vorstellungen von Männlichkeit zusammen, die das negieren, was die Frau als Mutter, Pflegende und Sorgende vertritt. Im Aufbau seiner Identität als Mann versucht er es über eine Umwegdefinition. Carol HAGEMANN-WHITE hat hierfür das Kürzel von „Nicht-Nicht-Mann-Identität" geprägt (1984, S. 92). In dieser doppelten Negation gilt die Frau als Nicht-Mann und es soll damit verdeutlicht werden, dass die Entwicklung der Geschlechtsidentität der Jungen über Distanz und Negation weiblicher Identitätsanteile verläuft. Der Tiefenpsychologe Lutz MÜLLER formuliert dies drastisch als ständige Flucht vor der Frau (Müller 1989).

Das Fürchten und Abwerten der Frau, d.h., das Abspalten von Gefühlen in der Identitätsentwicklung in „weiblich" und „männlich" wäre nicht nötig, wenn in der wichtigen Phase der Individuation der Vater präsent wäre. Doch dem Sohn ist es kaum möglich mit der Person, mit der er kooperieren und von der er lernen könnte, von Anfang an in Kontakt zu treten. Der psychisch und physisch abwesende Vater stellt eine fundamentale Versagung für den heranwachsenden Jungen dar (WIECK 1992, S. 94 ff).

> „Heutzutage taucht der Vater normalerweise nur selten bei seinem Sohn auf. Deshalb wirkt er fremd und kalt auf diesen. Er wird weder zur Heimat seines Sohnes, noch bietet er ihm die Möglichkeit, mit ihm Konflikte zu erleben und auszutragen" (ebenda, S. 95).

Die Mutter wird deshalb zur Vermittlerin von Männlichkeit. Doch diese vermittelte Männlichkeit ist davon abhängig, wie die Mutter den Mann, den Vater ihres Sohnes sieht und erlebt. Die Vater-Sohn-Beziehung wird somit dadurch bestimmt, wie und was die Mutter über den Vater erzählt und phantasiert (vgl. MERTENS 1992). Der Junge sieht seinen Vater mit den Augen der Mutter.

Wenn der Vater fehlt, bleibt der Junge auf die Mutter zurückgeworfen und diese bestimmt die Entwicklung zum Mann. Die zentrale Abhängigkeit von ihr muss der Junge jedoch ständig verleugnen, denn es besteht nach wie vor der gesellschaftliche Zwang, sich männliches Verhalten anzueignen.

In dieser schwierigen Phase kommt noch ein anderes Problem hinzu. Die Mutter, die beginnt, ihren Jungen zum Mann zu erziehen, wird sehr widersprüchlich wahrgenommen. Sie, die im Leben des Jungen den Platz der umsorgenden und Liebenden eingenommen hat, fordert und fördert das Loslösen. Der Sohn soll sich selbständig verhalten, souverän in der Welt bestehen und Härte und Konkurrenzstärke zeigen. Doch sind dies Verhaltensweisen, die ihm die Mutter nie vorgelebt hat. Walter Hollstein behauptet sogar, dass sich diese Widersprüchlichkeit der Mutter für jeden Sohn traumatisch auswirkt:

„Der Junge verübelt dieses „double-bind" denn auch seiner Mutter lebenslang, und nicht nur das: Er projiziert es unbewusst auf alle Frauen, mit denen er als Mann zu tun hat" (HOLLSTEIN 1990, S. 61).

Über diese Erfahrung von Ambivalenz und der ständigen Abwehr von weiblichen Anteilen, kommt der Junge aus der ersten Phase der Sozialisation sehr belastet heraus. Er hat sich die Kultur von Männlichkeit angeeignet, doch Männlichkeit ist für den Jungen von Anfang an verknüpft mit Abgrenzung gegenüber weiblichen Anteilen, mit Abwehr von „notgedrungen" weiblichen Verinnerlichungen. Die Selbsteinschätzung des Jungen als männliche Person ist relativ schwach ausgebildet, deshalb findet er auch immer ersatzweise zu den „typischen" Jungenverhalten von Sich-Beweisen-Müssen, Sich-Darstellen und Sich-Durchsetzen. Solche Verhaltensweisen sind Resultat der beschriebenen Umwegidentifikation und diese führt in einen „Teufelskreis" von Idolisierung des Männlichen und Abwertung des Weiblichen (vgl. BÖHNISCH 2004, S. 94ff).

7. 8   Geschlechtersozialisation: Eine Zusammenfassung

Der kleinste gemeinsame Nenner, auf den die referierten Konzeptionen zur geschlechtstypischen Sozialisation im Ausgangspunkt zu bringen wären, ist die grundlegende anthropologische Aussage, dass Menschen Naturwesen und Kulturwesen zugleich sind. Anders ausgedrückt: Es gibt auf der einen Seite ein biologisch zugeschriebenes Geschlecht und auf der anderen Seite das sozial zugeschriebene und kulturell definierte Geschlecht, das über bestimmte, eben geschlechtsspezifische Verhaltensweisen gekennzeichnet ist.

Neben diesem gemeinsamen Nenner sind aber etliche unterschiedliche Positionen vorhanden. In der psychoanalytischen Modellvorstellung ist der Aufbau des Geschlechtsbildes vor allem gekoppelt an die kindlich-sexuellen Phantasien, die sich auf den andersgeschlechtlichen Elternteil beziehen. Die soziale Wirklichkeit lässt aber die Realisierung von Phantasien der Jungen und Mädchen („Ich heirate später einmal meine Mutter" oder „Ich heirate meinen Vater") nicht zu. In dieser soziopsychischen Dynamik entwickelt sich in der psychoanalytischen Interpretation die Geschlechterdifferenzierung. In lerntheoretischen Vorstellungen entwickelt sich die Geschlechtsidentität über die kindliche Orientierung an geschlechtspezifischen Erziehungspraktiken und an entsprechenden Modellen. Jungen wählen schlicht männliche und Mädchen weibliche Modelle zur Nachahmung aus. In der kognitionspsychologischen Erklärung zur Entwicklung der Geschlechtsidentität wird davon ausgegangen, dass es sich um ein Segment eines rationalen Vorgangs handelt. Wenn ein Kind in der Lage ist, die Realität zu beurteilen, dann kann es auch erkennen, dass es zu einem bestimmten Geschlecht gehört. Dies wird als Selbstkategorisierung bezeichnet.

Breite Zustimmung erhalten momentan interaktionistische und sozialkonstruktivistische Positionen. „Jungesein" und „Mädchensein" bilden ein symbolisches System, das den Alltag – gleichsam als Alltagstheorie – durchwirkt. Deutungsmuster, Zuschreibungen und Erwartungen ermöglichen den Heranwachsenden die Darstellung der Geschlechtszugehörigkeit. Kinder nutzen dieses System schon sehr früh, um sich ihrer Identität gewiss zu sein, denn man ist nicht nur Mädchen oder Junge, sondern muss als solches oder solcher von den anderen auch erkannt werden. In der konstruktivistisch orientierten feministischen Theoriediskussion wird dieser Standpunkt breit geteilt, auch in der neueren Variante von Dekonstruktion (vgl. HAGEMANN-WHITE 2002).

Geschlechtspezifische Sozialisation beginnt mit der Geburt, wenn nicht sogar schon eher. Das Regelsystem der Zweigeschlechtlichkeit, der so genannte „Heimliche Code", wird den Neugeborenen über Sprache und Körper vermittelt. Mit der Zeit eignen sich die heranwachsenden Kinder immer mehr Kompetenz im Umgang mit den Geschlechtersymbolen an. Jedes Kind ist auf diese Symbole angewiesen – um sich selbst zu verstehen, um sich intersubjektiv zu verständigen und um sich mitteilbar zu machen.

Die Analyse und Erklärung geschlechtsspezifischer Sozialisation muss in diesem Zusammenhang stets zwei Aspekte beachten. Jedes Kind hängt zum einen wie mit unsichtbaren Fäden an dem Angebot der symbolischen Deutungsmuster vom gesellschaftlich definierten Jungen – und Mädchenverhalten, aber jedes Kind ist auch immer Subjekt seiner Entwicklung und seines Handelns.

8 Sozialisation und Gesundheit

Die verschiedenen sozialisationstheoretischen Ansätze analysieren die Verbindung von Individuation und gesellschaftlicher Integration. Der in diesem Kapitel zu erörternde Zusammenhang von Sozialisation und Gesundheit ergibt sich wesentlich aus der Wechselbeziehung zwischen den sozialen, ökonomischen und ökologischen Lebensbedingungen des Einzelnen und seiner physischen und psychischen Gesundheitsentwicklung. Der Komplexität dieser Wechselbeziehungen folgend, wirken sich diese Lebensbedingungen entsprechend auf die Sozialisation aus. Eine auf relative Vollständigkeit bedachte Darstellung der Konzeptionen von Persönlichkeitsentwicklung muss deshalb neben seelischen und sozialen unter anderem auch die körperlichen Bereiche beachten. Der Schlüsselbegriff ist in diesem Zusammenhang „Gesundheit" und damit ergibt sich auch sofort die erste zu klärende Frage: Was ist Gesundheit?

8.1 Zum Begriff „Gesundheit"

Immer dann, wenn zur Erklärung von Gesundheit der Begriff Krankheit herangezogen wird, ist auf den ersten Blick eine eindeutige Definition möglich. Krankheit lässt sich mit Schmerzen, Beschwerden und Einschränkungen beschreiben. Gesundheit ist dann ein Freisein von Krankheit – ein Leben „im Schweigen der Organe". Diese rein biomedizinische Sichtweise ist weit verbreitet und regelt die Zusammenkunft von Experten und Laien. Bei Beschwerden und Symptomen stufen sich Menschen als krank ein (oder werden von anderen als krank bezeichnet) und suchen die Experten, Ärzte und Therapeuten auf.

Die Betrachtung von Gesundheit über Negativbestimmungen vernachlässigt aber wichtige Dimensionen menschlicher Befindlichkeit. Auch mit körperlichen Beschwerden oder Einschränkungen kann sich ein Mensch dennoch wohlfühlen; er kann zufrieden sein und würde sich selbst nie als krank bezeichnen. In Anlehnung an die WHO, die Gesundheit als einen Zustand des völligen körperlichen, psychischen und sozialen Wohlbefindens und nicht nur als Zustand des Freiseins von Krankheit und Gebrechen definiert (vgl. WHO 2004), ist deshalb eine eher sozialwissenschaftlich orientierte Definition von Gesundheit aufzunehmen, in der Gesundheit mehrdimensional und mit Blick auf subjektive Momente erfasst wird.

Zuerst einmal bedeutet Gesundheit eine bestimmte Befindlichkeit, ein bestimmter körperlicher und psychischer Zustand und beinhaltet eine relative Freiheit von Beschwerden und Krankheiten. Das Erleben dieser Befindlichkeit muss aber von einem Menschen auch wahrgenommen werden, d.h. er muss sich selbst – seinen Körper und sein Gefühl diesem gegenüber – wahrnehmen. Gesundheit ist in dieser Perspektive Bestandteil der Identität einer Person, weil über Gesundheit eine zufriedenstellende Kontinuität des Selbsterlebens gesichert ist (HURRELMANN 1991, S. 17).

Gesundheit ist aber nie ein statischer Zustand, sondern ist als Prozess zu verstehen. Der Prozesscharakter ergibt sich über Sozialisationsvorgänge, d.h. über die ständige Auseinandersetzung mit der sozialen, materiellen und kulturellen Umwelt. Die Bedeutung von Gesundheit liegt hierbei darin, dass sie Voraussetzung für diese immer wieder neue Auseinandersetzung, oder anders ausgedrückt für die aktive Einflussnahme auf die Umwelt ist. Gesundheit umfasst einen gewissen Pool an Ressourcen, die mobilisiert werden können, um handlungsfähig zu sein. In sozialwissenschaftlicher Sicht meint Gesundheit Handlungsfähigkeit, implizite Leistungs- und Erlebnisfähigkeit. Was letztendlich jeder Einzelne für sich als Gesundheit definiert, d.h. welche psychische und physische Lebenssituation angestrebt wird, um handlungsfähig zu sein, hängt von der persönlichen Norm und von der persönlichen Lebensführung ab. Dies ist aber keine rein individuelle Entscheidung, sondern hängt natürlich von dem sozialen Kontext einer Person ab. Demzufolge ist Gesundheit durch physische, psychische und soziale Anteile bestimmt und ergibt sich aus den sozialen, kulturellen, ökologischen und ökonomischen Lebensbedingungen eines Menschen und den damit verbundenen Anforderungen und Belastungen sowie den im Lebenslauf erworbenem Ressourcen-Pool.

8.2   Gesundheit als Prozess und dynamische Balance

Gesundheit hat – wie weiter oben schon beschrieben wurde – Prozesscharakter und das bedeutet, dass sie zu jedem lebensgeschichtlichen Zeitpunkt immer wieder neu hergestellt werden muss. Dieser Prozess ist zwar jeweils an dem einzelnen Menschen, an der Entwicklung seines Potentials und seiner Ressourcen bemerkbar, aber er ist ohne Blick auf den sozialen und gesellschaftlichen Zusammenhang, auf Erwartungen und Anforderungen nicht verständlich – kurz: Gesundheit muss auch immer als eine soziale Kategorie verstanden werden (vgl. FALTERMAIER 1997, S.57f). Wenn wir beiden Seiten – die subjektive und die gesellschaftliche – berücksichtigen, dann ergibt sich Gesundheit als Koordination von inneren und äußeren Anforderungen. Gesundheit spiegelt demnach die subjektive Verarbeitung und Bewältigung der gesellschaftlichen Verhältnisse (HURRELMANN 1991, S. 17). Körperliche, seelische und soziale Gesundheit ist in diesem Verständnis nur möglich, wenn ein Gleichgewichtszustand zwischen den eignen Vorstellungen und den verschiedenen Kräften und Anforderungen hergestellt wird. Als Schaubild hat Hurrelmann dies wie folgt dargestellt:

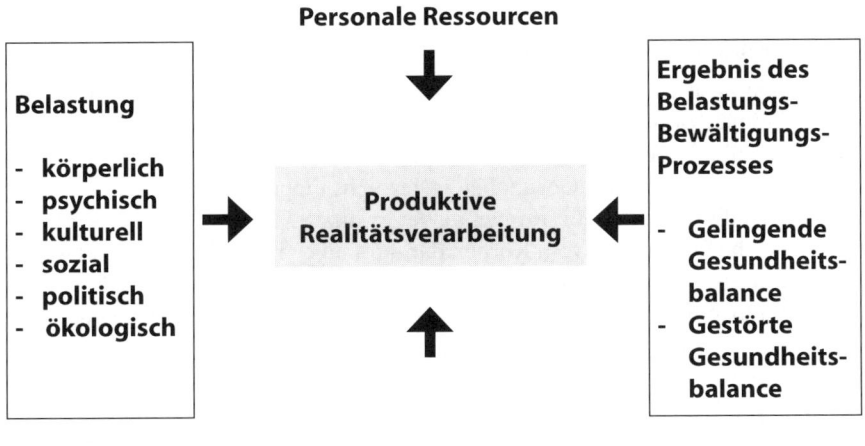

Quelle: Hurrelmann 2000, S. 61

Eine gelungene Realitätsverarbeitung, bzw. eine gelungene Sozialisation unter Berücksichtigung der bisher referierten Vorstellung von Gesundheit ist dann gegeben, wenn zwischen Ressourcen und Belastungen ein Gleichgewicht hergestellt werden kann. Ein solches Gleichgewicht ist aber davon abhängig, ob ausreichend personale und soziale Ressourcen zur Verfügung stehen. Eine Abstimmung zwischen den Umweltanforderungen und den eigenen Bedürfnissen, Interessen und Fähigkeiten ist am besten möglich

> „...,wenn eine Person konstruktive Sozialbeziehungen aufbauen kann, sozial integriert ist, die eigene Lebensgestaltung an die wechselhaften Belastungen des Lebensumfeldes anpassen und dabei die persönlichen Bedürfnisse ausdrückenund Sinnerfüllung finden kann, und wenn alles dieses im Einklang mit den biogenetischen und physiologischen Potentialen und den körperlichen Möglichkeiten geschieht" (HURRELMANN 1991, S. 164).

Treten Probleme oder Beeinträchtigungen in einem dieser Bereiche auf, dann hat dies Auswirkungen auf die anderen Bereiche – anhand des Schaubildes ist das komplexe Wechselspiel physiologischer, psychologischer und sozialer Symptome gut nachzuvollziehen. Mit diesem Konzept einer gelingenden oder einer mißlingenden gesundheitlichen Sozialisation kann plausibel Auffälligkeit und Beeinträchtigung von Gesundheit in ihrer Bedeutung für die Persönlichkeitsentwicklung analysiert und beschrieben werden.

8.1 Wellness – Selfness: Gesundheit als Selbstsozialisation

Die momentane Karriere des Gesundheitsbegriffs ist ein Hinweis darauf, dass der Stellenwert von Gesundheit in unserer Gesellschaft enorm gestiegen ist. Die Menschen überlassen es nicht mehr ausschließlich den Experten, sondern kümmern sich selbst um ihre Gesundheit. Dies geht einher mit einem Wandel der Körpersozialisation. Bis vor fünfzehn oder zwanzig Jahren galt noch eine funktionalistische Vorstellung vom Körper, der – solange er „störungsfrei" lief – eher selten wahrgenommen wurde. Der funktionierende Körper war der Garant der eigenen Leistungsfähigkeit. Diese Vorstellung wurde von einem bewussteren Verhältnis zum Körper abgelöst (vgl. FALTERMAIER 1994). Der Markt hat diese Entwicklung schnell aufgenommen. Bio-Lebensmittel, Körperkult, Selbsterfahrung und Fitness gehören zur Wachstumsbranche des 21. Jahrhunderts. Ein zentraler Begriff ist hierbei „Wellness", der in den 50er Jahren seine Karriere begann (vgl. TENZER 2003); heute kann jeder mit diesem Begriff etwas anfangen. Wellness steht für Angebote und Programme, die helfen sollen, den Alltagsstress zu bewältigen und will eine Balance von Körper, Geist und Seele erwirken.

Für die Analyse von Sozialisationsvorgängen ist hierbei interessant, dass Wellness einher geht mit aktiver und selbstverantwortlicher Gesundheitsvorsorge. Menschen betreiben so etwas wie Selbstmanagement, da Wellness verspricht, Lebensfreude und ein gutes Körpergefühl zu stärken. Damit wirkt Wellness sinnstiftend und identitätsfördernd.

Das Management der persönlichen Ressourcen ist aber keine Erfindung der Wellness-Branche, sondern eine Notwendigkeit für die Sicherung der Zukunft unserer Gesellschaft. Es geht um die Pflege des immer wichtiger werdenden Humankapitals (ebenda, S. 23) und zwar in der Ausrichtung, dass jeder selbst für die Erhaltung und Steigerung seiner Leistungsfähigkeit vor dem Hintergrund neuer Anforderungen im Arbeitsprozess verantwortlich werden soll. Der Soziologe und Zukunftsforscher Matthias HORX verbindet damit drei große gesamtgesellschaftliche Trends: Individualisierung, Modernisierung der Arbeit und eigenverantwortliche Gesundheitsvorsorge (HORX 2005).

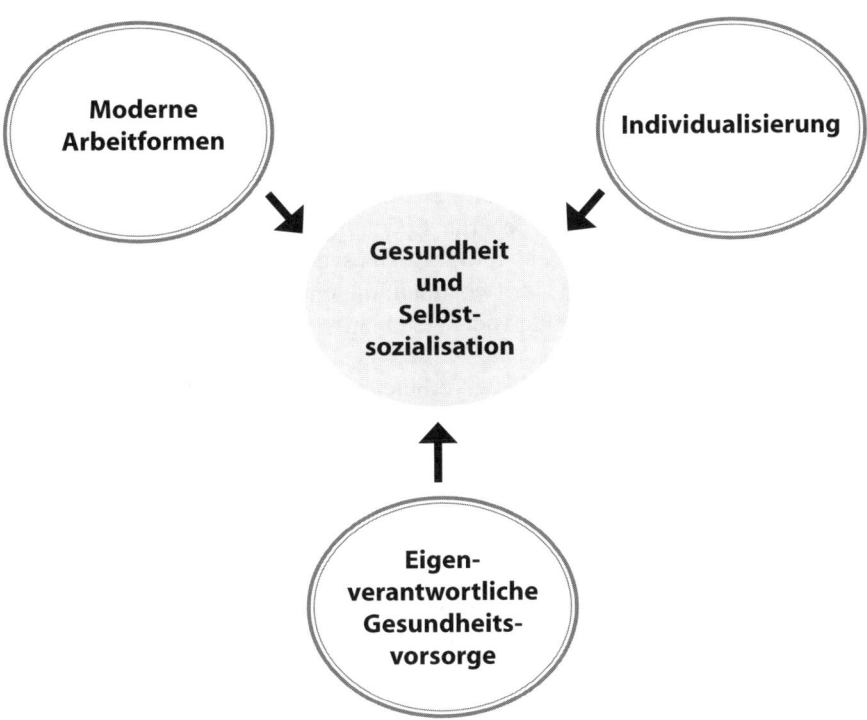

Für diesen Aspekt der Selbstsozialisation gibt es in der Literatur auch schon einen neuen Begriff: **Selfness** (ebenda). Das Bedürfnis nach dem Eigenen, nach einem anderen Verhältnis zum Selbst und zu den eigenen Ressourcen ist ein Reflex auf den Druck des gesellschaftlichen Wandels. Die postulierte Eigenverantwortung im Gesundheitsbereich entspricht diesen gesellschaftlichen Entwicklungen. In der Sozialisationstheorie sind solche Aspekte – die populärwissenschaftlich als Selbstmanagement, Wellness und Selfness erfasst werden – über die verstärkte Thematisierung der Selbstsozialisation (vgl. Kapitel 3.5) bemerkbar. Im folgenden abschließenden Kapitel werden (zukünftige oder nahende) gesellschaftliche Entwicklungen und die Auswirkungen auf Sozialisationsvorgänge noch einmal in verschiedenen Zusammenhängen erörtert.

9 Sozialisation im 21. Jahrhundert: Verhalten und Orientierung auf Zeit

Zum Ausklang verlasse ich zum Teil das Gebiet anerkannter Theorien oder erfahrungswissenschaftlich abgesicherter Erkenntnisse und spekuliere über sich ankündigende oder mögliche zukünftige Sozialisationseinflüsse. Kinder und Jugendliche wachsen in einer Gesellschaft auf, die momentan und zukünftig über folgende Tendenzen zu charakterisieren ist, bzw. sein wird:

*   Traditionelle Normen und Werte verlieren an Legitimations- und Überzeugungskraft.
*   Ein stabiler und in sich einheitlicher sozialer Korridor, der Heranwachsenden fast automatisch den Weg weist, fällt weg.
*   Mobilität und Flexibilität im Sinne einer generellen Beschleunigung und Kurzlebigkeit bestimmen zunehmend den Arbeitsalltag, bzw. den gesamten Lebensalltag.
*   Der lineare Karriere- oder Berufsweg löst sich auf.
*   Für den Eintritt in ein anspruchsvolles Erwerbsleben werden Schnelligkeit, Spontanität, Risikobereitschaft, Selbständigkeit, Mobilitätsbereitschaft neue Schlüsselqualifikationen.
*   Es wird keine lebenslangen Arbeitsverträge mehr geben, in der Berufswelt sind Kreativität und Selbstverantwortung gefragt.
*   Lebensgefühle von Erlebnishaftigkeit, Spaß, Thrill und Stimulation werden den persönlichen Verhaltensstil der Menschen immer stärker prägen.

Solche Merkmale des heutigen Lebens – pointiert als Individualisierungs-, Erlebnis- und Pluralisierungstendenzen bezeichnet – zeigen sich für den Heranwachsenden überaus doppelgesichtig. Die Breite der Entscheidungsmöglichkeiten und erweiterte persönliche Freiheiten auf der einen Seite machen es ihm auf der anderen Seite aber auch zunehmend schwerer, sich zu orientieren und eine persönliche Identität aufzubauen. Frühere Generationen hatten es über Orientierungsrahmen und normative Traditionen sehr viel leichter. Individualisierung hat auch zu einer Pluralisierung von Orientierungen geführt. Die „neue Unübersichtlichkeit" (Deutsche Shell 2000, S. 93) hat die Sozialisation von Kindern und Jugendlichen in diesem Bereich schon in ganzer Breite erreicht.

Bei den Schwierigkeiten der Kinder und Jugendlichen, die Welt zu interpretieren und sich zu verorten, helfen ihnen insbesondere elektronische Medien. Sozialisation im neu beginnenden Jahrhundert kann im großen Maße auch als mediatisierte, bzw. medienvermittelte Sozialisation gekennzeichnet werden – zumindest sind elektronische Medien ständige Begleiter im Alltag der Heranwachsenden. Zum Thema „Kinder, Jugend und Medien" kann vor allem die Medienwirkungsforschung, die untersucht, wie Medienerlebnisse verarbeitet werden, vieles beitragen (vgl. z.b. MOSER 2000), in diesem Schlusskapitel möchte ich zur Sozialisationsthematik jedoch nur einen Aspekt herausgreifen. Es geht darum, dass Medien zum einen Heranwachsenden Orientierungshilfen bieten, zum anderen damit aber gleichzeitig ihre Identitätsfindungen immens erschweren.

Medien liefern den Menschen kontinuierlich Muster für die Lebensgestaltung. Sie servieren professionell vorfabrizierte und routinisierte Praktiken für die Lebensführung und transportieren dabei nebenbei Leitlinien für das soziale Ansehen und Leitbilder des erfolgreichen Menschen. Mit anderen Worten: Medien avancieren zu Vorgaben für die Ausformung und Stilisierung der ‚persönlichen' Identität.

Bereits Kinder sind beispielsweise ohne weiteres in der Lage, Werbesprüche oder Dialogteile von Kultfilmen in den eigenen alltäglichen Sprachgebrauch zu integrieren. Kultfiguren oder Idole und deren Verhaltens- und Sichtweisen werden großzügig in die Selbstdarstellung und für das Zusammenbasteln von Identität aufgenommen. Die Entwicklung zu kompetenten und autonomen Konsumenten im Computerbereich unterstützt solche medienvermittelten Sozialisationsprozesse. Cyberspace, Newsgroups und Chat-Boxen bieten Möglichkeiten, dass die Computernutzer als fiktive, synthetische Figuren miteinander in Beziehung treten (KROTZ 1997). Neben solchen virtuellen Sozialwelten bietet der Markt zahlreiche spezialisierte Sinnwelten und massenhaft Material für die Bastelidentitäten.

Vor einem solchen Hintergrund ist Sozialisation auch als Individualisierung medienvermittelter Interaktion, Kommunikation und Wirklichkeitsbilder zu verstehen. In Zukunft werden sich vermutlich das Angebot und vor allem der Spezialisierungsgrad von medienvermittelten Identitäten und Teilidentitäten gewaltig erhöhen. Medien-Visionäre sehen in diesem Zusammenhang schon eine verschwindende Grenze von Medienrealität und Lebenswelt herannahen und behaupten, dass eine Meisterung der Zukunft nur über Medienkompetenz leistbar sei. Sie übersehen dabei aber, dass eine ständige Ausweitung medialer Möglichkeiten auch schnell soziale und kognitive Überforderungen bedeuten kann, denn Medienkompetenz darf nicht mit Lebenskompetenz verwechselt werden (PLEITGEN 1999, S. 55). Dabei ist des weiteren auch zu berücksichtigen, dass die Wirkungsmöglichkeiten von Medien als Sozialisationsfaktor niemals allein durch ihre Struktur bestimmt werden, sondern überwiegend durch den Prozess ihrer sozialen Aneignung (HURRELMANN 1999, S. 118). Diese Aneignung wiederum wird beeinflusst von Faktoren, die aus den Anforderungen der Arbeitswelt abgeleitet werden – worauf gleich noch genauer eingegangen wird – und plakativ mit dem Motto „Nichts Langfristiges" umschrieben werden können.

Auf die Wirkungsmöglichkeiten von Medien bezogen bedeutet „Nichts Langfristiges", dass medienvermittelte Leitlinien und Leitbilder sich durch temporäre Relevanz auszeichnen, d.h., sie werden ständig neu und anders zusammengestellt. Dies macht es fast unmöglich, sich langfristig und verbindlich auf eine Leitvorstellung einzulassen. Medienvermittelte Sozialisation bedeutet deshalb auch Festlegung von Verhalten und Orientierung auf Zeit. Kinder und Jugendliche leben über die Aneignung der Leitvorstellung „Unverbindlichkeit" mit und nach dem Credo: „Nichts dauert lange".

Medienvermittelte Sozialisation auf eine „Nichtfestlegung" steht im direkten Zusammenhang mit neuen Mustern funktionaler Kompetenz, die der „flexible Mensch" – von dem Soziologen Richard SENNETT kreiert – zur erfolgreichen Sozialisation in der gegenwärtigen und noch mehr in der zukünftigen Gesellschaft benötigt (SENNETT 2000). Die Analysen von SENNETT sind für die Sozialisationsthematik bisher kaum oder gar nicht rezipiert worden, sie bergen aber einige interessante und wichtige Anknüpfungspunkte, um über zukünftige Sozialisationseinflüsse zu spekulieren.

Meine These lautet hierbei: Es kann sein, dass sich vor dem Hintergrund der Entwicklungen im postmodernen Kapitalismus für die Heranwachsenden ganz neue Sozialisationsakzente herausbilden. Dies hat vor allem mit dem Wandel der Anforderungen in der Arbeitswelt zu tun, und auch hier lässt sich als sichtbares Zeichen ein Motto wie „Nichts Langfristiges" ausmachen (ebenda, S. 25).

Am Arbeitsplatz hatten bisher soziale Bindungen – ausgedrückt in Loyalität, Zusammenhalt, Verlässlichkeit oder gegenseitiger Verpflichtung – eine dominierende Bedeutung. Wo immer wieder jedoch das Neue gefragt ist und Routinen im Alltag deshalb nicht entstehen können, werden langfristige Bindungen gar nicht mehr möglich. Soziale Beziehungen und Bindungen aber brauchen Zeit

„...., um sich zu entwickeln und in den Nischen und Spalten von Institutionen Wurzeln zu schlagen" (ebenda, S. 28).

Einmal sind die Zeitrahmen moderner Betriebe und Institutionen zum „Wurzel-Schlagen" viel zu kurz, zum anderen sind sowieso eher flüchtige Formen von Gemeinsamkeit sowie kurzfristige und schwache Bindungen gefragt. In einer Wirtschaft, in der Geschäftskonzepte, Produktdesign, alle Arten des Wissens usw. eine relativ kurze Lebenserwartung haben, könnte beispielsweise Loyalität eher eine Falle sein. Arbeitnehmer sollten sich erst gar nicht „gefühlsmäßig" auf einen Betrieb einlassen und erhoffen, dass wegen Loyalität oder Betriebstreue Belohnungen erfolgen.

Als Verkörperung dieser auffallenden schwachen Bindungen hat SENNETT zentral die moderne Teamarbeit ausgemacht, die er in seinen Analysen des postmodernen Kapitalismus mit einer eigentümlichen Ethik der Eigenverantwortlichkeit verknüpft sieht. Die Verantwortung für den jeweiligen Arbeitsbereich wird im Team gemeinsam getragen, was jedoch nicht zu einem starken Gemeinschaftsgefühl, zu Eigenverantwortlichkeit oder zu großer Solidarität führt, sondern vielmehr dazu, dass Druck und Kontrolle nun innerhalb dieses Teams, sozusagen von Gleichgestellten und ohne Anspruch von Autorität, ausgeübt wird. Ein Beweis für die Leistungsfähigkeit eines Arbeitnehmers erfolgt dann in diesem Zusammenhang durch die erfolgreiche und reibungslose Integration in ein Team, das sich mit wechselnder Zusammensetzung von Aufgabe zu Aufgabe bewegt.

Teamarbeit hat ganz bestimmt viele Vorzüge, die in unzähligen Aktivitäten aufgezeigt werden könnten. Was wäre eine Fußball- oder Handballmannschaft ohne Teamgeist? In vielen Non-Profit-Bereichen ist Teamarbeit eine wichtige soziale Komponente. Aus Schulkollegien und aus Schulklassen, die sich als Team verstehen, wird nur Gutes berichtet. In Büros und Fabriken kennzeichnet SENNETT Teamarbeit jedoch als Ideologie:

> „Sie propagiert sensibles Verhalten gegenüber anderen, sie erfordert solche ‚weichen Fähigkeiten' wie gutes Zuhören und Kooperationsfähigkeit; am meisten betont die Teamarbeit die Anpassungsfähigkeit des Teams an die Umstände. Teamarbeit ist die passende Arbeitsethik für eine flexible politische Ökonomie. Trotz all des Psycho-Geredes, mit dem sich das moderne Teamwork in Büros und Fabriken umgibt, ist es ein Arbeitsethos, das an der Oberfläche der Erfahrung bleibt. Teamwork ist die Gruppenerfahrung der erniedrigenden Oberflächlichkeit" (ebenda, S. 133).

Die Teamarbeit charakterisiert aber nicht nur eine neue Arbeitsethik, sondern verschleiert und verdeckt zugleich die wirklichen Zusammenhänge moderner Produktion und moderner Ausbeutung. Die Oberflächlichkeit und die Undurchschaubarkeit am Arbeitsplatz erschweren es den Menschen zunehmend, die Welt um sich herum und auch sich selbst zu „lesen" (ebenda, S. 97).

Im alten Regime der Routine- und Fließbandarbeit blieb dem Menschen nichts verborgen, aber sicherlich ist die klassische Arbeitsethik der aufgeschobenen Belohnung und Selbstbestätigung durch harte Arbeit keine Situation, die (wieder) herbei zu sehnen ist. Aber der neue kooperative Ethos der Teamarbeit mit einer vorgetäuschten Gemeinschaft kann auch nicht als Alternative gelten. Die vielgestaltigen und fragmentierten Aktivitäten, die Unlesbarkeit und die fehlenden Kontinuitäten im modernen Produktionsprozessen führen geradewegs zu Desorientierungen der beteiligten Menschen. Dies ist vergleichbar mit dem Umtopfen wachsender Pflanzen. Im Zeitalter der flexiblen Produktion sind die Menschen ständig zum Umtopfen ihrer Arbeit gezwungen. Bindungen von Vertrauen und Verpflichtung können dann erst gar nicht aufgebaut werden. Orientierungen werden dadurch stark zerfasert. Die Zukunft wird dadurch einer Vielzahl nicht zu beeinflussender Unwägbarkeiten ausgeliefert.

> „In der flexiblen Ordnung kristallisieren sich die Schwierigkeiten, die Gesellschaft und sich selbst zu „lesen" in einem besonderen Akt: dem Akt des Risiko-auf-sich-Nehmens" (ebenda, S. 97).

Von all diesen – hier zugegebenermaßen nur grob skizzierten – Tendenzen bleibt die Sozialisation von Kindern und Jugendlichen nicht unberührt. Wohnort, Schule, Freundschaften, alles ist den zufälligen Anforderungen des Wirtschaftslebens unterworfen. Wechseln Familien mit ihren Kindern wegen eines anderen, neuen Arbeitsplatzes die Wohngegend oder sogar den Wohnort, dann sind die Erwachsenen noch am ehesten in der Lage, bestehende Sozialkontakte über eine größere Distanz hinweg aufrecht zu erhalten. Kinder- und Jugendfreundschaften sind sehr viel stärker auf gemeinsame Aktivitäten und direkte Bezüge aufgebaut. Fehlen diese, ist das Risiko groß, dass Beziehungen wieder auseinanderbrechen. Heranwachsende erleben deshalb häufig schon im Kindheitsalter, dass persönlichen Beziehungen, Freundschaften nichts Langfristiges anhaften darf. In der Kindheitsforschung wird in diesem Zusammenhang etwas überspitzt behauptet, dass Kinder mit der Erfahrung von „Wegwerfbeziehungen" leben müssen.

Dennoch suchen und brauchen die Heranwachsenden Stützen für ihre eigenen biographischen Entwürfe. Noch vor dreißig oder vierzig Jahren waren diese Stützen in hohem Maße gesellschaftlich vorgedacht. Das, was der einzelne von seinem Leben erwarten konnte, war objektiv schon immer abgesteckt. Im beginnenden 21. Jahrhundert sind die Kinder und Jugendlichen von tradierten Vorgaben und Vorinterpretationen des Lebens weitgehend entbunden, Selfness ist angesagt (HORX 2005). Dies ist sicherlich auch als Fortschritt hinsichtlich von Möglichkeiten, die wir für unsere Selbstdeutung und Lebensplanung neu hinzugewinnen, zu bewerten. Anders formuliert: Der Verlust von Handlungssicherheit eröffnet auf der anderen Seite aber auch Wege zur Entwicklung einer eigenen „Persönlichkeit". Aus der Shell-Jugendstudie „Jugend 2000" wird deutlich, dass die Heranwachsenden ihr Leben auch selbst gestalten wollen (Deutsche Shell 2000, S. 182ff). Anscheinend kann schon von einer individualisierten Jugend ausgegangen werden. Dafür müssen Jugendliche aber auch Vorläufigkeiten in Kauf nehmen und biographisch „auf Risiko gehen". Um Selfness leben zu können, braucht der „moderne Jugendliche" nicht nur Flexibilität, sondern ausgeprägte Selbststeuerungskompetenzen und einen „inneren Kompass", um die Vielfalt von Handlungsanforderungen und Aktionsalternativen sinnvoll zu bewerten und nutzbringend zu bewältigen.

Planungssicherheiten zu verlassen und eigene Lebenspläne zu definieren zieht aber noch weitere Probleme, aber auch Anforderungen nach sich: Die Lesbarkeit des Lebens verringert sich zusehends und insbesondere wird die Sozialisation heutiger Heranwachsender vom Risiko des Scheiterns begleitet. Es gibt für sie keine Gewissheit oder Sicherheit mehr, dass sich ihre Planungen und Orientierungen als längerfristig und richtig erweisen. Werfen wir zur Konkretisierung einen Blick auf die zentrale Sozialisationsinstanz Schule: Schul- oder Ausbildungszertifikate sind beispielsweise kein Garant mehr für einen berechenbaren Lebensweg. Karrieren lassen sich kaum aktiv selbst gestalten, denn es gibt keine Normen dafür, welches spezielle Wissen zukünftig benötigt wird. Die Schulen stellen sich darauf ein und verstärken neuerdings das „Lernen des Lernens" und die Vermittlung sogenannter Schlüsselkompetenzen, beispielsweise Sozialkompetenz oder Kommunikationskompetenz. Damit sollen Schülerinnen und Schüler in die Lage versetzt werden, auch kurzfristig mit wechselnden Anforderungen zurecht zu kommen und kompetent mit neuen Informationen umzugehen. Hinzu treten verstärkt Übungen zur Gruppenarbeit und zu Kommunikationsfähigkeiten. Auch die schulische Sozialisation wird demnach von der Kultur des „flexiblen Menschen" nachhaltig berührt.

Fazit: Die Sozialisationsvorgaben werden zunehmend offener. Für die heranwachsenden Kinder und Jugendlichen besteht ein großer Entscheidungsspielraum für die Ausrichtung einer „persönlichen Identität". Dabei kommt eine schwierige Aufgabe auf sie zu, denn Erwachsene leben ihnen die Zukunft nicht mehr vor. In dieser Situation treten zwei bedeutende Einflussfaktoren in den Sozialisationsprozess: Medien und Veränderungen der Arbeitswelt. Da die Deutungsmuster der Eltern den Heranwachsenden nur noch wenig Sinn geben, wird nach Ersatz gesucht. Auf dieser Suche vermitteln Medien ihnen eine Vielzahl von Orientierungen und Leitbildern, in denen eine immer wiederkehrende Botschaft steckt: „Schon morgen kann das Leitbild für dein Leben ein anderes sein!" Die Botschaft beinhaltet zugleich eine Vorbereitung der Kinder und Jugendlichen auf die Anforderungen der Arbeitswelt. Noch stärker als heute werden zukünftige Arbeitsprozesse flexible, mobilitätsfreudige und auf Unverbindlichkeit ausgerichtete Menschen fordern. Unter solchen Umständen sind Bildung und Entwicklung einer Person mit erheblichen Risiken belastet. Die „Lesbarkeit" des Lebens wird schwieriger und die Möglichkeit eingeschränkt, die eigene Biographie in einem überschaubaren und verstehbaren Orientierungsrahmen zu interpretieren. Die Heranwachsenden haben die größte Chance, diese Situation produktiv zu bewältigen, wenn sie eine hohe Virtuosität des Verhaltens und Kompetenzen zur Selbststeuerung und Problembearbeitung entwickeln.

Es bleibt die Frage, wie die Lebenswelt stimuliert und gestaltet werden kann, dass die Heranwachsenden die Chance erhalten, sich zu autonomen und handlungsfähigen Subjekten zu bilden, um einen Weg für sich selbst zu finden und um gleichzeitig mit der Vielfalt und Andersartigkeit zurecht zu kommen. Es gilt auch abzuwarten, wie Kinder und Jugendliche lernen und bereit sein werden, mit Risiken und mit neuen Ansprüchen zu leben, welche Erfahrungen sie in einem Alltag der Unverbindlichkeit und des Unabwägbaren sammeln und welche eigenen Vorstellungen und Ziele sie umsetzen werden.

10 Literatur

Abels, Heinz: Jugend vor der Moderne. Soziologische und psychologische Theorien des 20. Jahrhunderts. Opladen 1993

Alberts, Wolfgang/Bosch, Doris/Schier, Norbert (Hrsg.): Schule formen durch Rituale. Essen 1991

Alberts, Wolfgang: Rituale als Ansatz zur Verwirklichung pädagogischer Sinnbezüge im System der Organisation der Schule. In: Alberts u.a. 1991

Alfermann, Dorothee: Geschlechterrollen und geschlechtstypisches Verhalten. Stuttgart, Berlin, Köln 1996

Allerbeck, Klaus/Hoag, Wendy: Jugend ohne Zukunft? Einstellungen, Umwelt, Lebensperspektiven. München 1985

Amato, P. R.: The Consequences of Divorce for Adults and Children. Journal of Marriage and the Family. 62/2000

Amendt, Gerhard: Wie Mütter ihre Söhne sehen. Bremen 1993

Arbeitsgruppe Bildungsbericht am Max Planck Institut für Bildungsforschung: Das Bildungswesen in der Bundesrepublik Deutschland. Reinbek bei Hamburg 1994

Arbeitsgruppe Bielefelder Soziologen (Hrsg.): Alltagswissen, Interaktion und gesellschaftliche Wirklichkeit. Reinbek bei Hamburg 1973

Armbruster, L. Ch./Müller, U./Stein-Hilbers, Marlene (Hrsg.): Neue Horizonte? Sozialwissenschaftliche Forschung über Geschlechter und Geschlechterverhältnisse. Reihe Geschlecht und Gesellschaft, Band 1. Opladen 1995

AWO-Sozialbericht. Bonn 2000

Baacke, Dieter: Die 13- bis 18jährigen. München, Wien, Baltimore 1979

Baacke, Dieter: Die 6- bis 12jährigen. Weinheim, Basel 1991

Bandura, Albert: Sozialkognitive Lerntheorien. Stuttgart 1979

Bandura, Albert: Self-efficacy. The exercise of control. New York 1997

Baumgart, Franzjörg (Hrsg.): Theorien der Sozialisation. Bad Heilbrunn/Obb. 1997

Barz, Monika/Maier-Störmer, Susanne: Schlagen und geschlagen werden. In: Brehmer 1982

Barz, Monika: Was Schülern und Schülerinnen während des Unterrichts durch den Kopf geht und wie sich ihr Denken dabei verknotet. In: Wagner 1984

Beall, Anne/Sternberg, Robert (Ed.): The psychology of gender. Guilford 1993.

Beck, Ulrich: Risikogesellschaft. Frankfurt/M. 1986

Beck, Ulrich/Beck-Gernsheim, Elisabeth (Hrsg.): Riskante Freiheiten. Frankfurt/M. 1994

Beck-Gernsheim, Elisabeth: Vom Geburtenrückgang zur Neuen Mütterlichkeit? Über private und politische Interessen am Kind. Frankfurt/Main 1985

Becker-Schmidt, Regina: Von Jungen, die keine Mädchen und von Mädchen, die gerne Jungen sein wollten. In: Becker-Schmidt /Axeli-Knapp 1995

Becker-Schmidt, Regina/Axeli-Knapp, Gudrun (Hrsg.): Das Geschlechterverhältnis als Gegenstand der Sozialwissenschaften. Frankfurt, New York 1995

Beckert-Zieglschmid, Claudia: Informalisiertes Lernen. Lernen zwischen Elternhaus und Peers am Beispiel von Lebensstilen Jugendlicher. In: Tully 2006

Beckmann, Michael/Krohns, Hans-Christian/Schneewind, Klaus A.: Ökologische Belastungsfaktoren, Persönlichkeitsvariablen und Erziehungsstil als Determinanten sozialer Scsheu bei Kindern. In: Vaskovics 1982

Behnken, Imbke u.a.: Schülerstudie '90. Jugendliche im Prozeß der Vereinigung. Weinheim/München 1991

Beisenherz, H. Gerhard: Kinderarmut in der Wohlfahrtsgesellschaft. Opladen 2002

Belsky, J.: Infant daycare: A cause for concern? In: Zero to Three 6/1986

Belotti, Gianini: Was geschieht mit kleinen Mädchen? Über die zwangsweise Herausbildung der weiblichen Rolle in den ersten Lebensjahren durch die Gesellschaft. München 1977

Bem, S.: Androgyny and gender schema theory: A conceptual and empirical integration. In: Sonderegger 1985 a.a.O., S. 179-226.

Bem, S.: Gender schemata theory and its implications for childdevelopement: Raising gender-schematic children in a gender-schematic society. Signs 8 (1983), S. 598-616.

Bem, S.: Gender Schema Theory: A Cognitive Account of Sex Typing. Psychological Review 88 (1981), S.354-364.

Bertram, Hans (Hrsg) : Die Familie in Westdeutschland. Opladen 1991

Bertram, Barbara: Die Wende, die erwerbstätigen Frauen und die Familien in den neuen Bundesländern. In: Nauck 1995

Bilden, Helga/Diezinger, Angelika: Historische Konstitution und besondere Gestaltung weiblicher Jugend – Mädchen im Blick der Jugendforschung. In: Krüger 1988 a.a.O., S. 135-155.

Bilden, Helga: Geschlechtsspezifische Sozialisation. In: Hurrelmann/Ulich 1991

Blake, Judith: Family Size and Achivement. Berkeley 1989

Blos, Peter: Adoleszenz. Eine psychoanalytische Interpretation. Stuttgart 1983

Blücher, Viggo Graf: Die Generation der Unbefangenen. Zur Soziologie der jungen Menschen heute. Düsseldorf 1966

Blumer, Herbert: Der methodologische Standort des Symbolischen Interaktionismus. In: Arbeitsgruppe Bielefelder Soziologen 1973

Böhnisch, Lothar/Winter, Reinhard: Männliche Sozialisation. München 1993

Böhnisch, Lothar: Männliche Sozialisation. Eine Einführung. Weinheim, München 2004

Bonorden, Heinz (Hrsg.): Was ist los mit den Männern? Stichworte zu einem neuen Selbstverständnis. München 1985

Bourdieu, Pierre: Die verborgenen Mechanismen der Macht. Hamburg 1992

Bourdieu, Pierre: Die feinen Unterschiede. Kritik der gesellschaftlichen Urteilskraft. Frankfurt/M. 1993

Bowlby, John: Bindung. Historische Wurzeln, theoretische Konzepte und klinische Relevanz. In: Spangler/Zimmermann 1995

Brehmer, Ilse (Hrsg.): Sexismus in der Schule. Weinheim und Basel 1982

Brehmer, Ilse: Schule im Patriachat – Schulung fürs Patriachat. Weinheim, Basel 1991

Breidenstein, G./Kelle, Helga: Jungen und Mädchen in Gruppen: die interaktive Herstellung sozialer Unterschiede. In: Lenzen/Tillmann 1996 a.a.O., S. 52-63.

Breitenbach, Eva: Geschlechtsspezifische Interaktion in der Schule. Eine Bestandsaufnahme der feministischen Schulforschung. In: Die Deutsche Schule 2/1994

Breitenbach, Eva: Mädchenfreundschaften in der Adoleszenz. Eine fallkonstruktive Untersuchung von Gleichaltrigengruppen. Opladen 2000

Bretherton, Inge: Zur Konzeption innerer Arbeitsmodelle. In: Gloger-Tippelt 2001

Bronfenbrenner, Urie: Die Ökologie der menschlichen Entwicklung. Stuttgart 1981

Büttner, Christian/Dittmann, Marianne (Hrsg.): Brave Mädchen, böse Buben? Erziehung zur Geschlechtsidentität in Kindergarten und Grundschule. Weinheim und Basel 1992

Bundesministerium für Bildung, Wissenschaft, Forschung und Technologie (Hrsg.): Grund- und Strukturdaten 94/95. Bonn 1995

Campbell, Anne: Zornige Frauen, wütende Männer. Geschlecht und Aggression. Frankfurt/Main 1995

Chodorow, Nancy: Das Erbe der Mütter. München 1994

Clauß, Günter/Ebner, Heinz: Grundlagen der Statistik. Thun und Frankfurt/M. 1989

Cross, S.E./Markus, H.R.: Gender in thought, believe, and action. In: Beall/Sternberg 1993 a.a.O., S. 55-98.

Dekovic, M./Noom, M.J./Meeus, W.: Expectations regarding development during adolescence. Parental and adolescent perceptions. Journal of Youth and Adolescence 26/1997

Demes, Brigitte: Bio-Ideologie: Geschlechtsrollendiskurs in Biologieschulbüchern. Friedrich-Jahresheft 7/1989

Deutsches Jugendinstitut (Hrsg.): Wie geht's der Familie? Ein Handbuch zur Situation der Familien heute. München 1988

Deutsche Shell (Hrsg.): Jugend 2000, Bd. 1. Opladen 2000

Deutsches PISA-Konsortium (Hrsg.): PISA 2000. Basiskompetenzen von Schülerinnen und Schülern im internationalen Vergleich. Opladen 2001

Devor, Holly: Gender Blending. Confronting the Limits of Duality. Indiana 1989

Dick, Anneliese: Kommentierte Bibliographie zum Thema: Rolle und Bild der Frau in deutschen Schulbüchern. HIBS, Wiesbaden 1986

Dilthey, Wilhem: Gesammelte Schriften. Bd. V. Stuttgart, Göttingen 1957

Dinnerstein, Dorothy: Das Arrangement der Geschlechter. Stuttgart 1979

Dreher, Eva/Dreher, Michael: Entwicklungsaufgaben im Jugendalter. Bedeutsamkeit und Bewältigungsprobleme. In: Liepmann/Stiksrud (Hrsg.): Entwicklungsaufgaben und Bewältigungsprobleme in der Adoleszenz. Göttingen 1985

Dreher, Eva/Oerter, Rolf: Children's and adolescents' conceptions of adulthood. The changing view of a crucial developmental task. In: Silbereisen, Rainer 1986

Deese, Uwe/Hillenbach, Peter Erik/Kaiser, Dominik/Michatsch, Christian (Hrsg.): Jugend und Jugendmacher. Das wahre Leben in den Szenen der Neunziger. Düsseldorf, München 1996

Durkheim, Emile: Erziehung, Moral und Gesellschaft. Neuwied 1973

Durkheim, Emile: Frühe Schriften zur Begründung der Sozialwissenschaft. Darmstadt 1981

Eagly, Alice H.: Sex differences in social behavior: A social role interpretation. Hillsdale: Erlbaum 1987

Edelstein, Wolfgang (Hrsg.): Zur Bestimmung der Moral. Frankfurt/Main 1986

Eisenstadt, Samuel N.: Von Generation zu Generation. Altersgruppen und Sozialstruktur. München 1966

Elium, Don/Elium, Jeanne: Söhne erziehen. Wie Väter und Mütter Jungen zu selbstbewußten Männern machen können. München 1994

Enders-Dragässer, Uta/Fuchs, Claudia: Jungensozialisation in der Schule. Eine Expertise. Gemeindedienste und Männerarbeit der EKHN. Darmstadt 1988

Enders-Dragässer, Uta: Der ganz normale männliche Störfall. Zur schulischen Sozialisation von Jungen und Mädchen. In: päd. extra & demokratische Erziehung 1/1989, S. 5 - 8

Enders-Dragässer, Uta/Fuchs, Claudia (Hrsg.): Frauensache Schule. Frankfurt/M. 1990

Enders-Dragässer, Uta: Schule der Zukunft. In: Luca 1991

Endruweit, Günter/Trommsdorff, Gisela (Hrsg.): Wörterbuch der Soziologie. Band 3. Stuttgart 1989

Engstler, Heribert: Die Familie im Spiegel der amtlichen Statistik. Lebensformen, Familienstrukturen, wirtschaftliche Situation der Familien und familiendemographische Entwicklung in Deutschland. Bundesministerium für Familie, Senioren, Frauen und Jugend. Bonn 1998

Engstler, Heribert: Die Familie im Spiegel der amtlichen Statistik. Lebensformen, Familienstrukturen, wirtschaftliche Situation der Familien und familiendemographische Entwicklung in Deutschland. Bundesministerium für Familie, Senioren, Frauen und Jugend. Bonn 2001

Erikson, Erik H.: Jugend und Krise. Stuttgart 1968

Erikson, Erik H.: Identität und Lebenszyklus. Frankfurt/M. 1973

Ernst, Cécile/Angst, Jules: Birth order. Berlin, Heidelberg, New York 1983

Faltermaier, Toni: Gesundheitsbewußtsein und Gesundheitshandeln. Weinheim 1994

Farrell, Warren: Why men are the way they are. New York 1986

Faulstich-Wieland, Hannelore: Koedukation heute – Bilanz und Chance. In: Horstkemper/Kraul 1999

Faulstich-Wieland, Hannelore: Koedukation – Enttäuschte Hoffnungen? Darmstadt 1991

Faulstich-Wieland, Hannelore/Horstkemper, Marianne: Trennt uns bitte nicht! Koedukation aus Mädchen- und Jungensicht. Opladen 1995

Faulstich-Wieland, Hannelore: Geschlecht und Erziehung. Grundlagen des pädagogischen Umgangs mit Mädchen und Jungen. Darmstadt 1995

Faulstich-Wieland, Hannelore/Horstkemper, Marianne: 100 Jahre Koedukationsdebatte und kein Ende? In: Ethik und Sozialwissenschaften, Heft 4, 1996

Fend, Helmut: Gesellschaftliche Bedingungen schulischer Sozialisation. Weinheim, Basel 1974

Fend, Helmut: Theorie der Schule. München, Wien, Baltimore 1981

Fend, Helmut: Entwicklungspsychologie des Jugendalters. Opladen 2001

Fend, Helmut: Neue Theorie der Schule. Einführung in das verstehen von Bildungssystemen. Wiesbaden 2006

Ferchhoff, Wilfrie: Jugend an der Wende vom 20. zum 21. Jahrhundert. Opladen 1999

Fichera, Ulrike: Schluß mit den sexistischen Stereotypen in Schulbüchern. Gedanken zu frauenorientierten, nicht-sexistischen Schulbüchern und Unterrichtsmaterialien. In: Enders-Dragässer / Fuchs 1990

Fischer, A./Fuchs, W./Zinnecker, J. (Hrsg.): Jugendliche und Erwachsene ,85. Generationen im Vergleich. Opladen 1985

Foerster. Heinz von: Die Konstruktion einer Wirklichkeit. In: Watzlawick 1985

Frasch, Heidi/Wagner, Angelika: Auf Jungen achtet man einfach mehr... In: Brehmer 1982

Freud, Sigmund: Vorlesungen zur Einführung in die Psychoanalyse. Frankfurt/M. 1966

Freud, Sigmund: Gesammelte Werke, Bd. V. Frankfurt/Main

Friedman, Richard u. a. (Hrsg.): Sex-Differences in Behavior. New York 1974

Fromm, Martin: Heimlicher Lehrplan. In: Lenzen 1989

Fthenakis, Wassilios E.: Mütterliche Berufstätigkeit, außerfamiliale Betreuung und Entwicklung des (Klein-)Kindes aus kinderpsychologischer Sicht. In: Zeitschrift für Familienforschung 2/1989

Fthenakis, Wassilios E.: Kindliche Reaktionen auf Trennung und Scheidung. In: Familiendynamik 20/1995

Fthenakis, Wassilios E. u.a.: Trennung,Scheidung und Wiederheirat: wer hilft dem Kind? Weinheim, Basel 1996

Fthenakis, Wassilios E.: Mütterliche Berufstätigkeit, außerfamiliale Betreuung und Entwicklung des (Klein-) Kindes aus kinderpsychologischer Sicht. In: Zeitschrift für Familienforschung 1/1989

Fuchs, Werner: Jugendbiographie. In: Jugendwerk der Deutschen Shell 1981.

Fuch, Werner: Jugend als Lebenslaufphase. In: Fischer/Fuchs/Zinnecker 1985

Garfinkel, Harold: Studies in Ethnomethodology. Englewood Cliffs 1967.

Garz, Detlef: Sozialpsychologische Entwicklungstheorien. Von Mead, Piaget und Kohlberg bis zur Gegenwart. Opladen 1994

Geis, Florence: Self-fulfilling prophecies. A social-psychological view of gender. In: Beall/Sternberg: 1993

Geulen, Dieter: Das vergesellschaftete Subjekt. Zur Grundlegung der Sozialisationstheorie. Frankfurt/M. 1977

Geulen, Dieter: Sozialisationstheorie. In: Otto/Eyfarth,Thiersch (Hrsg): Handbuch zur Sozialarbeit/Sozialpädagogik. Darmstadt 1987

Geulen, Dieter: Die historische Entwicklung sozialisationstheoretischer Ansätze. In: Hurrelmann/Ulich 1991

Geulen, Dieter: Subjektorientierte Sozialisationstheorie. Sozialisation als Epigenese des Subjekts in Interaktion mit der gesellschaftlichen Umwelt. Weinheim, München 2005

Gildemeister, Regine/Wetterer, Angelika: Wie Geschlechter gemacht werden. Die soziale Konstruktion der Zweigeschlechtlichkeit und ihre Reifizierung in der Frauenforschung. In: Knapp/Wetterer 1992 a.a.O., S. 201-254.

Gildemeister, Regine: Die soziale Konstruktion von Geschlechtlichkeit. In: Ostner/Lichtblau 1992 a.a.O., S. 220-239.

Girgensohn-Marchand, Bettina: Der Mythos Watzlawick und die Folgen. Eine Streitschrift gegen systemisches und konstruktivistisches Denken in pädagogischen Zusammenhängen. Weinheim 1992

Glasersfeld, Heinz von: Einführung in den radikalen Konstruktivismus. In: Watzlawick 1985

Glötzner, Johannes: Heidi häkelt Quadrate, Thomas erklärt die Multiplikation. Rollenklischees in neuen Mathematikbüchern. In. Brehmer 1982

Gloger-Tippelt, Gabriele (Hrsg.): Bindung im Erwachsenenalter. Ein Handbuch für Forschung und Praxis. Bern 2001

Glücks, Elisabeth/Ottemeier-Glücks, Franz Gerd (Hrsg.): Geschlechtsbezogene Pädagogik. Ein Bildungskonzept zur Qualifizierung koedukativer Praxis durch parteiliche Mädchenarbeit und antisexistische Jungenarbeit. Münster 1994

Goffman, Erving: The Arrangement between the Sexes. Theory and Society 4 (1977), S. 301-331.

Goffman, Erving: Gender Advertisements. Cambridge 1976.

Goffman, Erving: Interaktion und Geschlecht. Frankfurt/Main, New York 1994

Goffman, Erving: Stigma. Über Techniken der Bewältigung beschädigter Identitäten. Frankfurt/M. 1967

Goffman, Erving: Verhalten in sozialen Situationen. Strukturen und Regeln der Interaktion im öffentlichen Raum. Gütersloh 1971

Gogolin, Ingrid/Lenzen, Dieter (Hrsg.): Medien-Generation. Beiträge zum 16. Kongreß der Deutschen Gesellschaft für Erziehungswissenschaft. Opladen 1999

Griese, Hartmut M.: Sozialwissenschaftliche Jugendtheorien. Weinheim, Basel 1987

Griese, Christiane: Sag mir, wo die Frauen sind. Pädagogische Forschung 4/1990

Gronenberg, Karin u.a.: ...man fängt selber an zu denken! In: Luca/Kahlert/Müller-Balhorn 1993

Grossenbacher, Silvia u.a. (Hrsg.) Schule und soziale Arbeit in gefährdeter Gesellschaft. Bern, Stuttgart, Wien, Haupt 1997

Grundmann, Matthias: Aspekte einer sozialisationstheoretischen Fundierung der Jugendforschung. In: Hoffmann/Merkens 2004

Gudat, Ulrich: Kinder bei der Tagesmutter. München 1982

Hagemann-White, Carol: Adoleszenz und Identitätszwang in der weiblichen und männlichen Sozialisation. In: Krebs/Eggert Schmid-Noerr 1997

Hagemann-White, Carol: Sozialisation: Weiblich-männlich? Opladen 1984

Hagemann-White, Carol: Wir werden nicht zweigeschlechtlich geboren... . In: Hagemann-White/Reirich 1988 a.a.O., S. 224-235.

Hagemann-White, Carol/Reirich, M. (Hrsg.): FrauenMännerBilder. Bielefeld 1988.

Hagemann-White, Carols: Die Konstrukteure des Geschlechts auf frischer Tat ertappen? Methodische Konsequenzen einer theoretischen Sicht. In: Pasero/Braun 1995 a.a.O., S.182-198.

Hagemann-White, Carol: Der Umgang mit Zweigeschlechtlichkeit als Forschungsaufgabe. In: Diezinger 1994 a.a.O., S.301-318.

Hagemann-White, Carol: Subjektbezogene Theorien zur Geschlechtersozialisation. In: Horstkemper/Zimmermann 1998

Hagemann-White, Carol: Geschlechtertheoretische Ansätze. In: Krüger/Grunert 2002

Hannover, Bettina: Mehr Mädchen in Naturwissenschaft und Technik. Abschlußbericht über ein Forschungsprojekt der Stiftung Jugend forscht e. V. und der Zeitschrift Brigitte, Bonn 1989

Harder, Theodor: Werkzeug der Sozialforschung. München 1974

Häußler, Ilse/Kirsche, Barbara/Koettlitz, Elli: Frauenleitbilder im Englisch-Lehrwerk. In: Kinder-mann 1987

Havers, Norbert: Erziehungsschwierigkeiten in der Schule. Weinheim, Basel 1978

Havighurst, Robert James: Schule und Jugend. In: Röhrs 1971

Helsper, Werner: Jugend und Schule. In: Krüger 1993

Heiliger, Anita/Funk, Heide (Hrsg.): Neue Aspekte der Mädchenförderung. Weinheim, München 1990

Heinze, Thomas: Schülertaktiken. München, Wien, Baltimore 1980

Heitmeyer, Wilhelm/Olk, Thomas (Hrsg.): Individualisierung von Jugend. Gesellschaftliche Pro-zesse, subjektive Verarbeitungsformen, jugendpolitische Konsequenzen. Weinheim, München 1990

Helmke, Andreas: Selbstvertrauen und schulische Leistungen. Göttingen, Bern, Toronto, Seattle 1992

Henschel, Angelika: Geschlechtsspezifische Sozialisation. Zur Bedeutung von Angst und Aggressi-on in der Entwicklung der Geschlechtsidentität. Mainz 1993

Hetherington, E. Mavis: For Better or for Worse. Norton, New York 2002

Hettlage, Robert: Familienreport. Eine Lebensform im Umbruch. München 1998

Heuer, Ulrike: Zur Kategorie „Geschlecht" in der Bildung – ein Beitrag zur schulischen Koeduka-tionsdiskussion aus der Erwachsenenbildung. In: Zeitschrift für Frauenforschung 3/1994

Heyer, Peter/Preuss-Lausitz, Ulf/Zielke, Gitta: Wohnortnahe Integration. Weinheim, München 1990

Hilgers, Andrea: Geschlechterstereotype und Unterricht. Zur Verbesserung der Chancengleichheit von Jungen und Mädchen in der Schule. Weinheim, München 1994

Hirschauer, S.: Die interaktive Konstruktion von Geschlechtszugehörigkeit. In: Zeitschrift für Sozio-logie, Jg. 18, Heft 2 (1989), S.100-118.

Hirschauer, S.: Dekonstruktion und Rekonstruktion. Plädoyer für die Erforschung des Bekannten. In: Feministische Studien. Nov. Nr. 2 (1993), S.55-67.

Hitzler, Ronald: Wird Jugendlichkeit zum Zivilisationsrisiko? Diagnose einer Einstellung. In: Ro-bertson-von Trotha 2006

Hofer, Manfred/Klein-Allermann, Elke/Noack, Peter: Familienbeziehungen. Eltern und Kinder in der Entwicklung. Göttingen 1992

Hoffmann, Berno: Geschlechterpädagogik. Plädoyer für eine neue Jungen- und Mädchenarbeit. Münster 1994

Hoffmann, Berno: Das sozialisierte Geschlecht. Zur Theorie der Geschlechtersozialisation. Opladen 1997

Hoffmann, Dagmar/Merkens, Hans (Hrsg.) Jugendsoziologische Sozialisationstheorie. Impulse für die Jugendforschung. Weinheim, München 2004

Hoffmann, Dagmar/Merkens, Hans: Einleitung: Die Sozialisationsperspektive in der Jugendfor-schung. In: Hoffmann/Merkens 2004

Hollstein, Walter: Die Männer – Vorwärts oder zurück? Stuttgart 1990

Hollstein, Walter: Nicht Herrscher, aber kräftig. Die Zukunft der Männer. Reinbek bei Hamburg 1991

Holtappels, Heinz-Günter: Schulprobleme und abweichendes verhalten aus der Schülerperspektive. Bochum 1987

Hopf, Christel: Frühe Bindungen und Sozialisation. Weinheim, München 2005

Hopfner, Johanna/Leonhard, Hans-Walter: Geschlechterdebatte. Bad Heilbrunn 1996

Hornstein, Walter Jugendforschung und Jugendpolitik. Weinheim, Basel 1999

Horstkemper, Marianne: Schule, Geschlecht und Selbstvertrauen. Weinheim 1987

Horstkemper, Marianne/Wagner-Winterhager, Luise (Hrsg.): Mädchen und Jungen – Männer und Frauen in der Schule. Die Deutsche Schule, 1. Beiheft 1990

Horstkemper, Marianne/Zimmermann, Peter (Hrsg.): Zwischen Dramatisierung und Individualisierung. Geschlechtstypische Sozialisation im Kindesalter. Opladen 1998

Horstkemper, Marianne/Kraul, Margret (Hrsg.): Koedukation trägt Früchte. Reader zur Tagung des Modellversuchs Jungen und Mädchen in der Schule. Universität Koblenz 1999/1

Horstkemper, Marianne/Kraul, Margret (Hrsg.): Koedukation. Erbe und Chancen. Weinheim 1999

Horx, Matthias: Future-Fitness. Wie Sie Ihre Zukunftskompetenz erhöhen. Ein Handbuch für Entscheider. Frankfurt/Main 2003

Horx, Matthias: Der Selfness-Trend. Was kommt nach Wellness? Wien (Zukunftsinstitut) 2005

Hurrelmann, Bettina: Medien-Generationen-Familie. In: Gogolin/Lenzen 1999

Hurrelmann, Klaus/Ullich, Klaus (Hrsg.): Neues Handbuch der Sozialisationsforschung. Weinheim, Basel 1991

Hurrelmann, Klaus: Einführung in die Sozialisationstheorie. Über den Zusammenhang von Sozialstruktur und Persönlichkeit. Weinheim, Basel 1993

Hurrelmann, Klaus u. a.: Koedukation – Jungenschule auch für Mädchen? Opladen 1986

Hurrelmann, Klaus: Lebensphase Jugend. Eine Einführung in die sozialwissenschaftliche Jugendforschung. Weinheim, München 1995

Hurrelmann, Klaus/Nordlohne, E: Sozialisation. In: Endruweit/Trommsdorff 1989

Hurrelmann, Klaus: Sozialisation und Gesundheit. Somatische, psychische und soziale Risikofaktoren im Lebenslauf. Weinheim, München 1991

Hurrelmann, Klaus: Selbstsozialisation oder Selbstorganisation? Ein sympathisierender, aber kritischer Kommentar. In: ZSE 2/2002

Iben, Gerd (Hrsg): Kindheit und Armut. Analysen und Projekte. Münster 1998

Iben, Gerd: Kinderarmut in der Wohlstandsgesellschaft. In: Jahrbuch für Pädagogik 1999. Frankfurt/Main 2000

IFS- Datenservice. Institut für Schulentwicklungsforschung, Universität Dortmund 1995

Jackson, Phillip W.: Einübung in eine bürokratische Gesellschaft: Zur Funktion der sozialen Verkehrsformen im Klassenzimmer. In: Zinnecker 1975

Jaide, Walter: Eine neue Generation. Eine Untersuchung über Werthaltungen und Leitbilder der Jugendlichen. München 1963

Jaide, Walter: Generationen eines Jahrhunderts. Wechsel der Jugendgenerationen im Jahrhunderttrend. Opladen 1988

Joas, Hans: Rollen- und Interaktionstheorien in der Sozialisationsforschung. In: Hurrelmann/Ulich 1991

Jugendwerk der deutschen Shell (Hrsg.): Jugend '81. Opladen 1981

Jugendwerk der deutschen Shell (Hrsg.): Jugend '92. Lebenslagen, Orientierungen und Entwicklungsperspektiven im vereinigten Deutschland. Opladen 1992.

Jugendwerk der deutschen Shell (Hrsg.): Jugend '97. Zukunftsperspektiven. Gesellschaftliches Engagement. Politische Orientierungen. Opladen 1997.

Kahlert, Heike/Müller-Balhorn, Sigrid: Geschlechtertrennung in der Bildung – Eine Chance zur Emanzipation! In: Luca/Kahlert/Müller-Balhorn 1993

Kaiser, Astrid: Hausarbeit in der Schule. Pfaffenweiler 1992

Kaiser, Astrid (Hrsg.): Koedukation und Jungen. Soziale Jungenförderung in der Schule. Weinheim 1997

Karl, Holger/Ottemeier-Glücks, Franz Gerd: Neues aus dem Mekka der antisexistischen Jungenarbeit. Ein Blick in die „interne" Diskussion. In: Möller 1997

Kasten, Hartmut: Einzelkinder – Aufwachsen ohne Geschwister. Berlin 1999

Kasten, Hartmut: Pubertät und Adoleszenz. Wie Kinder heute erwachsen werden. München, Basel 1999

Kasten, Hartmut: Einzelkinder und ihre Familien. Göttingen 2006

Kauermann-Walter, Jaqueline/Kreienbaum, Anna-Maria/Metz-Göckel, Sigrid: Formale Gleichheit und diskrete Diskriminierung: Forschungsergebnisse zur Koedukation. In: Rolff u.a. 1988

Keller, Heidi (Hrsg.): Geschlechtsunterschiede. Psychologische und physiologische Grundlagen der Geschlechterdifferenzierung. Weinheim und Basel 1979

Kessler, S./McKenna,Wendy: Gender – An Ethnomethodological Approach. New York 1978.

Kindermann, Gisela (Hrsg.): Frauen verändern Schule. Berlin 1987

Klafki, Walter: Gesellschaftliche Funktion und pädagogischer Auftrag der Schule in einer demokratischen Gesellschaft. In: Braun, Karl-Heinz/Müller, Klaus/Odey, Reinhard (Hrsg.): Subjekt-Vernunft-Demokratie. Analysen und Alternativen zur konservativen Schulpolitik. Weinheim, Basel 1989

Klocke, Andreas: Lebensstile in der Familie. Bamberg 2001

Knapp, Gudrun-Axeli/Wetterer, Anegelika (Hrsg.): TraditionenBrüche. Entwicklungen feministischer Theorie. Freiburg 1992.

Kohlberg, Lawrence: Zur kognitiven Entwicklung des Kindes. Frankfurt/M. 1974

Kraul, Margret/Horstkemper, Marianne: Reflexive Koedukation in der Schule. Mainz 1999/1

Kraul, Margret/Horstkemper, Marianne (Hrsg.): Koedukation. Erbe und Chancen. Weinheim 1999

Krebs, Heinz/Eggert Schmid-Noerr, Annelinde (Hrsg.): Lebensphase Adoleszenz. Junge Frauen und Männer verstehen. Mainz 1997

Kreienbaum, Maria Anna: Erfahrungsfeld Schule. Koedukation als Sozialisationspunkt. Weinheim 1992

Kreienbaum, Maria Anna/Urbaniak, Tamina: Jungen und Mädchen in der Schule. Konzepte der Koedukation. Berlin 2006

Krone, Detlef/Obolenski, Alexandra: Jungenpädagogik. Ein sozialpädagogischer Konzeptentwurf nicht nur für Schulen. Oldenburger Vordrucke Heft 232/94. Oldenburg 1994

Krotz, Friedrich: Hundert Jahre Verschwinden von Raum und Zeit? Kommunikation in den Datennetzen in der Perspektive der Nutzer. In: Beck, K./Vowe, G. (Hrsg.): Computernetze – ein Medium öffentlicher Kommunikation? Berlin 1997

Krüger, Heinz-Hermann (Hrsg.): Handbuch der Jugendforschung. Opladen 1988.

Krüger, Heinz-Hermann (Hrsg.): Handbuch der Jugendforschung. Opladen 1993

Krüger, Heinz-Hermann/Grunert, Cathleen (Hrsg.): Handbuch Kindheits- und Jugendforschung. Opladen 2002

Kürthy, Thomas v.: Einzelkinder. Chancen und Gefahren im Vergleich mit Geschwisterkindern. München 1988

Laewen, Hans-Jörg: Zur außerfamilialen Tagesbetreuung von Kindern unter drei Jahren. In: Zeitschrift für Pädagogik 6/1989

Lakemann, Ulrich: Familien- und Lebensformen im Wandel. Eine Einführung für soziale Berufe. Freiburg im Breisgau 1999

Lamnek, Siegfried: Neue Theorien abweichenden Verhaltens. München 1997

Largo, Remo H./Czerwin, Monika: Glückliche Scheidungskinder. Trennungen und wie Kinder damit fertig werden. München, Zürich 2003

Lehr, Ursula: Die mütterliche Erwerbstätigkeit und mögliche Auswirkungen auf das Kind. In: Neidhardt 1975

Lempert, Wolfgang: Moralisches Denken. Essen 1988

Lenzen, Dieter (Hrsg.): Pädagogische Grundbegriffe. 2 Bände. Reinbek bei Hamburg 1989

Lenzen, Klaus-Dieter/Tillmann, Klaus-Jürgen (Hrsg.): Gleichheit und Differenz. Bielefeld 1996.

Leontjew, Alexej: Probleme der Entwicklung des Psychischen. Frankfurt/Main 1973

Lepenies, Annette u.a.: Kindliche Entwicklungspotentiale. Normalität, Abweichung und ihre Ursachen. München 1999

Liebau, Eckard: Gesellschaftliches Subjekt und Erziehung. Weinheim, München 1987

Liben, Lynus S./Signorells, M.L. (Ed.): Children`s gender schemata. San Francisco: Jossey Bass 1987.

Lindau-Bank, Detlev/Zimmermann, Peter: „Hast du Soehne, so halte sie in Zucht. Hast du Toechter, so behuete sie" – Ein Streifzug durch die Ratgeberlandschaft. In: Horstkemper/Zimmermann 1998

Lorber, Judith/Farell, Susan (Hrsg.): The social construction of gender. Newburry park/London/Neu Delhi 1991.

Luca, Renate/Kahlert, Heike/Müller-Balhorn, Sigrid (Hg:): Frauen bilden – Zukunft planen. Bielefeld 1991

Lüdtke, Hartmut: Jugendliche in ihrer Freizeit: Interessen und Verhalten. In: Markefka/Nave-Herz 1989

Lüscher, Kurt u.a.: Begriff und Rhetorik von Familie. Zeitschrift für Familienforschung 1/1989

Maihofer, Andrea: Geschlecht als Existenzweise. Frankfurt/Main 1995

Main, Mary: Aktuelle Studien zur Bindung. In: Gloger-Tippelt 2001

Mannheim, Karl: Das Problem der Generationen. In: Kölner Vierteljahresschrift für Soziologie. 7/1928

Maturana, Humberto R.: Erkennen: Die Organisation und Verkörperung von Wirklichkeit. Ausgewählte Arbeiten zur biologischen Epistemologie. Braunschweig, Wiesbaden 1982

Maturana, Humberto R./Varela, Francisco J.: Der Baum der Erkenntnis. München 1987

Markefka, Manfred/Nave-Herz, Rosemarie (Hrsg.): Handbuch der Familien- und Jugendforschung. Band 2: Jugendforschung. Neuwied und Frankfurt/M. 1989

Markefka, Manfred/Nauck, Bernhard (Hrsg.): Handbuch der Kindheitsforschung. Neuwied 1993

Mead, Georg Herbert: Geist, Identität und Gesellschaft aus der Sicht des Sozialbehaviorismus. Frankfurt/M. 1973

Merkens, Hans/Zinnecker, Jürgen (Hrsg.): Jahrbuch Jugendforschung 2/2002. Opladen 2002

Mertens, Wolfgang: Psychoanalytische Theorien und Forschungsbefunde. In: Hurrelmann/Ulich 1991

Mertens, Walter: Entwicklung der Psychosexualität und der Geschlechtsidentität. Band 1. Stuttgart 1992

Metz-Göckel, Sigrid/Roloff, Christine: Nicht nur ein gutes Examen. Dortmund 1987

Metz-Göckel, Sigrid: Geschlechterverhältnisse, Geschlechtersozialisation und Geschlechtsidentität. In: Zeitschrift für Sozialisationsforschung und Erziehungssoziologie, Heft 2 1988

Metz-Göckel, Sigrid: Wenn zwei dasselbe tun, ist es noch lange nicht dasselbe. In: Friedrich-Jahresheft 1989

Meulenbelt, Anja: Wie Schalen einer Zwiebel oder Wie wir zu Frauen und Männern gemacht werden. München 1988

Meuser, Michael: Geschlechterverhältnisse und Maskulinitäten. Eine wissenssoziologische Perspektive. In: Armbruster./ Müller/ Stein-Hilbers 1995 a.a.O., S.107-134.

Miedzian, Myriam: Boys Will Be Boys. Breaking the Link Between Masculinity and Violence. Doubleday. New York, London, Toronto, Sydney, Auckland 1991

Mitscherlich, Alexander: Auf dem Weg zur vaterlosen Gesellschaft. München 1963

Möller, Kurt (Hrsg.): Nur Macher und Macho? Geschlechtsreflektierende Jungen- und Männerarbeit. Weinheim, München 1997

Mörth, Ingo/Fröhlich, Gerhard (Hrsg.): Das symbolische Kapital der Lebensstile. Frankfurt/Main, New York 1994

Moir, Anne/Jessel, David: Brainsex. Der wahre Unterschied zwischen Mann und Frau. Düsseldorf, Wien, New York 1990

Moser, Heinz: Einführung in die Medienpädagogik. Aufwachsen im Medienzeitalter. Opladen 2000

Moss, Howard A.: Early sex differences and mother-infant interaction. In: Friedman u.a. 1974

Mühlbauer, Karl Reinhold: Sozialisation. Eine Einführung in Theorie und Praxis. München 1980

Mühlen-Achs, Gitta: Feministische Kritik der Schul- und Unterrichtsforschung. In: Prengel 1987

Müller, Lutz: Manns-Bilder. Zur Psychologie des heroischen Bewußtseins. In: Pflüger 1989

Müller, Hans-Peter: Kultur und soziale Ungleichheit. In: Mörth/Fröhlich 1994

Napp-Peters, Anneke: Ein-Eltern-Familien. Weinheim 1985

Napp-Peters, Anneke: Familien nach der Scheidung. München 1995

Nauck, Bernhard u.a. (Hrsg.): Familie und Lebenslauf im gesellschaftlichen Umbruch. Stuttgart 1995

Nave-Herz, Rosemarie: Kinderlose Ehen. Eine empirische Studie über die Lebenssituation kinderloser Ehepaare und die Gründe für ihre Kinderlosigkeit. Weinheim, München 1988

Nave-Herz, Rosemarie/Krüger, Dorothea: Ein-Eltern-Familien. Bielefeld 1992

Nave-Herz, Rosemarie: Familie heute. Darmstadt 1994

Nave-Herz, Rosemarie: Kinder mit nicht-sorgeberechtigten Vätern. In: Familie und Recht 2/1995

Neidhardt, Fritz: Frühkindliche Sozialisation. Stuttgart 1975

Neubauer, Walter: Selbstbilder, Selbstwertgefühle und Lebensentwürfe junger Menschen. In: Markefka/Nave-Herz 1989

Niepel, Gabriele: Alleinerziehende. Abschied von einem Klischee. Opladen 1994

Nieschlag, Eberhard/Bhere, Hugold M. (Hrsg.): Testosteron. Berlin 1991

Noack, Peter/Haubold, Stefan: Peereinflüsse auf Jugendliche in Abhängigkeit von familienstrukturellen Übergängen. In: Reinders/Wild 2003

Nyssen, Elke/Schön, Bärbel: Traditionen, Ergebnisse und Perspektiven feministischer Schulforschung. In: ZfPäd. 6/1992, S.855-871

Oerter, Rolf: Das Jugendalter. In: Oerter/Montada: Entwicklungspsychologie. München 1987

Offe, Claus: Bildungssystem, Beschäftigungssystem und Bildungspolitik. Ansätze zu einer gesamtgesellschaftlichen Funktionsbestimmung des Bildungswesens. In: Deutscher Bildungsrat: Gutachten und Studien der Bildungskommission, Bd. 50: Bildungsforschung: Probleme-Perspektiven-Prioritäten. Teil 1. Stuttgart 1975

Olivier, Christiane: Jokastes Kinder. Die Psyche der Frau im Schatten der Mutter. Düsseldorf 1988

Olk, Thomas: Gesellschaftstheoretische Ansätze in der Jugendforschung. In: Krüger 1993

Opaschowski, Horst W.: Generation @. Die Medienrevolution entläßt ihre Kinder. Hamburg 1999

Orenstein, Peggy: Starke Mädchen – brave Mädchen. Was sie in der Schule wirklich lernen. Frankfurt-Main/New York 1996

Ostner, Ilona/Lichtblau, Klaus (Hrsg.): Feministische Vernunftkritik. Ansätze und Traditionen. Frankfurt/New York 1992.

Otto, Ulrich (Hrsg.): Aufwachsen in Armut. Erfahrungswelten und soziale Lage von Kindern armer Familien. Opladen 1997

Ottemeier-Glücks, Franz Gerd: Emanzipatorische Jungenarbeit. In: Heiliger/Funk 1990

Ottomeyer, Klaus: Gesellschaftstheorien in der Sozialisationsforschung. In: Hurrelmann/Ulich 1991

Pasero, Ursula/Braun, Frank (Hrsg.): Konstruktion von Geschlecht. Pfaffenweiler 1995.

Parsons, Talcott: The Social System. New York: Free Press 1951

Parsons, Talcott/Bales, R.F.: Family socialization and interaction process. Glencoe: Free press 1955

Parsons, Talcott: Sozialstruktur und Persönlichkeit. Frankfurt/M. 1981

Peuckert, Rüdiger: Familienformen im Wandel. Opladen 1996

Peuckert, Rüdiger: Familienformen im sozialen Wandel. Opladen 1996

Petzold, Matthias: Entwicklung und Erziehung in der Familie. Hohengehren 1999

Petillon, Hans: Der unbeliebte Schüler. Braunschweig 1978

Pflüger, Peter M. (Hrsg.): Der Mann im Umbruch. Olten 1989

Piaget, Jean: Theorie und Methoden der modernen Erziehung. Wien 1972

Piaget, Jean: Meine Theorie der geistigen Entwicklung. Frankfurt/Main 1991

Pleitgen, Fritz: Zum Verhältnis von Bildung und Medien. In: Gogolin/Lenzen 1999

Popp, Ulrike: Individualisierung. Das „jugendtheoretische" Konzept auf dem Prüfstand. In: Pädagogik 11/1996

Prengel, Annedore (Hrsg.): Schulbildung und Gleichberechtigung. Frankfurt/M. 1987

Preuss-Lausitz, Ulf, u. a. (Hrsg.): Selbständigkeit für Kinder – die große Freiheit? Weinheim, Basel 1990

Preuss-Lausitz, Ulf: Soziale Beziehungen in Schule und Wohnumfeld. In: Heyer u.a. 1990

Preuss-Lausitz, Ulf: Der Kaiserin neue Kleider? Fragen an die feministische Schulforschung beim Blick auf die Jungen. In: PÄD EXTRA 12/1991, S. 5 – 12

Preuss-Lausitz, Ulf: Die Kinder des Jahrhunderts. Zur Pädagogik der Vielfalt im Jahr 2000. Weinheim, Basel 1993

Preuss-Lausitz, Ulf: Jungen und Mädchen. Widersprüche zwischen Differenz und Gleichberechtigung im Modernisierungsprozess. In: Preuss-Lausitz 1993

Preuss-Lausitz, Ulf: Die Schule benachteiligt die Jungen? In: Pädagogik 5/1999

Rauch, Judith: Pro Mädchenschule. In: Emma 1/1989

Reinders, Heinz: Entwicklungsaufgaben – Theoretische Positionen zu einem Klassiker. In: Merkens/Zinnecker 2002

Reinders, Heinz/Wild, Elke (Hrsg.): Jugendzeit – Time Out? Zur Ausgestaltung des Jugendalters als Moratorium. Opladen 2003

Remplein, Heinz: Die seelische Entwicklung des Menschen im Kindes- und Jugendalter. München, Basel 1966

Robertson-von Trotha, Caroline (Hrsg.): Soziale und digitale Strukturen. Karlsruhe 2006

Röhrs, Heinrich (Hrsg.): Der Aufgabenkreis der Pädagogischen Soziologie. Frankfurt/M. 1971

Rollin, Marion: Typisch Einzelkind. Das Ende eines Vorurteils. Hamburg 1990

Rohrmann, Tim: Junge, Junge – Mann o Mann. Die Entwicklung zur Männlichkeit. Reinbek bei Hamburg 1994

Rolff, Hans-Günter u. a. (Hrsg.): Jahrbuch der Schulentwicklung Bd. 5. Weinheim, München 1988

Rolff, Hans-Günter/Zimmermann, Peter: Kindheit im Wandel. Eine Einführung in die Sozialisation im Kindesalter. Weinheim, Basel 1997

Rosenbaum, Heidi: Formen der Familie. Frankfurt/Main 1982

Rost, Detlef H. (Hrsg.): Handwörterbuch Pädagogische Psychologie. Weinheim 1998

Rost, Detlef H./Schermer, Franz: Leistungsängstlichkeit. In: Rost 1998

Sander, Elisabeth: Kinder alleinerziehender Eltern. In: Markefka/Nauck 1993

Schäfers, Bernhard: Soziologie des Jugendalters. Opladen 1998

Schattner, Heinz/Schumann, Marianne: Meine Kinder, deine Kinder, unsere Kinder – Steiffamilien. In: Deutsches Jugendinstitut 1988

Schelsky, Helmut: Die skeptische Generation. Eine Soziologie der deutschen Jugend. Düsseldorf, Köln 1963

Scheu, Ursula: Wir werden nicht als Mädchen geboren, wie werden dazu gemacht. Zur frühkindlichen Erziehung in unserer Gesellschaft. Frankfurt/M. 1977

Scheunpflug, Annette: Frauen und Männer. Gleich, aber dennoch anders. In: Pädagogik 4/2000

Schelsky, Helmut: Die skeptische Generation. Düsseldorf 1957

Schmerbitz, Helmut/Schulz, Gerhild/Seidensticker, Wolfgang: Mädchen und Jungen im Sportunterricht. Bielefeld 1993

Schmerbitz, Helmut/Schulz, Gerhild/Seidensticker, Wolfgang: Zusammen finde ich es trotzdem besser. Erfahrungen mit getrennt-geschlechtlichem Unterricht. In: Lenzen/Tillmann 1996

Schmidt, Siegfried (Hrsg): Der Diskurs des Radikalen Konstruktivismus. Frankfurt/Main 1994

Schnack, Dieter/Neutzling, Rainer: Kleine Helden in Not. Jungen auf der Suche nach Männlichkeit. Reinbek bei Hamburg 1990

Schneider, Norbert F. /Rosenkranz, D./Limmer, Rudolf : Nichtkonventionelle Lebensformen. Entstehung, Entwicklung, Konsequenzen. Opladen 1998

Schraml, Walter J.: Einführung in die moderne Entwicklungspsychologie. München 1990

Schreiber-Kittl, Maria: Alles Versager? Schulverweigerung im Urteil von Experten. München, DJI 2001

Schultheis, Klaudia/Fuhr, Thomas: Grundfragen und Grundprobleme der Jungenforschung. In: Schultheis/Strobel-Eisele/Fuhr 2006

Schultheis, Klaudia/Strobel-Eisele, Gabriele/Fuhr, Thomas (Hrsg.): Kinder: Geschlecht männlich. Pädagogische Jungenforschung. Stuttgart 2006

Schulze, Gerhard: Die Erlebnisgesellschaft. Kultursoziologie der Gegenwart. Frankfurt/Main, New York 1993

Schultz, Hans-Jürgen (Hrsg.): Vatersein. München 1984

Schwarz, Beate: Die Entwicklung Jugendlicher in Scheidungsfamilien. Weinheim 1999

Schwarzer, Ralf/Jerusalem, Matthias: Das Konzept der Selbstwirksamkeit. In: Zeitschrift für Pädagogik. 44. Beiheft. 5/2002

Serbin, Lisa: The developement of sex typing in middle childhood. Chicago 1993.

Shorter, Edward: Die Geburt der Familie. Reinbek bei Hamburg 1977

Silbereisen, Rainer K. (Hrsg.): Development as action in context. Berlin 1986

Sielert, Uwe: Jungenarbeit. Praxishandbuch für die Jugendarbeit Teil 2. Weinheim, München 1989

Sielert, Uwe: Jungensexualität und Sexualpädagogik mit Jungen. In: Möller 1997

SINUS-Institut: Jugend privat. Verwöhnt? Bindungslos? Hedonistisch? Opladen 1985.

Skinningsrud, Tone: Mädchen im Klassenzimmer: warum sie nicht sprechen. In: Frauen und Schule 8/1984, S. 21-23.

Spangler, Gottfried/Zimmermann, Peter (Hrsg.): Die Bindungstheorie. Grundlagen, Forschung und Anwendung. Stuttgart 1995

Spender, Dale/Sarah, Elisabeth: Learning to lose. Sexism and education. Women`s Press, London 1980

Spender, Dale: Frauen kommen nicht vor. Sexismus im Bildungswesen. Frankfurt/M. 1985

Spranger, Eduard: Psychologie des Jugendalters. Leipzig 1924

Statistisches Bundesamt (Hrsg.): Datenreport 1997. Bonn 1997

Stollowsky, Lili: Single Mama. München 2006

Stolz, Markus: Quo Vadis, Jugend? Generation XY ungelöst. In: Deese u.a. 1996

Tenzer, Eva: Wellness. Das Widerstandsprogramm gegen den Alltagsstress. In: Pschologie Heute, Heft 8/2003

Thomas, W. I.: Person und Sozialverhalten. Berlin 1965

Thimm, Klaus: Schulverdrossenheit und Schulverweigerung. Berlin 1998

Tillmann, Klaus-Jürgen: Sozialisationstheorien. Eine Einführung in den Zusammenhang von Gesellschaft, Institution und Subjektwerdung. Reinbek bei Hamburg 1989

Tillmann, Klaus: Schulische Sozialisation im Wandel 1968 – 1998. In: Rösner, Ernst (Hrsg.): Schulentwicklung und Schulqualität. Dortmund 1999

Tillmann, Klaus/Meier, Ulrich: Schule, Familie und Freunde – Erfahrungen von Schülerinnen und Schülern in Deutschland. In: Deutsches PISA-Konsortium 2001

Tomann, Walter: Psychoanalytische Erklärungsansätze in der Familienforschung. In: Nave-Herz/ Markefka 1989

Trautner, Hanns-Martin: Entwicklung von Konzepten und Einstellungen zur Geschlechterdifferenzierung. In: Bildung und Erziehung 45 (1992), S. 47-62.

Tully, Claus J. (Hrsg.): Lernen in flexibilisierten Welten. Wie sich das Lernen der Jugend verändert. Weinheim, München 2006

Tzankoff, Michaela: Interaktionstheorie Geschlecht und Schule. Opladen 1995

Ulich, Dieter: Pädagogische Interaktion. Theorien erzieherischen Handelns und sozialen Lernens. Weinheim, Basel 1976

Ulich, Klaus: Geschlechtsspezifische Sozialisation durch schulische Inhalte? In: Pädagogik heute 12/1987

Ulich, Klaus: Schulische Sozialisation. In: Hurrelmann/Ulich 1991

Vaskovics, Laszlo A. (Hrsg.): Umweltbedingungen familialer Sozialisation. Beiträge zur sozialökologischen Sozialisationsforschung. Stuttgart 1982

Veith, Hermann: Theorien der Sozialisation. Zur Rekonstruktion des modernen sozialisationstheoretischen Denkens. Frankfurt, New York 1996

Veith, Hermann: Sozialisation als reflexive Vergesellschaftung. In: ZSE 2/2002

Violi, Enrico: Reflektierte Jungenpädagogik – ein neues Aufgabenfeld geschlechterbewusster Erziehung und Bildung. In: Grossenbacher u.a. 1997

Wagner, Angelika (Hrsg.): Bewußtseinskonflikte im Schulalltag. Denk-Knoten bei Lehrern und Schülern erkennen und lösen. Weinheim u. Basel 1984

Wagner-Winterhager, Luise: Erziehung durch Alleinerziehende. In: Zeitschrift für Pädagogik 5/1988

Wahl, Peter: Einige Aspekte männlicher Sozialisation. In: Willems/Winter 1990

Walper, Sabine: Auswirkungen von Armut auf die Entwicklung von Kindern. In: Lepenies u.a. 1999

Walper, Sabine: Einflüsse von Trennung und neuer Partnerschaft der Eltern. Zeitschrift für Soziologie der Erziehung und Sozialisation 1/2002

Wallerstein, Judith/Blakeslee, Sandra: Gewinner und Verlierer. Frauen, Männer, Kinder nach der Scheidung. München 1989

Watzlawick, Paul (Hrsg.): Die erfundene Wirklichkeit. Wie wissen wir, was wir zu wissen glauben? München 1985

Weber-Kellermann, Ingeborg: Die Familie. Geschichte, Geschichten, Bilder. Frankfurt/Main 1967

Weidner, Jens: Jungen - Männer - Aggression. Über geschlechtsreflektierende Gewalt-Intervention mit dem Anti-Aggressivitäts-Training. In: Möller 1997

Wellendorf, Franz: Schulische Sozialisation und Identität. Weinheim, Basel 1979

Wermke, Michael (Hrsg.): Rituale und Inszenierungen in Schule und Unterricht. Münster 1997

West, C./Zimmermann, D.: Doing gender. In: Lorber/Farell 1991 a.a.O., S. 13-37.

West, C./Zimmermann, D.: Doing Gender. In: Gender and Society, vol.I, no.2 (1987), S. 125-151.

Wetterer, Angelika (Hrsg.): Die soziale Konstruktion von Geschlecht in Professionalisierungsprozessen. Frankfurt/Main, New York 1995.

Wieck, Wilfried: Söhne wollen Väter. Wider die weibliche Umklammerung. Hamburg 1992

Willems, Horst/Winter, Reinhard (Hrsg.): ... damit du groß und stark wirst. Beiträge zur männlichen Sozialisation. MännerMaterial Band 1. Schwäbisch Gmünd u. Tübingen 1990

Winter, Reinhard/Willems, Horst (Hrsg.): Was fehlt sind Männer! Ansätze praktischer Jungen- und Männerarbeit. MännerMaterial Band 2. Schwäbisch Gmünd u. Tübingen 1991

Ziehe, Thomas: Pubertät und Narzißmus. Sind Jugendliche entpolitisiert? Frankfurt-Main/Köln 1978

Ziehe, Thomas: Rituale zwischen ‚Schulrecht' und ‚Schülerorientierung'. In: Wermke 1997

Zinnecker, Jürgen (Hrsg.): Der heimliche Lehrplan. Weinheim, Basel 1975

Zinnecker, Jürgen/Silbereisen, Rainer K.: Kindheit in Deutschland. Aktueller Survey über Kinder und ihre Eltern. Weinheim, München 1998

Zinnecker, Jürgen: Selbstsozialisation – Essay über ein aktuelles Konzept. In: ZSE 3/2000

Zinnecker, Jürgen: Das Deutungsmuster Jugendgeneration. Fragen an Karl Mannheim. In: Merkens/ Zinnecker 2002

Zimmermann, Peter: Rock'n Roller, Beats und Punks. Rockgeschichte und Sozialisation. Essen 1984

Zumbühl, Ursula: Learning English and Sexism. In: Brehmer 1982